Comedian Harmonists Archiv
Prof. Dr. Peter Czada
Muthesiusstraße 4
12163 Berlin (Steglitz)

34/... £ ... mus.

1994

58 Oakham Rd
Harborne
B17 9DG
0121-684 4344

Comedian Harmonists

Comedian Harmonists

Ein Vokalensemble erobert die Welt

Von Peter Czada und Günter Große

EDITION HENTRICH

Umschlag:
Fotomontage nach Werbeplakaten von Schallplattenfirmen aus den 30er Jahren

Reihe Deutsche Vergangenheit, Bd. 102

Satz und Druck: Druckhaus Hentrich, Berlin
Lithos: JUP Industrie- und Presseklischee, Berlin
Buchbinder: Buchbinderei Heinz Stein, Berlin

ISBN 3-89468-082-2
1. Auflage 1993
Printed in Germany

Inhalt

Kantor Josef R. Cycowski 1976

Zum Geleit

Berlin 1928 Palm Springs 1993

Vor fünfundsechzig Jahren begann ich, mit den Comedian Harmonists zu proben und zu singen. Unsere Musik hat, so erstaunlich mir das scheint, die Jahrzehnte überdauert. So hoffe ich denn, daß auch unsere Geschichte, die in diesem Buch erzählt wird, den Leser zum Nachdenken über Vergangenheit und Gegenwart anregt. Ich sende allen alten und neuen Anhängern unserer Gesangsgruppe meine Grüße aus dem Exil, das mir zur neuen Heimat wurde.

Josef R. Cycowski
(Bariton der Comedian Harmonists 1928–1941)

Comedian Harmonists

V. l. n. r.: Robert Biberti, Erich A. Collin, Erwin Bootz, Roman Cycowski, Harry Frommermann, Ari Leschnikoff
Aufnahme ca. 1930

Zu diesem Buch

Es gibt Lieder und Melodien, die Evergreens werden, bei denen Musik, Darbietung und Interpreten so untrennbar in der Erinnerung haften, daß sie fast jeden zum Nachsingen oder Nachsummen animieren. Bei Titeln wie „Wochenend und Sonnenschein", „Veronika, der Lenz ist da" oder „Das ist die Liebe der Matrosen" stellt sich sofort die Verbindung zu den Comedian Harmonists her – selbst bei Menschen, die viel zu jung sind, um solche Musik oder gar diese Gesangsgruppe je „live" gehört zu haben. Aber auch Volkslieder und klassische Musikstücke gehörten zum vielseitigen Repertoire der Comedian Harmonists, deren glanzvolles Wirken nach nur wenigen Jahren von gewaltsamer Trennung überschattet wurde. Die Schallplatte hat in zahlreichen Wiederveröffentlichungen ihre Kunst lebendig erhalten, und es ist bemerkenswert, welche Wirkung diese Gesangsgruppe trotz oder vielleicht auch wegen der heute allgegenwärtigen Pop-Musik auf uns ausübt. Mehr als sechzig Jahre haben an der Bekanntheit und Beliebtheit der Comedian Harmonists nichts verändert. Wie zeitlos und gegenwärtig ihre Kunst ist, zeigt auch die große Zahl begeisterter und begeisternder junger Gesangsgruppen, die es heute noch mühelos schaffen, mit Arrangements der Comedian Harmonists selbst große und „seriöse" Konzertsäle mit einem Publikum aller Altersgruppen zu füllen.

Bei den Comedian Harmonists handelt es sich nicht um irgendeine bedeutende Gesangsgruppe vergangener Tage, sondern um ein Vokalensemble, das mit außerordentlich hohem musikalischen Können, gesangstechnischer Perfektion und komödiantisch-parodistischer Originalität einem völlig neuen Musikstil zu weltweitem Durchbruch verhalf. Die fünf Sänger mit einem Pianisten waren Ende der zwanziger Jahre in der Art ihres Vortrags revolutionär, in mancher Hinsicht vielleicht vergleichbar mit den Beatles in den 60er Jahren. Die neuartige Klangwirkung dieser Gruppe schlug ein und gefiel. Laien wie Kenner gleich welcher Musikrichtung waren begeistert von der technischen Präzision, der Eleganz, der musikalischen Originalität und dem komödiantischen Witz, mit dem die Comedian Harmonists ihre Arrangements bekannter und neuer Stücke vortrugen. In kürzester Zeit vollzog sich ihr steiler Aufstieg. Ihre Erfolge führten zu zahlreichen Schallplattenaufnahmen mit hohen Auflagen, sie manifestierten sich in Kabarett- und Varieté-Engagements, in der Mitwirkung im Rundfunk, bei einigen Filmen und auf vielen inländischen und internationalen Konzertreisen, ehe der nationalsozialistische Rassenwahn der ursprünglichen Formation 1935 ein Ende setzte.

Der 1992 verstorbene Regisseur Eberhard Fechner hat 1976 die bis dahin weitgehend unbekannte Geschichte der Comedian Harmonists in einem seiner meisterhaften Fernseh-Dokumentarfilme einer breiten Öffentlichkeit nahegebracht und das Filmmaterial 1988 in einem Buch zusammengefaßt. Hier berichten die damals noch lebenden Mitglieder des Ensembles aus ihren Erinnerungen über den Aufstieg und das Ende der Comedian Harmonists und über ihre von den Wirren des Jahrhunderts geprägten Lebensläufe. Angesichts dieser authentischen Lebensbilder bedarf eine weitere Publikation zur Geschichte der Comedian Harmonists einer näheren Begründung und Rechtfertigung.

Die Entstehung dieses Buches fällt noch in die Zeit der deutschen Teilung. Der durch eine Veröffentlichung zur Geschichte der Schallplatte und durch sein umfangreiches Schallarchiv bekannt gewordene Autor Günter Große begann 1986 nach längeren Vorarbeiten mit der Konzeption und Niederschrift einer für den heimischen DDR-Markt bestimmten Geschichte der Comedian Harmonists. Wegen des Bildmaterials und zur Quelleneinsicht wandte er sich an mich, einen in West-Berlin lebenden Plattensammler und „Fan" der Gruppe, der aus engem persönlichen Kontakt zu einigen Mitgliedern der Comedian Harmonists den Dokumenten-Nachlaß von Harry Frommermann, Robert Biberti und Erwin Bootz übernommen und z.T. der Staatsbibliothek zu Berlin übereignet hat. Es entwickelte sich eine enge und freundschaftliche Zusammenarbeit an dem geplanten Buch, das in vieler Hinsicht die bisher vorliegenden Veröffentlichungen ergänzt und auch korrigiert. Der bewußt subjektiven, unkommentierten, autobiographischen Schilderung durch die Mitglieder der Gruppe wird hier gewissermaßen die Außensicht gegenübergestellt, die sich vor allem auf das nachgelassene Material, auf Briefe, Programme, Pressestimmen, Fotos und Schallplatten stützt.

In über neunzig Aktenordnern und weiteren Mappen hat Robert Biberti mit nahezu buchhalterischer Akribie alles aufbewahrt, was die Comedian Harmonists betraf. Dem Umstand, daß er zeitlebens in Berlin in großen Altbauwohnungen lebte, ist es nicht zuletzt zu verdanken, daß dieses Material erhalten blieb. Selbst als am 20. Oktober 1940 das Haus Carmerstraße 11, in dem er damals wohnte, von Bomben getroffen wurde, blieb der Raum, in dem er sein Archiv aufbewahrte, nahezu unversehrt. Harry Frommermanns Nachlaß ist bei weitem nicht so umfangreich; bedenkt man jedoch, daß er ab 1935, selten mit festem Wohnsitz, gleichsam zum Weltreisenden wurde, so ist es um so erstaunlicher, was er trotz widriger Umstände zusammengehalten hat. Trotz der nun verfügbaren Materialfülle bleiben einige „weiße Flecken“: Zu manchen Personen, die zu den Comedian Harmonists in Beziehung standen, sind nur spärliche oder gar keine Angaben vorhanden.

Als Günter Große im April 1991 völlig unerwartet starb, fiel mir sein Manuskript zu, das ich überarbeitet, ergänzt und mit vorwiegend unveröffentlichtem Material versehen habe. Mein Anliegen war es, seinem Buch posthum zur Veröffentlichung zu verhelfen und damit auch den zahlreichen Anhängern der Comedian Harmonists einen Dienst zu erweisen.

Berlin, im September 1993 *Prof. Dr. Peter Czada*

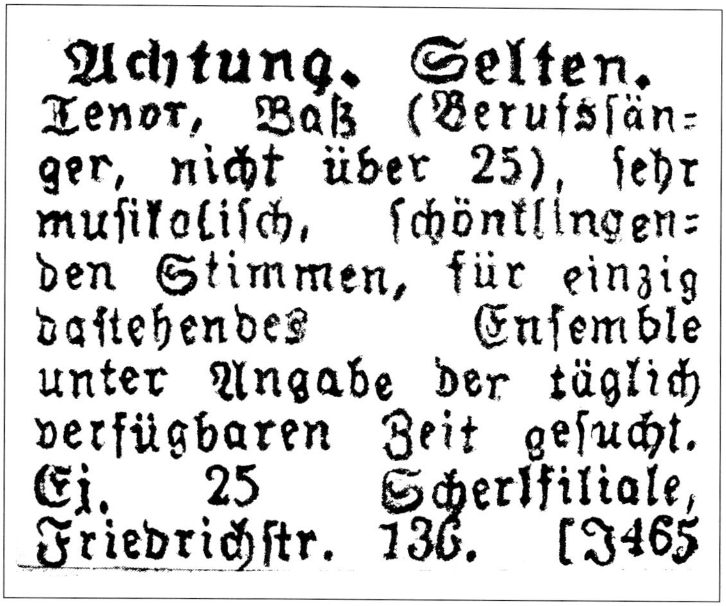

Achtung. Selten.
Tenor, Baß (Berufssän-
ger, nicht über 25), sehr
musikalisch, schönklingen-
den Stimmen, für einzig
dastehendes Ensemble
unter Angabe der täglich
verfügbaren Zeit gesucht.
Ej. 25 Scherlfiliale,
Friedrichstr. 136. [J465

29. 12. 1927
Berliner Lokalanzeiger

Am Anfang stand ein Inserat

Berlin war das turbulente Zentrum jener unruhigen Jahre in Deutschland, die erst im nachhinein als die „Goldenen Zwanziger" bezeichnet wurden. Im Gegensatz zur wirtschaftlichen Lage, die alles andere als golden war, herrschte in Kunst, Kultur und Wissenschaft eine nahezu hektische Prosperität. Neue Strömungen und Ideen brachen sich Bahn und schockierten oder begeisterten ein erlebnishungriges Publikum. In der Reichshauptstadt spielten 1927 rund fünfunddreißig Theater, und es gab fast zwei Dutzend Konzertsäle. Die Zahl der Unterhaltungsstätten wie Varietés, Kabaretts, Kinos, Nachtlokale und Tanzsäle war kaum zu überblicken.

In großen Lettern prangten auf Plakaten und Reklameflächen die Namen der Künstler, von denen viele noch heute einen fast legendären Klang haben: Gesangsstars wie Maria Ivogün, Emmy Bettendorf, Barbara Kemp, Lotte Lehmann, Lauritz Melchior, Heinrich Schlusnus, Hans Reinmar; erste Kräfte der Sprechbühne wie Elisabeth Bergner, Lucie Höflich, Fritz Kortner, Alexander Moissi; Regisseure wie Max Reinhardt und Erwin Piscator. Am Operettenhimmel strahlten Namen wie Fritzi Massary, Richard Tauber, Vera Schwarz, Rita Georg und Siegfried Arno, um nur einige wenige aus der überwältigenden Zahl zu nennen. Die Kabaretts und kleinen Bühnen hatten Hochkonjunktur mit Künstlern wie Rudolf Nelson, Friedrich Hollaender, Claire Waldoff, Otto Reutter, Trude Hesterberg, Wilhelm Bendow, Paul Morgan, Willy Rosen und Max Hansen. Filmstars wie Asta Nielsen, Olga Tschechowa, Lil Dagover, Pola Negri, Harry Liedtke, Conrad Veidt und Emil Jannings zogen das Publikum in die Kinos vor die zunächst noch stumme Leinwand.

In den zwanziger Jahren begann zugleich die goldene Ära der großen Tanzorchester. Die namhaften Berliner Tanzpaläste, Cafés und selbst die Warenhäuser wetteiferten um die Gunst eines tanzwütigen Publikums mit den Orchestern von Bernard Etté, Marek Weber, Otto Kermbach, Dajos Béla, Paul Godwin und Efim Schachmeister. Großer Beliebtheit erfreuten sich schließlich auch die Berliner Revuen, von denen die bekanntesten die Haller-Revue im Admiralspalast und die von James Klein in der Komischen Oper an der Weidendammer Brücke waren. Die Haller-Revue des Jahres 1927 hieß „Wann und Wo". Ihre Attraktion waren die Girls, die in den Produktionen von James Klein besonders freizügig zu Werke gingen: „Tausend nackte Frauen" war der Titel seiner Saison-Revue, in der ein Schauspieler als „Dollar-Maxe" spektakulär auf sich aufmerksam machte, indem er allabendlich im Frack vom Kronleuchter in ein kleines Wasserbassin sprang: Hans Albers. Erik Charell war der Dritte im Triumvirat der Revueproduzenten, dem wir am Anfang der Karriere der Comedian Harmonists wiederbegegnen werden. Von Max Reinhardt zum Oberspielleiter des an der Weidendammer Brücke gelegenen Großen Schauspielhauses berufen, brachte er hier vor allem Operetten im zeitgemäßen Revue-Gewand heraus. 1927 stand Walter Kollos „Wie einst im Mai“ auf dem Programm, danach Arthur Sullivans „Mikado“ mit Lotte Werkmeister und Max Pallenberg, gefolgt von Leo Falls „Madame Pompadour“ mit Fritzi Massary.

Dieser kleine Ausschnitt aus den Programmen nur eines Jahres verdeutlicht die Faszination, die das Berliner Kulturlebens jener Zeit nicht nur auf das Publikum, sondern auch auf die zahlreichen jungen Menschen ausübte, die in Berlin unter härtesten Konkurrenzbedingungen ein Sprungbrett für die eigene künstlerische Karriere suchten. Zu ihnen gehörten auch die späteren Mitglieder der Comedian Harmonists. Den direkten Anstoß zu ihrer Gründung gab allerdings nicht das musikalische Angebot der Reichshauptstadt, sondern die Schallplatte, die zusammen mit dem jungen Medium Rundfunk wesentlich dazu beitrug, den Ruhm und Bekanntheitsgrad der Künstler zu mehren. Eine Sensation auf dem Schallplattenmarkt des Jahres 1927 waren die Aufnahmen eines amerikanischen Gesangsquartetts: „The Revelers“, die im deutschen Sprachraum meist „Revellers“ geschrieben wurden. Ihre erste Platte in Deutschland enthielt die bereits 1925/26 aufgenommenen Titel „Dinah“ und „I'm gonna Charleston back to Charleston“, wobei es vermutlich der neuartige, jazzige Stil ihrer Gesangsinterpretation war, der dazu führte, daß auf dem Label der Electrola-Schallplatte „Negergesang“ vermerkt wurde, obwohl die Revelers Weiße waren. Wegen ihrer Bedeutung für die Comedian Harmonists, die

Die Vorbilder der Comedian Harmonists: The Revelers

anfangs sogar als „Die deutschen Revellers“ firmierten, soll ihre Geschichte hier kurz skizziert werden.

Sie begann bereits 1917, als Wilfred Glenn von der Firma Victor gebeten wurde, ein neues Männerquartett für Schallplattenaufnahmen zusammenzustellen. Der Bassist Glenn holte sich dazu den Bariton Elliot Shaw sowie zwei Tenöre: Charles Hart und Harry Hindermyer, der bereits ein Jahr später gegen Lewis James ausgewechselt wurde. In dieser Besetzung machte die Gruppe, die sich „The Shannon Four“ nannte, Hunderte eher konventionelle Aufnahmen für diverse Plattenfirmen und trat daneben in Konzerten und später auch beim Rundfunk auf. Mitte der zwanziger Jahre begann die populäre Musik in Amerika eine subtile Veränderung zu erfahren, die Wilfred Glenn spürte und die ihn inspirierte. Er äußerte dazu später, daß ihm Anfang 1925 der Charakter der Lieder zunehmend mißfallen habe, um die das Quartett von den Plattenstudios gebeten wurde: Sie sollten weiter die alten Standardnummern wie „Red Wing“, „Louisiana Lou“ oder „Kentucky Babe“ singen, während die moderne Musik den Instrumentalisten vorbehalten blieb. In jener Zeit entwickelte Glenn das Konzept einer neuen Arrangier- und Vortragsweise für sein Männerquartett, wobei er von Franklin Baur unterstützt wurde, der 1924 an die Stelle von Charles Hart getreten war.

Das Ergebnis war ein neuer, lockerer, dem Jazz entlehnter Gesangsstil, der den Aufnahmeleiter der Victor-Gesellschaft überzeugte. Er schlug dann auch den ihm passender erscheinenden Namen „Revelers“ vor, unter dem die Gruppe nun bei Victor und den mit dieser Firma verbundenen Gesellschaften den überwiegenden Teil ihrer Aufnahmen machte, während sie sich bei der Columbia „The Singing Sophomores“ und auf Brunswick-Platten „The Merrymakers“ nannten. Wesentlichen Anteil am großen Erfolg, den die Gruppe mit ihrem neuen Stil erzielte, hatte Ed Smalle, der 1925/26 als Arrangeur und Pianist mit der Gruppe arbeitete und auch als Sänger neuartige Jazz- und Klangeffekte beisteuerte. Auf sein Konto gehen einige der größten Erfolge wie „Nola“, „Dinah“ oder „The Birth of the Blues“. 1926 gehörten die Revelers zu den ersten, die von der neugegründeten NBC (National Broadcasting Company) einen Vertrag erhielten. Im gleichen Jahr starteten sie ihre erste Europa-Tournee, die ein großer Erfolg wurde, bei der sie jedoch nicht nach Deutschland kamen, wo sie lediglich durch ihre Platten bekannt wurden. Die Revelers bestanden unter Wilfred Glenns Leitung bei mehrmaligem Personalwechsel bis 1954. Es ist ihr Verdienst, dem Männer-Quartettgesang völlig neue Impulse gegeben zu haben, die von vielen Gesangsgrup-

Der Gründer der Gruppe, Harry Frommermann, um 1927

Das Haus Stubenrauchstraße 47 in Berlin-Friedenau in den 20er Jahren ... und die 1990 dort angebrachte Berliner Gedenktafel

pen aufgegriffen, variiert und weiterentwickelt wurden.

Zu denen, die von den Schallplatten der Revelers nicht nur fasziniert waren, sondern auch inspiriert wurden, gehörte ein damals in Berlin lebender, gerade zwanzigjähriger Schauspielschüler: Harry Frommermann. Die Konsequenzen hat er später selbst geschildert:

Die Art der Revelers zu singen, d. h. ihre Stimmgebung, die im Vergleich zu deutschen Schlagersängern gar nicht so klang, als ob sie „Eindruck schinden" wollten, sondern eher, als ob ein jeder von ihnen wie von ungefähr zum eigenen größten Vergnügen mit seiner Stimme zum Gesamtklang des Ensembles beitragen wollte – diese Art zu singen war ganz neu für Europa und beeindruckte, ja faszinierte mich ungemein. Es war nicht nur der Stil, sondern eben diese Freude am Singen, die ihre Platten ausstrahlten ...

Meine Mutter starb leider sehr bald, während der Grippewelle im Jahr 1927, und ich mußte den großen Haushalt auflösen. Ich zog mit einem Schauspielerkollegen in ein Zwei-Zimmer-Atelier nach Friedenau. Meinen Vertrag an der Volksbühne hatte ich aufgeben müssen, weil die Auflösung des Haushalts doch mehr Zeit erforderte und ich nicht gleichzeitig an den Proben im Theater teilnehmen konnte. Was macht ein junger Mensch, der plötzlich allein und ohne Engagement ist und nur ein paar Groschen vom Verkauf der alten Möbel in der Tasche hat? Er fragt sich, was er in Zukunft tun will. Das tat ich allerdings nicht, sondern setzte mich – angeheizt durch die Begeisterung für die Revelers-Platten – hin und schrieb Partituren für eine noch nicht existierende Gesangsgruppe, die sich im Stil von den Revelers insofern unterschied, als ich meine Gabe, Musikinstrumente zu imitieren, mit dem Satz für ein Männerquartett in meinen Partituren verflocht.

Ich wurde in meiner Besessenheit, Partituren zu schreiben, bestärkt, als ich erfuhr, daß die Revelers so bald wohl nicht nach Deutschland geholt werden könnten, weil sie pro Abend ein Minimum von 1000 Dollar verlangten, was damals kein deutscher Konzertunternehmer garantieren konnte. Die Unbefangenheit, mit der ich so dasaß, meine paar Kröten aufaß und schrieb, die Unbefangenheit, mit der ich mich daranwagte, ohne jegliche vorherige Erfahrung auf einem so spezialisierten Gebiet in einem für Europa neuen Gesangsstil zu schreiben, bereitet mir heute noch in Gedanken daran eine

Gänsehaut. Als einzige Entschuldigung kann nur das Draufgängertum meiner Jugend und die innere Überzeugung, zu reüssieren, gelten.

Ich war fast am Ende meiner finanziellen Mittel, hatte allerdings fünfzehn Partituren vor mir zu liegen – alle nach einer Klangvorstellung geschrieben, die ich, ohne je ein abgerundetes Musikstudium gehabt und bestanden zu haben, in meinem geistigen Ohr hatte. Aus Enthusiasmus an meiner Idee und im Glauben an mich lieh mir Jesta Nielsen (Tochter der Stummfilmdiva Asta Nielsen und damals mit Harry Frommermann verlobt – d. Verf.) *Geld, damit ich, ohne mich um eine Anstellung bemühen zu müssen, meine Ziele weiter verfolgen konnte.*[1]

Zu diesem Zweck gab Harry Frommermann im „Lokal-Anzeiger", dem damals größten Berliner Annoncen-Blatt, eine Kleinanzeige auf, die am 29. Dezember 1927 erschien:

Achtung. Selten.

Tenor, Baß (Berufssänger, nicht über 25), sehr musikalisch, schönklingende Stimmen, für einzig dastehendes Ensemble unter Angabe der täglich verfügbaren Zeit gesucht.
Ej. 25 Scherlfiliale, Friedrichstr. 136. [J 465]

Auf diese Anzeige hin fanden sich nach Aussagen Frommermanns und des späteren Bassisten Robert Biberti etwa 70 Interessenten ein, die zeitweilig von der Straße bis zur fünften Etage eine Riesenschlange von Wartenden bildeten – zur größten Verwunderung der übrigen Bewohner des Hauses Stubenrauchstraße 47 in Berlin-Friedenau. Oben in dem kleinen, aber hohen Mansardenraum begleitete Theodor Steiner, ein Jugendfreund Frommermanns, die Bewerber auf einem gemieteten Klavier.

Unter ihnen war einer, der den Vorstellungen Frommermanns im höchsten Maße entsprach, schlank, elegant, sehr gut aussehend und mit einer schönen Tenorstimme begabt. Als er jedoch hörte, daß für die nächsten Probenmonate keine Gage gezahlt werden konnte, lehnte er freundlich ab, da er für eine Familie zu sorgen hätte. Es war kein anderer als Johannes Heesters! Die meisten derjenigen, die kamen, erwiesen sich jedoch als ungeeignet: entweder hatten sie brauchbare Stimmen, aber keine Musikalität, oder es fehlte an beidem. Daß auf eine solch kleine Anzeige überhaupt eine so große Zahl von Menschen reagierte, verdeutlicht das Ausmaß der Arbeitslosigkeit und Not unter den allzuvielen brotlosen Künstlern, die in Berlin ein Engagement suchten.

Das erste Gruppenfoto der Melody Makers vom Juni 1928. 1. Reihe v. l. n. r.: Biberti/Cycowski/Nußbaum/ 2. Reihe: Frommermann/Bootz/Oben: Leschnikoff

Erst am Ende des aufreibenden Probentages gab es einen Lichtblick, über den Frommermann, wie folgt, berichtet: *Ich war schon ganz verzagt, da schob sich noch ein stattlicher junger Mann durch die enge Tür meiner Mansarde und stellte sich als Robert Biberti vor. Ich sagte ihm sofort, daß ich keine Proben bezahlen könne – darin hatte ich ja schon Routine nach all den anderen – erklärte ihm meine Idee und spielte Platten der Revelers vor. Auch Herr Biberti kannte bereits ihre Platten und war begeistert von ihnen. Er fand meine Idee sehr interessant und sang mit seinem schönen, tiefen Baß einige Opernarien und Lieder vor. Es stellte sich auch heraus: Er konnte vom Blatt singen – Musik, die ich zu diesem Zweck mit Jazzsynkopen versehen hatte. Er war einverstanden, mitzuwirken. Daraufhin stieg mein Stimmungsbarometer erheblich.... Bald brachte er Ari Leschnikoff, einen bulgarischen Tenor, zum Vorsingen mit. Leschnikoff sang mit einer fast exotischen Silberfadenstimme von unglaublicher Höhe und einem Liebreiz, daß ich heimlich betete, er möge sich auch einverstanden erklären, mitzumachen. Und er willigte ein.*[1] Das geschah etwa drei Wochen nach den ersten Proben, an denen zunächst zwei andere Tenöre, Louis Kagler und ein mit Vornamen nicht mehr bekannter Sänger Collani, teilnahmen, die dann aber durch Ari Leschnikoff als ersten und Walter Nußbaum als zweiten Tenor ersetzt wurden. Theodor Steiner begleitete am Klavier und sang als Bariton in seiner an der Berliner Hochschule für Musik studierten Gesangslage. Die allererste Probe fand bereits am Montag, dem 16. Januar 1928 um 15 Uhr im Atelier in der Stubenrauchstraße statt. Die im Original vorhandene Einladung an Robert Biberti trägt die Unterschrift von Harry Frommermann und widerlegt somit auch die von Biberti später häufiger geäußerte Behauptung, er sei der Gründer des Ensembles gewesen. Auch einen (natürlich englischsprachigen) Namen hatte man bereits für die hoffnungsvolle Gruppe gefunden: The Melody Makers. Er findet sich ebenfalls auf dem Einladungsschreiben und war offensichtlich den „Merrymakers" nachempfunden, einem der erwähnten Schallplattenpseudonyme der Revelers.

Es folgte nun eine Zeit häufiger und harter Probenarbeit in strikter, selbstgewählter Disziplin. Unpünktlichkeit wurde streng geahndet: Eine Minute Zuspätkommen kostete den Sünder drei Mark, zwei Minuten fünf Mark usw. Das waren durchaus erhebliche Beträge, wenn man bedenkt, daß der Preis einer Straßenbahnfahrt in Berlin damals zwanzig Pfennige betrug. Künstlerisch ging es jedoch trotzdem nicht recht voran, wie sich Robert Biberti später erinnert: *Wir haben diese Platten* (der Revelers – d. Verf.) *auf unseren Proben gehört und waren des öfteren manchmal sehr gedrückt, ja ich möchte sagen, verzweifelt, weil wir einfach fühlten, weil wir wußten: Das, was wir hier machen, ist noch himmelweit von dem entfernt, was auf diesen Platten ist.*[2]

Auch Harry Frommermann zeichnet ein authentisches Bild von den Anfangsschwierigkeiten: *Es galt, bei den Sängern das Gefühl füreinander zu wecken. Es besteht aus musikalischer Anpassung – aus dem Bewußtsein, was der Nachbar singt, wer gerade die führende Melodie hat und wer sich daher in der Lautstärke zurückzuhalten hat. Das war zu Beginn das schwerste Problem. Wenn ich zurückdenke, wundere ich mich manchmal über mich, wie ich mit meinen 21 Jahren über pädagogisch-psychologische Fähigkeiten verfügte. Denn jeder dieser jungen Sänger brachte eine schöne Stimme mit, von der er glaubte, sie zeigen zu müssen. Kein Wunder, denn bei ihren Gesangslehrern wurden sie ja für die Bühne vorbereitet, was bedeutet, daß die Stimme bis in die letzte Reihe gut hörbar ist. So hatten unsere ersten Proben bereits einige komische Momente, als alle glaubten, im Ensemblegesang den anderen übertönen zu müssen, daß es nur so schallte. Darum gehörte in der Anfangszeit zu Beginn jeder Probe die Ermahnung „Kinder, Ihr habt ja schöne Stimmen, also braucht Ihr nicht durch Lautstärke nochmals davon zu überzeugen! Jetzt versucht einmal, mit der Stimme fast nur zu hauchen." Und so bauten wir den ersten Akkord auf, den ich anhalten ließ und sie aufforderte, sich ihn, wenn sie ihn hielten, genau anzuhören. Das war ein plötzliches Erlebnis! Es waren auf einmal nicht mehr Herr A, B, C und D, die sich bemühten, mit ihren Stimmen zu protzen oder gar mich zu beeindrucken, sondern ein vierstimmiger Akkord schwebte in der Luft. So probierten wir tagelang, bis wir uns an ein oder zwei Takte heranwagten. Ein so langsames Vorgehen war notwendig, um ihnen allen das Gefühl der Selbstsicherheit zu geben, sich einzuordnen, sich die Melodie, wenn sie vom Tenor, vom Bariton oder vom Baß aufgegriffen werden mußte, zuzuspielen.*[1]

Deutlichere künstlerische Fortschritte stellten sich ein, als mit dem damals erst 20jährigen Erwin Bootz ein

Menuett von Boccherini
151
arr. v. H. Frommermann
Tenor I
Andante grazioso
mf
dim
pp

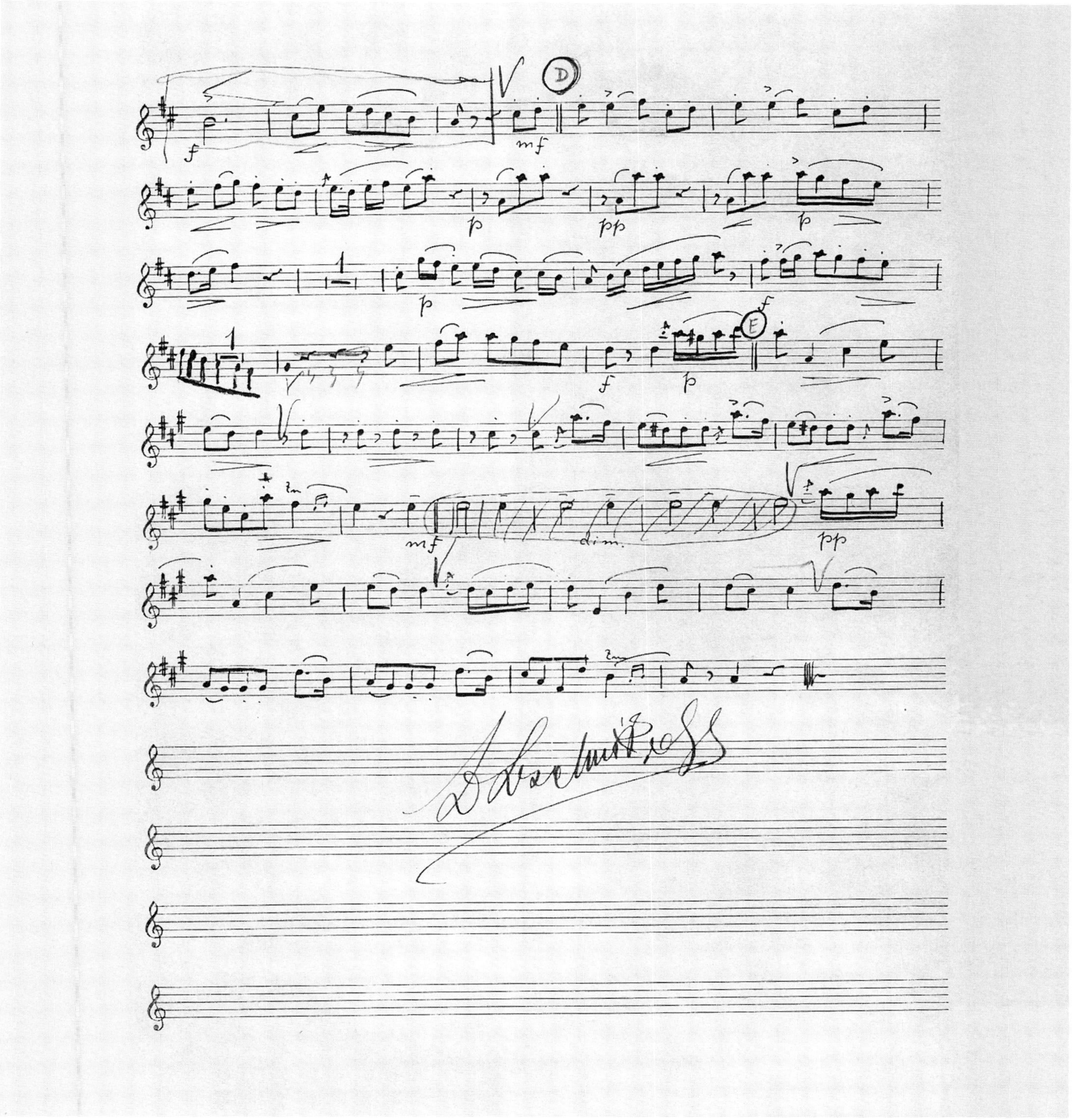

Einzelstimme aus einem Arrangement Harry Frommermanns mit der Signatur Ari Leschnikoffs

neuer Pianist an die Stelle von Theodor Steiner trat, der am 8. Mai 1928 unter nicht geklärten Umständen aus dem Ensemble ausschied. Steiners Bariton-Part übernahm Roman Cycowski, den Ari Leschnikoff und Robert Biberti durch ihre Chorsängertätigkeit am Großen Schauspielhaus kannten. Erwin Bootz war durch Leschnikoff gewonnen worden und hatte schon vor dem Ausscheiden Steiners an einigen Proben teilgenommen. Seine musikalischen Fähigkeiten und sein gewandtes Auftreten waren so überzeugend, daß man ihm ab dem 17. Mai 1928 auch die „geschäftliche Leitung" der Gruppe übertrug, die in der Folgezeit allerdings mehrfach wechselte. Bootz war zunächst über die Arrangements Frommermanns ziemlich verblüfft, die sich durch Überlängen bis zu zwölf Minuten auszeichneten. Er sorgte für die notwendigen Kürzungen und schrieb in der Folgezeit neben Frommermann viele eingängige Arrangements und eine Reihe eigener Kompositionen für die Comedian Harmonists.

Natürlich drängten manche Mitglieder der Gruppe schon frühzeitig auf ein Vorsingen bei Agenturen, während Frommermann, Biberti und Bootz auf geduldiger Probenarbeit bestanden, bis alles so einstudiert sei, daß es wirklich mühelos klingt. Wie recht sie damit hatten, zeigen zwei von Biberti über die Zeit gerettete Testaufnahmen, die bereits am 10. Mai 1928 bei der Deutschen Grammophon Gesellschaft gemacht wurden, aber niemals im Handel erschienen. Der erste Titel „So blue" (De Sylva/Brown/Henderson) war der gleichnamigen Revelers-Aufnahme sehr eng nachempfunden. Sie zeigt im Vergleich zum Original die damals noch riesige Distanz zum ausgefeilten Klang der bewunderten Vorbilder, die auch noch auf der drei Monate später produzierten Odeon-Platte des gleichen Stücks mit dem deutschen Text „Ninon, Du süße Frau" spürbar ist. In der zweiten Testpressung, einer Vokalfassung des „Jig Walk" von Duke Ellington, treten jedoch schon manche der späteren Qualitäten des Ensembles hervor, vor allem die artifiziellen Instrumental-Effekte der Stimmen, durch die sich besonders Frommermanns Arrangements auszeichneten. Die Deutsche Grammophon verzichtete aus verständlichen Gründen auf eine Veröffentlichung, und auch die Odeon-Gesellschaft brachte viele der im Herbst 1928 gemachten Aufnahmen erst später heraus, als der Erfolg der Comedian Harmonists bei der Electrola-Gesellschaft den Griff ins Archiv nahelegte.

Die Probenbedingungen verbesserten sich deutlich, als Asta Nielsen im Sommer 1928 der Gruppe den Musiksalon ihrer großen Wohnung in der Kaiserallee 203 (der heutigen Bundesallee) zur Verfügung stellte, während sie in die Ferien nach Hiddensee fuhr. Daran erinnert sich Harry Frommermann später: *Wir würden, so versicherte uns ihre Tochter Jesta, niemanden im Hause stören, da die darunterliegende Wohnung dem Revuedirektor Hermann Haller gehöre, der meist nicht zu Hause sei ... Wir stürzten uns auf dieses freundliche Angebot, und die Kollegen kamen nach ihren Abendvorstellungen (drei waren ja im Chor vom Großen Schauspielhaus engagiert) gegen 11 Uhr 30 oder 12 Uhr nachts zur Probe, die sich so bis zwei oder drei Uhr morgens hinzog.*[1] Trotzdem geriet im Juni 1928 auch das erste Vorsingen in der Berliner „Scala" noch zu einem Fiasko, wie sich Robert Biberti erinnert: *Wir waren überhaupt nicht mehr beieinander im Singen, und alles war auseinander. Es war 'ein Sammelsurium von unverständlichen Stimmen und Worten. Und der damalige Scala-Direktor Marx sagte „Na ja, meine Herren, das ist wohl mehr etwas für ein Beerdigungsinstitut – wir haben 'nen Vergnügungspalast. Schönen Dank für's Vorsingen!" Und da standen wir dann da – ganz bedeppert und belämmert. Und da sagte einer von uns: „Jetzt machen wir aber erst richtig weiter, jetzt wird feste geprobt!"*[2]

Die folgenden Wochen brachten also wieder anstrengende und intensive Probenarbeit. Mittlerweile war der August mit hochsommerlichen Temperaturen gekommen. Das Ensemble hatte inzwischen elf Nummern einstudiert, die auch „saßen". Dieses Anfangsrepertoire wollte man nicht überprobieren, und so setzte sich Harry Frommermann mit einem Verwandten, dem Impresario Bruno Levi von der Theateragentur Weininger, in Verbindung und vereinbarte mit ihm einen Termin zum Vorsingen. Über dies Ereignis berichtet Frommermann: *Bruno Levi kam in die Knesebeckstraße zu Biberti, wo wir einen größeren Raum zur Verfügung hatten. Nun saß er, nachdem er sich ein Zigarre angezündet hatte, regungslos da und hörte zu. Wir hatten uns von den elf Nummern vier oder fünf ausgesucht, von denen wir dachten, sie würden als Kostprobe bei einem Vorsingen einem so bekannten und vielbeschäftigten Agenten genügen. Doch Bruno Levi verzog keine Miene, während wir sangen. Wir wußten nicht recht, ob wir „ankamen", ob der Stil überhaupt auf ihn Eindruck machte – so unbeweglich war sein Gesicht. Als wir mit dem uns gesteckten Programm durch waren, fragte er „was habt ihr noch ?“ So sangen wir noch eine Nummer. Er fragte immer wieder, was wir noch hätten, bis seine Zigarre fast zuende geraucht war. Als wir – immer noch ohne zu wissen, ob es ihm gefallen hatte – auch die letzte Nummer unseres kleinen Repertoires gesungen hatten und ihm sagen mußten, wir hätten alles, was wir einstudiert haben, vorgesungen, stand er auf und fragte, ob ein Telefon in der Wohnung sei. Nun eilte Biberti ihm eilfertig voraus, voller Spannung, in der wir uns ebenso befanden. Denn Levi hatte sich zu uns mit keiner Silbe geäußert, ob es ihm ge- oder mißfallen hat, und wir wurden Zeuge folgenden Gesprächs: „Ja, hier Levi. Verbinden Sie mich bitte mit Herrn Charell ... Herr Charell? Ja, hier Levi. Hören Sie, ich habe hier eine Gesangsgruppe, lauter Boys, deutsche. Die sind ja besser als die amerikanischen Revelers! ... Wann? Sofort? Gut, wir sind in zwanzig Minuten bei Ihnen. Danke, bis gleich!“ Dann sagte Levi zu uns: „Meine Herren, ich wollte Ihnen nichts vorher sagen, aber Sie haben ja das Gespräch gehört. Wir fahren jetzt zu Charell, aber ich bitte mir aus, daß Sie sich bei eventuellen Verhandlungsgesprächen mit keinem Wort einmischen, sondern es mir überlassen, die Verhandlung zu führen. Sie kennen sich da nicht so aus; ein falsches Wort im falschen Augenblick kann Ihnen nur schaden, weil Charell bestimmt mehr Erfahrung bei solchen Gelegenheiten hat als Sie!“ Also hin zum Großen Schauspielhaus – vorgesungen, und Charell bot uns sofort einen Vertrag!*

GROSSES SCHAUSPIELHAUS, BERLIN

TÄGLICH 8 UHR

Die große Operette

»CASANOVA«

mit

MICHAEL BOHNEN

Emmy Sturm, Anni Frind, Anni Ahlers, Trude Lieske, Marg. Kupfer, Julia Serda, Siegfried Arno, Wilh. Bendow, Paul Morgan, Fritz Blankenhorn, Herm. Picha, Karl Geppert, Grete Walter, Kurt Mikulski, Fritz Berger

La Jana | *Marianne Winkelstern* | *Sunshinegirls* | *Comedian Harmonists* | *Jacksonboys*

Musik: **Johann Strauß** / Buch: **Schanzer u. Welisch** / Musikalische Bearbeitung: **Ralph Benatzky** / Musikalische Leitung: **Ernst Hauke**
Gesamtausstattung: **Ernst Stern**

REGIE: ERIK CHARELL

★

Alle Lieder in Originalbesetzung nur auf „ELECTROLA“

Aber die Gage war nicht hoch genug. Levi sagte: „Ich verhandele weiter, Ihr geht jetzt erst einmal in die Kneipe, ein Bierchen trinken." Dann kam er nach einer Weile in die Kneipe und forderte uns auf, mit zu Haller in den Admiralspalast, wo gerade Proben stattfänden, zum Vorsingen zu gehen.[1]

Mit diesem Trick schaffte es Levi, Charell zu einem höheren Angebot zu bewegen. Denn während die sechs „Melody Makers" mit Levi hinter der Bühne im Admiralspalast den Proben zusahen, erschien plötzlich ein Bote vom Großen Schauspielhaus und brachte einen Brief von Charell, der mitbekommen hatte, daß Levi mit der Gruppe zur Konkurrenz gegangen war. „Ich biete die doppelte Gage. Wenn Sie bei Haller abschließen, mache ich Sie in der ganzen Branche unmöglich!" So ging's zurück zu Charell, wo der Vertrag unterzeichnet wurde. Die Gruppe erhielt pro Abend 120 Reichsmark, für jeden also 20 Mark, eine unter damaligen Verhältnissen recht beachtliche Summe für ein noch völlig unbekanntes Ensemble. So sehr Charell der Gesang der „Melody Makers" gefallen hatte, so wenig paßte ihm ihr Name. Englisch mußte er natürlich weiterhin klingen, und eine Idee hatte er auch: „Comedian Harmonists" sollten sie sich nennen, ein Vorschlag, der von allen sofort akzeptiert wurde.

Der 28. September 1928 brachte endlich den ersehnten ersten öffentlichen Auftritt. Mit prominenter Besetzung und in hervorragender Ausstattung durch Professor Ernst Stern ging unter der Regie von Erik Charell die Premiere der Operetten-Revue „Casanova" über die

Die Comedian Harmonists in Erik Charells „Casanova" 1928 als böhmische . . .

Bühne des Großen Schauspielhauses. Das Libretto stammte von dem Autorengespann Rudolf Schanzer und Ernst Welisch; die Bühnenmusik war nach Johann-Strauß-Melodien in gewohnt erfolgreicher Manier von Ralph Benatzky bearbeitet worden, den Spötter deswegen gerne „Benutzky" nannten. Michael Bohnen sang die Titelpartie, nach einigen Wochen alternierend mit dem Heldentenor Alfred Jerger von der Wiener Staatsoper, der dann schließlich die Rolle ganz übernahm. Die musikalische Leitung hatte der Dirigent Ernst Hauke. Unter den Mitwirkenden sind viele zu nennen, die noch heute legendären Ruf genießen: Die Frauen um Casanova waren Emmy Sturm, Anni Frind, Anny Ahlers, Trude Lieske, Grete Walter, Margarete Kupfer, Marianne Winkelstern und La Jana. Im Ensemble der Komiker wirkten u. a. Wilhelm Bendow, Paul Morgan und Siegfried Arno mit. Als Tanzgruppen agierten die „Jackson-Boys" und die zwölf „Sunshine-Girls". Das Programmheft nennt auch ihre Namen, darunter an erster Stelle die entzückende Tänzerin Marianne Stanior, deren Zuneigung Robert Biberti, durchaus im Stil des Revue-Helden, sehr schnell zu gewinnen wußte. In der ursprünglichen Bühnenfassung der Revue war eine Gesangsgruppe wie die Comedian Harmonists gar nicht vorgesehen. Erst nachdem Charell sie gehört hatte, beschloß er, sie trotz der bereits auf Hochtouren laufenden Probenarbeiten noch „einzubauen." So sangen sie denn, stilgerecht als venezianische, spanische und böhmische Musikanten gekleidet, die Intermezzi zwischen den Akten, die ursprünglich als Orchesterstücke gedacht waren.

... und als venezianische Musikanten

Die Premiere wurde ein Riesenerfolg, und die Revue lief ununterbrochen bis zum ~~29.~~ 28. Februar 1929. Der berühmte Dirigent Bruno Walter saß bei der Erstaufführung in einer Loge unmittelbar an der Bühne, und die Comedian Harmonists erhielten nach jedem ihrer Auftritte seinen begeisterten Beifall. Auch die Kritik reagierte positiv und stellte die Gruppe namentlich heraus. So vermerkte die „Deutsche Tageszeitung“: *Eine aparte Spezialität sind die Comedian Harmonists, eine Truppe von Brumm- und Säuselsängern, die Musikinstrumente und Jazzkapelle verblüffend originell imitieren.* Und Oscar Bie lobte im „Berliner Börsen-Courier“: *Eine groteske Sängertruppe, Comedian Harmonists genannt, unterhält uns in den Pausen besonders amüsant mit dem Vortrag spanischer, böhmischer und venezianischer Ständchen im Kostüm, nicht bloß der Tracht, auch der Stimme.* Die kleine Zeitschrift „Die Frechheit“, die als Beilage zum Programmheft des „Kabaretts der Komiker“ erschien, urteilte treffend: *Donnerwetter, klingt das nach veredelten Revellers! Kämen die Jungens aus Amerika, wären sie eine Sensation, nach der sich Berlin die Beine ausreißen würde.*

So weit war es freilich noch nicht, und daß es wirklich einmal dazu kommen würde, war Ende 1928 schwerlich vorherzusehen. Der erste öffentliche Auftritt genügte der Gruppe auch so, um stolz und glücklich zu sein. Harry Frommermann legte ein dickes Heft an, in das er alle erreichbaren Kritiken klebte, und das er über alle Odysseen seines Lebens rettete, und auch Robert Biberti bewahrte selbst die kleinsten Hinweise auf die Comedian Harmonists als Dokumente seines und ihres Erfolgs.

Marianne Stanior, Robert Bibertis „Sunshine-Girl“

Aus dem Leben der Ensemblemitglieder

Das erste halbe Jahr ihres Engagements am Großen Schauspielhaus gibt Gelegenheit, den Bericht über den Werdegang der Comedian Harmonists zu unterbrechen, um die sechs jungen Musiker näher kennenzulernen und vorzustellen.

Der Schauspiel-Eleve Harry Frommermann 1926

Der Initiator und Gründer, Max Harry Frommermann, kam als drittes Kind des jüdischen Oberkantors Alexander Frommermann und dessen zweiter Frau Leonie am 12. Oktober 1906 in der Alt-Berliner Rosenthaler Straße 45 zur Welt. Harrys beide Schwester aus erster Ehe waren rund 25 Jahre älter als er. Der Vater, am 12. April 1856 in einem kleinen Dorf in der Ukraine geboren, war in den 80er Jahren nach Deutschland ausgewandert, als er zum Militär eingezogen werden sollte. In der Leipziger Synagoge, wo er als Vorsänger wirkte, wurde der Gewandhauskapellmeister Arthur Nikisch auf ihn aufmerksam und verhalf ihm zu einem Stipendium, mit dem er am damals berühmten Konservatorium in Frankfurt am Main bei Professor Stockhausen Gesang und Musik studieren konnte. Nach dem Studium gründete Alexander Frommermann in Berlin ein kleines Privatkonservatorium, die „Erste Internationale Kantorenschule“ in der Auguststraße 46. Nebenher war er viele Jahre im Berliner Philharmonischen Chor unter Siegfried Ochs tätig und bekleidete zu Beginn der 20er Jahre bis zu seinem Tode am 15. Oktober 1924 eine Kantorenstelle bei der jüdischen Brüdergemeinde Neukölln.

Harry wuchs so von frühester Kindheit umgeben von Musik auf. Der Vater unterrichtete ihn während der Schulzeit in Musiktheorie, Harmonielehre und Kontrapunktik, während er vom Steglitzer Organisten und Pianisten Paul Schütz am väterlichen Konservatorium das Klavierspielen erlernte. Nach den Wünschen des Vaters hatte er ursprünglich Rabbiner werden sollen. Harrys Interesse galt jedoch der Musik, so daß nun alle Hoffnungen auf sein Klavierspiel gesetzt wurden, die er dann aber auch nach einigen Jahren enttäuschen mußte, weil sich seine Hände für den Beruf eines Pianisten als zu klein erwiesen. Seiner Musikliebe tat dies freilich keinen Abbruch. Vor allem die Besuche von Orchesterproben faszinierten ihn, und es wird berichtet, daß er auf dem Nachhauseweg ganze Partien nachsang und hier vielleicht auch die später so ausgeprägte Lust und Fähigkeit entwickelte, Orchesterinstrumente mit seiner Stimme zu imitieren.

Neben der Musik war das Theater Harrys ganze Leidenschaft. In vielen Schüleraufführungen wirkte er mit, und ein erhaltener Programmzettel nennt den 16jähri-

Harry Frommermann, wahrscheinlich am Tage seiner Bar Mitzwah, 1919

Kantor Alexander Frommermann, Harrys Vater

gen am 26. März 1923 als Akteur und Regisseur in Schillers „Kabale und Liebe", aufgeführt von ehemaligen Schülern und zwei Berufsschauspielern. Eine Presserezension hob die jugendliche Begeisterung der Darsteller hervor, ... *während Harry Frommermann mit seinem Kammerdiener darüber schon ins Reife, Künstlerhafte hinausgriff.*

Von einem professionellen Musikstudium oder gar vom Ergreifen der Theaterlaufbahn wollte der Vater freilich nichts wissen. So trat der Sohn im Jahre 1922 widerwillig eine Stelle als kaufmännischer Lehrling in der Berliner Damenkonfektion an. Eine bittere Zeit für ihn, der dann auch zwei Jahre später, kurz nach dem Tode seines Vaters, die Lehre abbrach. Mit Hilfe eines Stipendiums kam er an die Staatliche Schauspielschule Berlin und studierte hier in den Jahren 1925/26 bei Leopold Jeßner und Professor Carl Ebert. Für die Spielzeit 1926/27 erhielt Harry seinen ersten Vertrag als Schauspiel-Eleve an der Berliner Volksbühne unter Fritz Holl und Erwin Piscator. Die Gage betrug ganze 60 Reichsmark im Monat! Hier spielte er u. a. in Hebbels „Judith" neben dem berühmten Alexander Granach, mit dem ihn trotz des erheblichen Altersunterschiedes bald eine sehr herzliche Freundschaft verband.

Frommermanns Mutter hatte nach dem Tod ihres Mannes in den Räumen des Konservatoriums eine Pension eröffnet. Damit verdiente sie ihren und zum Teil Harrys Lebensunterhalt. Da sie eine gute Hausfrau und Köchin war, vergalt sie Granachs Freundschaft zu ihrem Sohn, indem sie dem eingefleischten Junggesellen durch Harry ab und zu einige Leckerbissen der jüdischen Küche ins Theater oder in seine Schmargendorfer Wohnung in der Heiligendammer Straße 17a schickte. Mutter Frommermann erhielt von Granach als Dank ein Koffergrammophon – und auf eben diesem Apparat hörte der zwanzigjährige Harry Frommermann die ersten Platten der Revelers, die seinem Leben die entscheidende Wendung geben sollten.

Bötzow-Brauerei · Prenzlauer Allee 242

Montag, den 26. März 1923

Kabale und Liebe

Trauerſpiel in 5 Akten von Friedrich von Schiller
Regie: Harry Frommermann

Perſonen:

Präſident von Walter, am Hof eines deutſchen Fürſten	Fritz Kurt Schleſinger
Ferdinand, ſein Sohn, Major	Kurt Ehrenfreund
Hofmarſchall von Kalb	Herbert Czarlinsky
Lady Milford, Favoritin des Fürſten	Marga Dahms
Wurm, Hausſekretär des Präſidenten	Harry Frommermann
Miller, Stadtmuſikant, oder, wie man ſie an einigen Orten nennt, Kunſtpfeifer	Fritz Seller
Deſſen Frau	Ella Berg
Luiſe, deſſen Tochter	Grete Tann
Sophie, Kammerjungfer der Lady	Roſa Linkowski
Ein Kammerdiener des Fürſten	* * *

Verſchiedene Nebenperſonen

Bühnenausſtattung: Möbel-Staub
Koſtüme: Atelier W. Gerloff
Techniſche Leitung: Herbert Czarlinsky
Künſtleriſche Leitung: Harry Frommermann
Geſchäftliche Leitung: Fritz Kurt Schleſinger

Pauſe nach dem 3 Akt

Anfang 7 Uhr — Anfang 7 Uhr

Handzettel zur Schüleraufführung am 26. 3. 1923

Robert Biberti im Alter von drei Jahren

Der Opernsänger Robert Georg Biberti (rechts) mit seinem Meistersänger-Quartett

Auch der Bassist der Gruppe, Robert Biberti, stammte aus einem musikalischen und künstlerischen Elternhaus. Er wurde am 5. Juni 1902 in Berlin als zweiter Sohn des Kgl. Preußischen Kammersängers Georg Robert Biberti (1854–1925) geboren, von dem er nicht nur seinen Vornamen, sondern auch die schöne tiefe Stimme erbte. Der ältere Bruder Leopold (1894–1969), in der Familie nur „Pelle“ genannt, machte später eine außerordentlich erfolgreiche Karriere als Schauspieler in Frankfurt am Main und in der Schweiz. Vater Biberti war in den 80er Jahren Erster Bassist an der Berliner Linden-Oper. Den Familiennamen Bibert hatte er in das italienisch klingende Biberti ändern lassen. Dem Alkohol mehr und mehr verfallend, ruinierte er allmählich seine schöne Stimme und verlor schließlich seine Stellung. Er selbst hat über diese Jahre tiefer seelischer und finanzieller Not in einem bewegenden Tagebuch berichtet, das erhalten geblieben ist. Die „Vossische Zeitung“ vom 3. März 1925 widmete ihm einen Nachruf, in dem es heißt:

Alte Berliner Opernsänger erinnern sich noch an die prachtvolle, kernige Stimme Bibertis, an seinen echten schwarzen Baß, und es fällt ihnen wohl auch noch eine seiner beliebtesten Partien ein, der Pietro in der „Stummen von Portici“. Biberti sang alle großen seriösen Baßpartien, doch zwang ihn ein Niedergang seiner Stimme, schließlich von der Bühne abzutreten. Er behalf sich, indem er im Wintergarten und noch längere Zeit in

Kabarets auftrat, doch als auch das nicht mehr ging, kehrte er zur Holzschnitzerei zurück, zu dem Beruf, den er ausgeübt hatte, bevor er Chorist der Wiener Komischen Oper wurde.

Interessant ist, daß Robert Biberti senior nach dem Ende seiner Opern-Karriere auch eine Herren-Gesangsgruppe gründete, das „Meistersänger-Quartett", mit dem er u. a. durch sehr frühe Schallplattenaufnahmen (ab 1898) auch etwas finanziellen Erfolg verbuchen konnte. Seine immer noch voluminöse und schöne Stimme ist auch auf Edison-Walzen und einigen Schallplatten erhalten, die um die Jahrhundertwende aufgenommen wurden. Die Hauptlast des Familienunterhalts wurde freilich über lange Jahre von der Mutter, Emilie Biberti, getragen, die als Pianistin Unterricht erteilte und in den ersten Stummfilmkinos das Geschehen auf der Leinwand musikalisch untermalte. Sie war die Seele und der gute Geist der Familie und wurde von ihren Söhnen fast abgöttisch geliebt.

Daß der Sohn Robert musikalisch und stimmlich begabt war, blieb seinen Lehrern in der Schule allerdings verborgen. Seine Zeugnisse am „Städtischen Gymnasium und Realschule Charlottenburg" von 1913/14 weisen im Singen die Note „mangelhaft" auf und bestätigen die Richtigkeit seiner später oft und gern geäußerten Behauptung, wonach ihn der Musikunterricht „nicht interessierte und langweilte." Als es jedoch nach der Schulzeit um die Frage des Berufs ging, widersetzten sich Mutter und Sohn dem Wunsch des Vaters nach einer handwerklichen Lehre, und beide entschieden sich für eine Gesangsausbildung. Gleich seinem Vater begann Robert als Chorsänger. So finden wir ihn 1923 im Chor des Theaters im Admiralspalast, eine Spielzeit wirkte er auch im Chor der Städtischen Oper. Im Mai 1927 wurde er stellungslos und sang mit einigen Kollegen auf Berliner Hinterhöfen, von deren Armut und großartiger Akustik er später sehr anschaulich berichtete. Im Herbst 1927 bekam er dann wieder ein Engagement als Chorsänger bei Charell im Großen Schauspielhaus, wo er Roman Cycowski und Ari Leschnikoff traf, die hier ebenfalls ihr karges Honorar verdienten.

Emilie Biberti mit ihren Söhnen Leopold und Robert (rechts)

Leschnikoff stammte aus Bulgarien. Dort wurde er in Haskowo, einem kleinen Landstädtchen in der Nähe Sofias, am 16. Juli 1897 als drittes Kind nach einer Schwester und einem Bruder geboren. Der Vater war Postbeamter. Beide Eltern waren sehr musikalisch. Die Mutter besaß eine schöne Stimme und machte zu Hause Gebrauch davon. Sie regte damit ihren jüngsten Sohn Asparuch, kurz „Ari“ genannt, frühzeitig zum Singen an. So bewältigte der kleine Ari im Kirchenchor seiner Heimatstadt bald selbst schwierige Solopartien der orthodoxen liturgischen Gesänge und spielte auch Gitarre.

Nach dem Ende der Schulzeit besuchte er von 1916 bis 1918 die Militärschule in Sofia, um nach dem Wunsch des Vaters die Offizierslaufbahn einzuschlagen. Auch in dieser Zeit sang er viel, nicht zuletzt zur Freude seiner Kameraden, unter ihnen Christo Smirnenski, der später als Dichter und Revolutionär bekannt wurde. Die beiden jungen Männer lernten sich im Karzer der Militärschule kennen und waren bald freundschaftlich verbunden. In dieser Zeit entsteht die Romanze „Bitterer Kaffee“, die Leschnikoff nach einem Text Smirnenskis vertont Viele Jahre später wird er diese Romanze auf bulgarischen Schallplatten singen ...

Von der schönen Tenor-Stimme Leschnikoffs immer wieder beeindruckt, rieten die beiden Militär-Musikmeister Mazak und Atanasov zum Gesangsstudium. Mit dem Offizierspatent als Leutnant der Kavallerie verließ Ari die Militärschule. Der Krieg war inzwischen, von ein paar Wochen Stabsdienst in der Heeresgruppe Mackensen abgesehen, auch ohne seine Mitwirkung endlich zu Ende. So ging Leschnikoff 1919 für zwei Jahre nach Sofia zu Professor Iwan Wulpe, dem Gründer der Bulgarischen Gesangsschule. 1922 fuhr er nach Berlin, um sich hier im Gesang zu vervollkommnen. Das Leben in der Weltstadt war teuer. Seine Ersparnisse schmolzen, beschleunigt durch die rasende Inflation dieser Jahre, rasch dahin, so daß er das Studium abbrechen mußte, um Geld zu verdienen.

Als Kellner fand er Arbeit in einem in der Weimarer Straße 15 gelegenen bulgarischen Studenten-Restaurant. Hier sang er gelegentlich die Lieder seiner Heimat, die in diesem Kreis besonders dankbar aufgenommen wurden. So auch eines Abends gegen Ende des Jahres 1923 auf einem Treffen des „Verbandes der bulgarischen Studenten in Berlin“, an dem er russische Romanzen, aber auch die Arie des Lenski aus der Oper „Eugen Onegin“ vortrug. Plötzlich erhob sich, wie er später immer wieder berichtete, im Publikum eine elegante Dame, ging auf ihn zu, umarmte und küßte ihn. Es war die Filmschauspielerin Olga Tschechowa, die in Begleitung von Richard Tauber und dem aus Warschau stammenden Gesangslehrer Jacques Stückgold Gast dieses Treffens war. Leschnikoffs Stimme, die außergewöhnliche Höhe und die warmherzige Interpretation machten tiefen Eindruck auf die berühmten Gäste, die ihm sogleich den eindringlichen Rat gaben, sich unbedingt am bevorstehenden Wettbewerb um ein Stipendium am Sternschen Konservatorium zu beteiligen. Glücklicherweise befolgte Ari den Rat. Von den 180 Kandidaten, die sich am Wettbewerb beteiligten, wurden ganze vier aufgenommen – Ari Leschnikoff war einer der Überglücklichen! Zu seinen Mitstudenten zählte übrigens der später so berühmte Tenor Joseph Schmidt, den er in der Stimmhöhe um eineinhalb Töne übertraf. Nach Abschluß der Gesangsstudien erhielt Leschnikoff 1926 sein erstes Engagement im Chor des Großen Schauspielhauses.

Ari Leschnikoff

Josef Roman Cycowski

Sein Chor-Kollege Josef Roman Cycowski kam aus Polen, wo er am 24. Januar 1901 in Tussyn bei Lodz geboren wurde. Der Vater, ein orthodoxer Jude, besaß dort eine kleine Spinnerei. Seine Religion nahm er sehr ernst und erzog auch seine Kinder in diesem Sinne. Die Synagogen-Gesänge beeindruckten den jungen Roman schon in frühester Jugend, und er sang selber sehr gern. Ein Erlebnis aus seiner Kindheit hat sich ihm, wie er später berichtet, besonders tief eingeprägt. Im Jahr 1906 kam es in seiner Heimat, die damals zu Rußland gehörte, zu Aufständen der Polen gegen die verhaßte Fremdherrschaft. Revolutionäre Lieder waren im Umlauf. Eins davon schnappte der Fünfjährige auf. Eines Tages hielten ihn einige Jungen auf der Straße fest und forderten ihn zum Singen auf – anderenfalls würden sie ihn verprügeln. Verängstigt beginnt er dies Stück zu singen, und die polnischen Jungen lassen ihn, sichtlich beeindruckt vom Gesang eines revolutionären Liedes, ungeschoren ziehen. Dies Ereignis beschäftigte ihn lange und ließ in ihm den Kinderwunsch entstehen, später einmal Sänger zu werden.

Der Vater unterstützte diesen Wunsch auf seine Weise und gab den Kleinen beim Synagogen-Sänger in die Lehre, damit Roman später als Kantor oder Rabbiner seinem Glauben dienen könne. Von 1909 bis 1914 besuchte Roman die Talmudschule in Piotrkow. Als die kleine väterliche Fabrik im Krieg zerstört wurde, war der Junge bald gezwungen, seinen Lebensunterhalt selbst zu verdienen. So kam er schließlich 1920 nach Beuthen in Oberschlesien, wo er als Ladengehilfe in einem Eisenwarengeschäft Arbeit fand. Da er auch bei der Arbeit gerne seine jiddischen Lieder sang, fragte ihn eines Tages ein junges Mädchen, warum er mit einer so schönen Stimme nicht ans Stadttheater ginge. Auf Vermittlung ihrer Schwester, die an diesem Theater als Sekretärin beschäftigt war, stellte sich Roman dort zum Probesingen vor. Der Direktor Hans Knapp und sein erster Kapellmeister schauten den recht armselig gekleideten jungen Mann sehr mißtrauisch an. Doch nach dem Motto „Anhören kostet ja nichts" ließen sie ihn vorsingen. Da er kein einziges deutsches Lied beherrschte, sang er hebräisch. „Können Sie denn wenigstens Noten lesen?" wollte, ziemlich konsterniert, der Kapellmeister wissen und drückte ihm Auszüge aus der „Fledermaus" in die Hand. Als Cycowski fließend vom Blatt sang, wandte sich der Dirigent aufgeregt an Knapp: „Herr

Direktor, den Mann muß ich haben!"[2] So kam Roman Cycowski zu seinem ersten Engagement als Chorsänger ans Stadttheater Beuthen.

Er lernte überaus fleißig und fand sich überraschend schnell in dem völlig neuen Metier zurecht. Nach Beuthen war er fünf Jahre lang an verschiedenen deutschen Bühnen unter Vertrag: Im Sommer 1921 an der Waldoper Zoppot, ab September 1921 in Danzig, 1922 in Stralsund und 1923 am Sommertheater in Bad Oeynhausen. Im Juni 1923 stellt er sich in Guben vor, wo er von September 1923 bis zum Sommer 1925 in großen Opernpartien (u. a. im „Waffenschmied", „Zar und Zimmermann" und als Wolfram im „Tannhäuser") erfolgreich war. In der Spielzeit 1925/26 sang er in Cottbus und mit Beginn der Spielzeit 1926 in Rostock.

Es kennzeichnet den Anspruch und Ernst seiner Auffassung vom Sänger-Beruf, daß er trotz der langjährigen Gesangstätigkeit beschloß, seine Ausbildung in Berlin zu vervollkommnen und noch einmal ein Studium aufzunehmen. Sein großes Vorbild war der Bariton Heinrich Schlusnus von der Berliner Staatsoper, sein Ziel ein Engagement an einer der berühmten Berliner Gesangsbühnen. Ende 1926 begann er seine Studien beim Gesangslehrer Max Barth und vom April bis zum August 1927 war er in Italien Schüler des hochgerühmten Baritons Ricardo Stracciari (1875–1955), der auch der Lehrer von Boris Christoff und Alexander Svéd war. Das erste Engagement in Berlin lag jedoch noch weit vom selbstgesteckten Ziel, und auch Josef Roman Cycowski begann im September 1927 als Chorsänger bei Charell.

Die erste Künstlerpostkarte, Oktober 1928

Walter Nußbaum

Erich Abraham-Collin

Walter Nußbaum gehörte den Comedian Harmonists als zweiter Tenor seit ihrer Gründung an. Auch ihn hatte Robert Biberti mitgebracht. Erstaunlicherweise finden sich keinerlei Angaben zu seiner Person oder Herkunft in den Nachlässen oder Erinnerungen Frommermanns und Bibertis. Es ist lediglich nachweisbar, daß Nußbaum dem Ensemble bis zum 15. März 1929 angehörte. Die bisher bekannten Fakten ließen vermuten, daß er bereits vor dem 18. August 1928 ausgeschieden und durch Erich Collin ersetzt worden sei. Dagegen sprechen jedoch einige eindeutige Belege: Der Schallplattenvertrag mit dem Lindström-Konzern (Odeon) vom 22.10.1928 wurde von allen Ensemblemitgliedern unterschrieben – auch von Nußbaum, nicht jedoch von Collin. Alle Bilder der Comedian Harmonists, die bis Februar 1929 aufgenommen wurden, sowohl die ersten Odeon-Werbefotos wie auch die Szenenfotos aus „Casanova“ zeigen Walter Nußbaum. Das wurde später von den Mitgliedern der Gruppe nicht erwähnt, auch nicht die Gründe, die zum „Auswechseln“ Nußbaums gegen Collin führten. Lediglich in einem Brief Frommermanns an Robert Biberti aus dem Jahr 1975 finden sich die Sätze: *Du hast Ari, Roman wie Nußbaum ins Ensemble gebracht. Nußbaum wurde später „gegangen“.*

Erich Abraham-Collin kam also am 16. März 1929 als zweiter Tenor zu den Comedian Harmonists. Seine Wiege stand in Berlin. Hier besaß der jüdische Kinderarzt Dr. Paul Abraham eine renommierte Praxis. Seine Frau Elsbeth war die Tochter des Verlagsbuchhändlers Collin. Ihr erstes Kind, Erich, wurde am 26. August 1899 geboren. Zwei Jahre später kam noch eine Tochter, Annemarie, auf die Welt. Doch im Jahre 1903 trennten sich die Eltern, die Ehe wurde geschieden. Die Mutter übernahm die Kinder, die nun als Familiennamen ihren Mädchennamen führten. Für die Erziehung der Kinder wurde eine Gouvernante aus der Schweiz engagiert, die nur französisch sprach, so daß die Kinder diese Sprache sehr schnell lernten, was sich später für beide als sehr nützlich erwies. Wie sich Annemarie Collin erinnert, sang das junge Mädchen den Kindern auch viele französische Lieder vor und weckte damit möglicherweise Erichs Interesse an Gesang und Musik.

Jedenfalls wollte er nach Abschluß des Gymnasiums unbedingt Musik studieren. Die Mutter war jedoch ebenso wie der um Rat befragte Vater strikt gegen solche brotlosen Künste. Daher begann er nach dem Wunsch des Vaters im November 1918 ein Medizinstudium, bestand 1922 das Physikum, gab jedoch nach sieben Semestern auf, um sich nun doch endgültig der Musik zuzuwenden. Von 1924 bis 1927 besuchte Collin die Berliner Hochschule für Musik und schloß diese Ausbildung auch erfolgreich ab. An der Hochschule traf er Erwin Bootz, der hier zur gleichen Zeit studierte und ihn dann ins Ensemble der Comedian Harmonists mitnahm.

Erwin Bootz

Erwin Bootz, der „Benjamin“ der Gruppe, wurde am 30. Juni 1907 in Stettin geboren. Der Vater, August Bootz (am 10. Juli 1868 in Rotemühl geboren), besaß hier ein großes Musikaliengeschäft in der Splittstraße 3. Neben dem obligaten Sortiment wie Musikinstrumente und Noten führte er auch „Sprechmaschinen“, also Phonographen und Grammophone, was zu jener Zeit in dieser Branche durchaus noch nicht selbstverständlich war. Die Mutter stammte aus Insterburg, wo sie am 11. April 1881 als Martha Brandstetter geboren wurde. Sie kümmerte sich nicht nur um den Haushalt und die Erziehung ihrer sieben Kinder, sondern führte auch noch mit dem Geschick einer Kauffrau das Geschäft.

Erwin Bootz war somit seit Kindestagen von Musik umgeben, konnte stundenlang im väterlichen Geschäft Schallplatten hören, und ließ schon frühzeitig eine große musikalische Begabung erkennen. Die Eltern förderten sein Interesse, ließen ihm Klavierunterricht erteilen, und bald stand es für ihn fest, daß er Klaviervirtuose werden wollte. Besonders beeinflußte ihn dabei das Spiel der berühmten Pianisten, die er von der Platte kannte, wobei Eugen d'Albert sein besonderer Favorit war. Einige alte Schellackplatten dieses damals als größter Pianist gefeierten Künstlers hat er bis in seine letzten Lebensjahre aufbewahrt.

Dennoch oder deswegen behagte ihm der Klavierunterricht nicht sonderlich, zumal Fleiß und Beständigkeit nicht zu seinen größten Tugenden zählten. Die Übungsstücke langweilten ihn, und er kopierte viel lieber das ihm von den Platten bekannte Spiel seiner Vorbilder. Damit verblüffte er dann 1920 bei der Aufnahmeprüfung zum Loewe-Konservatorium in Stettin seine Lehrer, indem er statt der vorgeschriebenen Musikstücke Webers „Aufforderung zum Tanz“ im Stile eines Eugen d'Alberts vorspielte. Dies muß Eindruck gemacht haben, denn der Dreizehnjährige durfte bald darauf im Konservatorium sein erstes öffentliches Konzert geben. Nach erfolgreichem Abschluß ging er, von den Eltern finanziell großzügig unterstützt, nach Berlin und wurde in die Meisterklasse der staatlichen Hochschule für Musik aufgenommen. Das Examen bestand er 1928 mit Auszeichnung. Daß Erwin Bootz wegen verjazzter Klassiker von der Hochschule geflogen sei, machte sich in der Frühzeit der Comedian Harmonists gut für die Reklame, entbehrt aber jeder Grundlage. Ob er es ohne die Begegnung mit den Comedian Harmonists zum erfolgeichen Konzertpianisten gebracht hätte, ist eine müßige Frage. Vielleicht hätte er vor den Anforderungen dieses Berufes an strenge Disziplin und ständiges Üben kapituliert. Für die Comedian Harmonists war er jedenfalls durch seine musikalischen Vielseitigkeit und mit der unaufdringlichen Eleganz seines Klavierspiels ein wahrer Glückstreffer.

Der Berliner Fotograf Wolff v. Gudenberg suchte 1929 mit dieser Foto-Montage nach einem modernen Klang-„Bild“, das dem Ensemble jedoch wenig zusagte.

Auf dem Weg zu Ruhm und Erfolg

Bereits zur Zeit ihres Engagements am Großen Schauspielhaus erhielten die Comedian Harmonists von der Direktion die begehrte „Pendelerlaubnis", die es den Künstlern gestattete, auch außerhalb ihrer vertraglichen Bindung an anderer Stelle aufzutreten. Sie nutzten dies sofort und traten ab dem 16. Oktober 1928 im Programm des „Kabaretts der Komiker" auf. Diese Kleinkunstbühne war 1924 von Kurt Robitschek, Paul Morgan, Max Adalbert und Max Hansen gegründet worden und spielte vier Jahre lang in der „Rakete" in der Charlottenburger Kantstraße. Im September 1928 zog das „KadeKo", wie es allgemein genannt wurde, in ein eigenes Haus am Lehniner Platz. Die Programme des „Kabaretts der Komiker" vereinten stets eine Vielzahl unterschiedlicher Darbietungen aus den Bereichen Varieté, literarisches Kabarett und Theater. Hier trat bis 1933 alles auf, was in der Berliner „Szene" Rang und Namen hatte, und die Direktion setzte ihren Ehrgeiz darein, stets die neuesten Attraktionen und Sensationen zu bieten.

Im zweiten Oktoberprogramm konnte man im KadeKo unter anderem Trude Hesterberg mit witzigen und frechen Chansons, Max Adalbert und Paul Morgan in dem Sketch „Der Herr ohne Wohnung", Hans Moser in der Posse „Ich bin in der Krankenkasse" erleben. Max Ehrlich brillierte mit Schauspielerparodien und Willy Rosen begleitete sich am Klavier zu unverwechselbaren Couplets, bei denen er nie darauf hinzuweisen vergaß, daß „Text und Musik von mir" sind. Die Sid Kay's Fellows servierten ein „Potpourri in Jazz" und Paul Nikolaus conferierte. Die neueste Erwerbung des Hauses kündigte er so an: *Und jetzt kommt gleich ein Massenaufgebot. Fünf Stück zum Teil erwachsene Männer, die Comedian Harmonists! Sie singen „Wenn Zwei sich lieben". Das kommt zwar öfters vor, aber hier ist die Ausführung schöner!* Dann betraten die Angekündigten die Bühne im tadellosen Frack, der zu ihrem äußerlichen Markenzeichen wurde, und sangen den schnulzigen Titel in parodistischer und dennoch stimmlich ausgefeilter Manier.

Robert Biberti wohnte damals mit seiner Mutter in der Charlottenburger Knesebeckstraße 88. Da die Wohnung groß war und über Telefon verfügte, wurden hier anfangs die geschäftlichen Belange der Comedian Har-

Kabarett der Komiker, Oktober 1928.
Die Comedian Harmonists in illustrer Gesellschaft

monists erledigt. Wie das vonstatten ging, schilderte Robert Biberti so: *Hier und da kriegte man damals Anrufe und so, von Agenten, die sich uns empfahlen, oder auch mal von einer Varieté-Direktion, was denn wohl die Truppe kosten würde. Wir waren sehr darauf bedacht, daß unser Betrieb da, wo wir hausten, unser Büro, daß das möglichst lärmvoll vonstatten ging, um die Wichtigkeit unserer Existenz zu manifestieren. Und es war dann so, also wenn so'n Anruf kam, dann machten wir Stimmengewirr. Einer hieb dann, ohne was zu schreiben, wie wahnsinnig auf die Schreibmaschine, bloß daß es ordentlich klapperte. Und es war tatsächlich so, daß der Anrufer gedacht haben muß, er ist irgendwie mit dem Dispositionsbüro, dem Personalbüro eines Stahlkonzerns verbunden.*[2]

Die Angebote für Auftritte in Berlin nahmen zu, und die Gruppe nutzte jede sich bietende Möglichkeit. Meist sangen sie drei oder vier Titel, und die Gage dafür brachte durchschnittlich 125,– Mark, d. h. etwa 20,– Mark für jeden. Eine willkommene Aufbesserung des vertraglichen Einkommens beim Großen Schauspielhaus. Auch da gab es gelegentlich zusätzliche Auftritte, so z. B. am 16. November 1928, dem „Brigittentag" des Ullstein-Verlages, oder die beliebte „Telefunken-Matinee" am Sonntag-Vormittag. Die zehnte Folge fand am 1. Dezember 1929 statt. Dabei wirkten noch die Sopranistin Margueritha Perras und der populäre Tenor-Buffo Max Hansen mit. Die Comedian Harmonists sangen nun schon bis zu elf Titeln bei einer Veranstaltung. Auch zu wohltätigen Zwecken traten sie auf, wie etwa beim Teenachmittag zugunsten der Künstler-Altershilfe am 28. November 1929 im „Kabarett der Komiker".

Außerhalb Berlins gastierten die Comedian Harmonists erstmals gleich nach dem Ende ihres Engagements

Erstes Foto der Comedian Harmonists mit Erich A. Collin (zweiter von links), beim Konzert im „Groß-Köln" Ende Mai 1929

bei Charell ab dem 1. März 1929 im „Hansa-Theater", einem bekannten Hamburger Großvarieté. Und dann war plötzlich Schluß! Walter Nußbaum mußte das Ensemble aus ungeklärten Gründen verlassen, und nun fehlte der zweite Tenor. So trat eine zweimonatige Zwangspause ein, ehe nach vielen Proben mit Erich Collin das Ensemble wieder auftreten konnte. Vom 16. bis zum 31. Mai gaben die Comedian Harmonists ein Gastspiel im „Groß-Köln", dem renommierten Varieté der Domstadt. Noch waren sie nicht so bekannt, daß ihr Name allen Verantwortlichen fehlerfrei geläufig war. „Komedian Harmonists vom Großen Schauspielhaus Berlin" stand über dem Portal. Aber von Mal zu Mal steigerte sich der Erfolg und die Presse spendete einhellig Beifall. *Der Clou des Abends sind die sechs Comedian Harmonists* schreibt der Kölner „Mittag" am 19. Mai und das „Kölner Tageblatt" lobt drei Tage später ihre *Bombennummer, neben der alle anderen selbstverständlich einen schweren Stand haben.* Im Programm haben sie jazzige Nummern wie den „Jigwalk" (Duke Ellington), „Miss Annabelle Lee" mit dem deutschen Text „Wie wundervoll küßt Annemarie" und „That's my Weakness now" (= „Scheinbar liebst Du mich"), aber auch elegische Titel wie „Ich weiß eine Frau, die Dich niemals vergißt" oder „Chiquita". So haben sie für jeden etwas, und auch jene Rezensenten, die sich über die *üblichen Tanz-Songs negroider Struktur* mokieren, kommen nicht umhin, ihre *bezaubernd gegeneinander-, auseinander- und durcheinandergeführten Melodielinien* zu rühmen („Kölner Stadtanzeiger" vom 18. Mai 1929).

Wieder in Berlin, traten sie oft in der „Barberina" auf, einer exklusiven Nachtbar in der Hardenbergstraße 18,

Das Tanzlokal Barberina in der Hardenbergstraße. Hier traten die „Harmonistes Comedians" nach der Vorstellung im Großen Schauspielhaus auf.

die im Baedeker von 1927 unter „Kabarette" geführt wird, vor allem aber als Tanzbar berühmt war. Die rechte Freude scheint das nicht gewesen zu sein, wenn man Robert Bibertis drastischer Schilderung folgt: *Wir kamen da hin, stellten uns in die Mitte des Parketts, was sehr unangenehm war – also nicht Guckkastenbühne, von nur einer Seite zu sehen – sondern um uns saßen fressende und saufende Männer und Weiber, die auch gar nicht die Schnauze hielten, wie von uns erwünscht, weil wir uns ja wichtig vorkamen. Und da mußten wir uns dann nach allen Seiten hin bewegen und singen – es war sehr unangenehm. Aber wir kriegten unseren Zwanzigmarkschein täglich, und das war dann doch ganz gut.*[2]

Natürlich ließ sich auch die Berliner Scala in der Lutherstraße die Attraktion nicht entgehen und engagierte die Comedian Harmonists erstmals im Juni 1929. Mit diesem Varieté-Theater aber schien die Truppe Pech zu haben. Nachdem ein Jahr zuvor das Vorsingen zum Fiasko geworden war, fehlten diesmal, kurz vor der Premiere, die Fracks. Sie waren gestohlen worden, so daß die Truppe in geliehenen Kellner-Fräcken, die auch farblich nicht zusammenpaßten, ins Rampenlicht treten mußte. Die Nervosität und Unsicherheit wirkten sich auf die Leistungen des Abends aus, dem dann aber doch noch erfolgreiche Auftritte folgten. Im August folgte in der Scala dann das Gastspiel jener Gruppe, die der Auslöser für die Gründung der Comedian Harmonists gewesen war: The Revelers. Berlin hatte seine neue Sensation und die Scala weiterhin ein ausverkauftes Haus. Konnte man nun doch endlich selbst die Qualitäten der amerikanischen und der deutschen Gruppe vergleichen. Es blieb nicht aus, daß sich beide Ensembles begegneten, und die Presse berichtete darüber:

Zu einer interessanten Begegnung kam es gestern Nacht im Tanzkabarett „Casanova" in der Lutherstraße. Die Revellers, die zur Zeit in der Scala gastieren, saßen Tisch an Tisch mit den als deutsche Revellers bekannten Comedian Harmonists. Lässig in hellen Anzügen die einen, feierlich in eleganten Smokings die anderen. Blicke gingen herüber und hinüber. Man war gespannt, wie sich das Spiel der beiden rivalisierenden Brüder entwickeln würde. Zum Entzücken der Gäste entwickelte es sich zu einem improvisierten Gesangswettstreit. Die deutschen Revellers eröffneten ihn mit „Ol' Man River", die amerikanischen Revellers revanchierten sich mit „In a little Spanish Town". Bleibt zu sagen, daß die deutschen und die amerikanischen Revellers Freunde wurden in dieser Nacht. Bleibt weiter zu sagen, daß die Leistungen der beiden Gruppen einander ebenbürtig sind, daß man „echte" und „nachgemachte" kaum unterscheiden kann, es sei denn optisch: Die Amerikaner sind fünf, die Deutschen sechs sympathische Burschen.

In den Jahren 1928/29 saß in dieser Casanova-Bar ein junger Mann am Klavier, der die Gäste zu unterhalten hatte. Er komponierte auch, und ein Lied, das er 1928 zu einem Text von Fritz Rotter schrieb, wurde zum Weltschlager: „Ich küsse Ihre Hand, Madame!" Die Comedian Harmonists nahmen es in ihr Repertoire und sangen es, noch etwas unbeholfen, bereits im Herbst 1928 auf einer ihrer ersten Schallplatten. Danach folgten unzählige Versionen mit diversen Interpreten, darunter Max Hansen, Richard Tauber und – eine Rarität für Plattensammler – mit dem Komponisten des Liedes selbst: Ralph Erwin.

Den Kontakt zur Schallplatte hatten die Comedian Harmonists überraschend schnell gefunden. Noch vor ihrem ersten Auftreten im Großen Schauspielhaus nahmen sie als völlig unbekannte Gruppe für die Carl Lindström AG (Marke „Odeon") einige Titel auf. Als dann die „Electrola"-Gesellschaft noch in der Probenzeit 1928 Aufnahmen mit der Originalbesetzung der Revue „Casanova" machte, waren auch die Comedian Harmonists mit ihrem „Spanischen und Italienischen Intermezzo" dabei. Am 22. Oktober 1928 erhielten sie auf Anregung des Odeon-Aufnahmeleiters Georg von Wysocki einen Jahresvertrag bei der Lindström-Gesellschaft. Jeder aufgenommene Titel, damals eine Plattenseite von ca. vier Minuten Spieldauer, wurde mit 200 Reichsmark honoriert, wobei noch 50 Mark für das Arrangement hinzukamen. Beim Stand der damaligen Aufnahmetechnik war ein sofortiges Abhören und Kontrollieren der Aufnahmen nicht möglich, die Wachsmatrize, auf die direkt gesungen wurde, wäre beim Abspielen zerstört worden. So mußte erst eine Musterplatte gepreßt werden, was einige Tage in Anspruch nahm. Erst dann konnte entschieden werden, ob die Aufnahme gelungen und damit produktionsreif war. Begreiflicherweise hatten die Sechs anfangs große Schwierigkeiten, ihre Titel gleich beim ersten Mal fehlerfrei zu singen. Allein von „Ich küsse Ihre Hand, Madame" wurden an verschiedenen Termi-

Erste Schallplatten-Reklame, November 1928

Künstler-Werkvertrag

Zwischen den Comedian Harmonists" nachher kurz „der Künstler" genannt, einerseits, "

und

der Carl Lindström Aktiengesellschaft, Berlin SO 36, Schlesische Straße 26, nachher kurz „die Gesellschaft" genannt, andererseits, ist folgendes vereinbart worden:

§ 1.

1. Der Künstler verpflichtet sich, so viele Aufnahmen für die Gesellschaft zu — singen — ~~spielen~~ — ~~dirigieren~~, daß im ~~jedem~~ ersten Vertragsjahre ~~vierundzwanzig~~ dreißig, im zweiten Vertragsjahr vierundzwanzig verschiedene neue verkaufsfähige Schallplattenseiten für die mechanische Wiedergabe seiner Darbietungen angefertigt werden können. Die Gesellschaft ist berechtigt, zu den gleichen Bedingungen weitere Aufnahmen zu verlangen.

2. Der Künstler erhält von der Gesellschaft für jede — Plattenseite (Aufnahme) — ~~Aufnahmesitzung~~ — 200 RM. (in Buchstaben zweihundert RM.). zuzügl. Mk. 50.-- (in Worten: fünfzig Mark) für Arrangements pro Plattenseite. ~~Der Betrag ermäßigt sich bei Duetten auf die Hälfte, bei sonstigen Ensemble-Aufnahmen auf ein Drittel.~~ Die Zahlung geschieht nach erfolgten Aufnahmen unter dem Vorbehalt, daß die Gesellschaft sie als technisch und künstlerisch gelungen erachtet.

3. ~~Der Künstler wird auf Aufforderung 1-2 Probeaufnahmen kostenlos machen. Die Gesellschaft ist berechtigt, diesen Vertrag aufzuheben, wenn sich die Darbietung des Künstlers nach Anhören der Probeplatte nach dem Urteil der Gesellschaft für Aufnahmezwecke nicht eignet.~~

§ 2.

1. Die Auswahl der Stücke trifft die Gesellschaft. Es können auch Stücke gewählt werden, die nicht im Repertoire des Künstlers enthalten sind, sondern von ihm besonders einstudiert werden müssen.

2. Die Aufnahmen finden in der Regel in Berlin statt. Der Zeitpunkt der Aufnahmen wird nach vorheriger Verständigung mit dem Künstler von der Gesellschaft festgesetzt. Der Künstler erhält, sofern die Aufnahmen nicht an seinem Aufenthaltsort oder bei seiner Anwesenheit am Aufnahmeort stattfinden, die Fahrtkosten 2. Klasse von seinem ständigen Aufenthaltsort in Deutschland nach dem Aufnahmeort vergütet.

§ 3.

1. Die Parteien sind sich darüber einig, daß im beiderseitigen Interesse diejenigen Aufnahmen, welche die Gesellschaft künstlerisch oder technisch nicht für einwandfrei gelungen erachtet, von dem Künstler möglichst bald so oft ohne Vergütung wiederholt werden müssen, bis tadellose Aufnahmen erzielt sind.

2. Diese Verpflichtung des Künstlers soll auch dann bestehen, wenn die Gesellschaft seine Aufnahmen bereits veröffentlicht hat.

§ 4.

1. Die Gesellschaft hat allein das Recht, die von dem Künstler unter diesem Vertrag oder sonst für die Gesellschaft oder eine ihrer Konzernfirmen gemachten Aufnahmen dauernd unter irgend welchen Marken und Preisen in der ganzen Welt herstellen, vervielfältigen, öffentlich aufführen und vertreiben zu lassen, auch durch Radio. Die Gesellschaft bestimmt, ob und wann eine Aufnahme veröffentlicht oder vorübergehend oder dauernd nicht mehr verbreitet wird. Der Künstler überträgt hiermit auf die Gesellschaft seine gesamten ihm zustehenden Urheber- und sonstigen Rechte an den bezeichneten Aufnahmen sowie an solchen etwa von dritter Seite vertragswidrig hergestellten; ferner seine mechanisch-musikalischen Urheberrechte und von diesen hergeleiteten Ansprüche an den Kompositionen und Texten, die den Aufnahmen zu Grunde liegen, soweit solche Rechte dem Künstler zustehen.

2. Der Künstler gestattet der Gesellschaft, in der ganzen Welt in jeder Form für die Platten Reklame machen zu lassen, insbesondere durch Verwendung seines Namens, vor allem Künstlernamens, und/oder Bildes. Er wird die Einwilligung der Photographen zur Reproduktion seiner Lichtbilder beibringen. Soweit in Drucksachen auf die Exklusivität des Künstlers hingewiesen ist, wird er nach Ablauf des Vertrages keine Ansprüche herleiten, es sei denn daß diese Drucksachen erst nach dem Ablauf des Vertrages hergestellt sind. Den Umfang der Reklame bestimmt die Gesellschaft.

3. Der Künstler erklärt, daß ~~daß unter seiner Mitwirkung bisher noch keinerlei phonographische Aufnahmen hergestellt wurden und~~ keinerlei andere Verpflichtungen zur Mitwirkung bei phonographischen Aufnahmen für ihn bestehen. Der Künstler verpflichtet sich, einzeln u. gemeinsam während der Vertragsdauer für keine andere Partei irgendwelche Aufnahmen zur mechanischen oder anderweitigen Wiedergabe oder Uebertragung zu machen oder dabei künstlerisch tätig zu sein und während der Vertragsdauer keinerlei derartige Verpflichtungen zur Verwertung seiner Darbietungen mit anderen Parteien einzugehen. Der Künstler darf auch innerhalb zehn Jahren nach Ablauf des Vertrages die bei der Gesellschaft aufgenommenen Stücke bei keiner anderen Partei zur mechanischen oder anderweitigen Wiedergabe oder Uebertragung vortragen, auch nicht in anderen Sprachen.

4. Verbreitung durch Radio fällt nicht unter die Bestimmungen des Absatzes 3. Soweit der Künstler jedoch nach Vorstehendem keine Aufnahmen machen darf, hat er bei Verbreitung seiner Darbietungen durch Radio aufs schärfste zu verbieten, daß irgend eine Fixierung stattfindet. Dieses Verbot kann auch von der Gesellschaft ausgesprochen werden. Der Künstler überträgt hiermit alle seine Rechte, die sich auf die Fixierung und die auf diese Art hergestellten Schallträger, deren Hersteller oder Verbreiter beziehen, auf die Gesellschaft.

5. Der Künstler erteilt hierdurch der Gesellschaft Vollmacht, alle der Gesellschaft nach diesem Paragraphen zustehenden Rechte auch im Namen des Künstlers geltend zu machen, zum Beispiel auch beim Vorgehen gegen unerlaubte Radio-Fixierungen. Auf Wunsch wird er Spezialvollmachten übersenden.

§ 5.

Der Künstler hat ihm bekannt werdende Fabrikationsmethoden der Gesellschaft, insbesondere alle mit dem Aufnahmeverfahren zusammenhängende Vorgänge strikt geheim zu halten.

§ 6.

1. Der Vertrag beginnt mit der Unterzeichnung und endet mit Ablauf des zweiten Vertragsjahres.

2. Sind bis zum Ablauf eines Vertragsjahres die für das Jahr ausersehenen Aufnahmen des Künstlers und die evtl. erforderlichen Wiederholungen nicht gemacht, konnten also die Aufnahmen von der Gesellschaft noch nicht als gelungen bezeichnet werden, so verlängert sich das betreffende Vertragsjahr, bis die Gesellschaft die neuen Aufnahmen durch eingeschriebenen Brief für einwandfrei erklärt. Dies gilt jedoch nicht, wenn die Gesellschaft selbst oder einen ihrer Angestellten ein grobes Verschulden an der Verzögerung trifft.

3. Die Gesellschaft ist berechtigt, den Vertrag zum Ablauf eines jeden Vertragsjahres mit vierteljähriger Frist zu kündigen. Sie kann ihn jedoch jederzeit fristlos kündigen, wenn sich der Künstler von dem öffentlichen Auftreten im Rahmen seiner bei Vertragsschluß ausgeübten künstlerischen Betätigung zurückzieht oder wenn Rechte des Künstlers aus diesem Vertrage abgetreten, verpfändet oder gepfändet werden.

~~4. Die Gesellschaft darf den Vertrag über seinen Ablauf hinaus ein oder mehrere Male um beliebige Fristen, insgesamt aber nur um zwei Jahre unverändert verlängern. Sie hat dies mindestens vier Wochen vor dem jedesmaligen Ende durch eingeschriebenen Brief an die ihr zuletzt bekanntgegebene Adresse des Künstlers zu erklären.~~

§ 7.

Der Künstler hat eine Vertragsstrafe von RM. 10.000.— (Zehntausend Reichsmark) zu zahlen für jeden einzelnen Fall der schuldhaften Zuwiderhandlung gegen diesen Vertrag; z. B.: für jede einzelne Aufnahme, die er für andere Parteien oder für die Gesellschaft vertragswidrig nicht macht; ferner für jede einzelne Schallplatte, die infolge eines grobschuldhaften Vertragsverstoßes des Künstlers im Handel erscheint. Daneben oder stattdessen kann die Gesellschaft alle sonstigen gesetzlichen Rechte geltend machen, insbesondere vollen Schadenersatz verlangen.

§ 8.

1. Der Künstler erklärt, daß der Name, mit dem er diesen Vertrag unterzeichnet, sein richtiger Vor- und Familienname ist.

2. Der Künstler darf Rechte und Pflichten aus diesem Vertrage nicht an Dritte übertragen.

3. Der unterzeichnete Ehemann genehmigt die Erklärung seiner Ehefrau.

4. Mündliche Abmachungen neben diesem Vertrage sind nicht getroffen. Abänderungen bedürfen der Schriftform. Deutsches Recht findet Anwendung. Gerichtsstand für alle Streitigkeiten aus diesem Vertrage sollen nach Wahl der Gesellschaft Berlin-Mitte oder der Aufenthaltsort des Künstlers sein.

Ort Berlin , den 22. Oktober 1928

Carl Lindström Aktiengesellschaft

Unterschrift

Ort Berlin , den 22. Oktober 1928

The Comedian Harmonists

Unterschrift

Leschnikoff

Walter Nussbaum

Harry Frommermann

Robert Biberti

Roman Cycowski

Erster Schallplatten-Vertrag mit der
Carl Lindström AG (Odeon) vom 22. 10. 1928

nen mindestens vier Aufnahmen („Takes") gemacht, von denen später dann doch die erste in den Handel kam. Wer Gelegenheit hat, die frühen Aufnahmen der Gruppe chronologisch zu hören und zu vergleichen, wird finden, daß sich ihr Vortragsstil rasch verbesserte, so daß später, in ihrer Glanzzeit, meist schon der erste oder zweite Take ‚saß'. Bei der Lindström-AG schien man diese Fortschritte nicht zu bemerken und kündigte den Comedian Harmonists den Jahresvertrag zum 22. Oktober 1929. Diese Entscheidung dürfte der Gesellschaft später sehr leid getan haben.

Denn Erwin Bootz, der damals die geschäftlichen Angelegenheiten des Ensembles wahrnahm, hatte sich inzwischen mit der Konkurrenz in Verbindung gesetzt und bei der Electrola-Gesellschaft die Produktion zweier Testaufnahmen erreicht. Am 9. September 1929 teilte die Firma mit, daß die Platten den zuständigen Herren gefallen hätten. Sie bot einen Vertrag an, der am 31. Oktober 1929 zu äußerst günstigen Bedingungen für das Ensemble geschlossen wurde. Es handelte sich um einen Exklusiv-Vertrag, der den Comedian Harmonists dreißig Titel pro Jahr garantierte. Das Honorar betrug ebenfalls 200 Mark pro Plattenseite plus 50 Mark für den Arrangeur, sie wurden jedoch mit 5 %, und später sogar mit 7,5 %, am Umsatz beteiligt. Solche Vereinbarungen waren damals keineswegs üblich. Sie wurden nur mit Künstlern getroffen, die man wegen ihres Verkaufs-Erfolges halten wollte. Dadurch bekamen die Mitglieder in der Folgezeit nicht nur ein zeitweise überaus hohes, regelmäßiges „Nebeneinkommen", die Zahlungen lebten auch Jahrzehnte später wieder auf, als den Comedian Harmonists die 70er Jahre ein großes „Comeback" auf Langspielplatten bescherten.

Die über 150 Titel, die von den Comedian Harmonists zwischen 1928 und 1935 auf Schallplatten erschienen, brachten ihnen nicht nur finanziellen Gewinn. Sie machten sie vor allem über Deutschland hinaus bekannt und weckten bei den Käufern den Wunsch, die Gruppe nun auch zu sehen und zu erleben. In die gleiche Richtung wirkte der Rundfunk, der ihre Platten spielte und die Gruppe vors Mikrophon holte. Der früheste Beleg ihres Auftretens in diesem jungen Medium ist

Höchste Aufmerksamkeit beim Abhören der Musterplatten im Electrola-Studio, November 1929

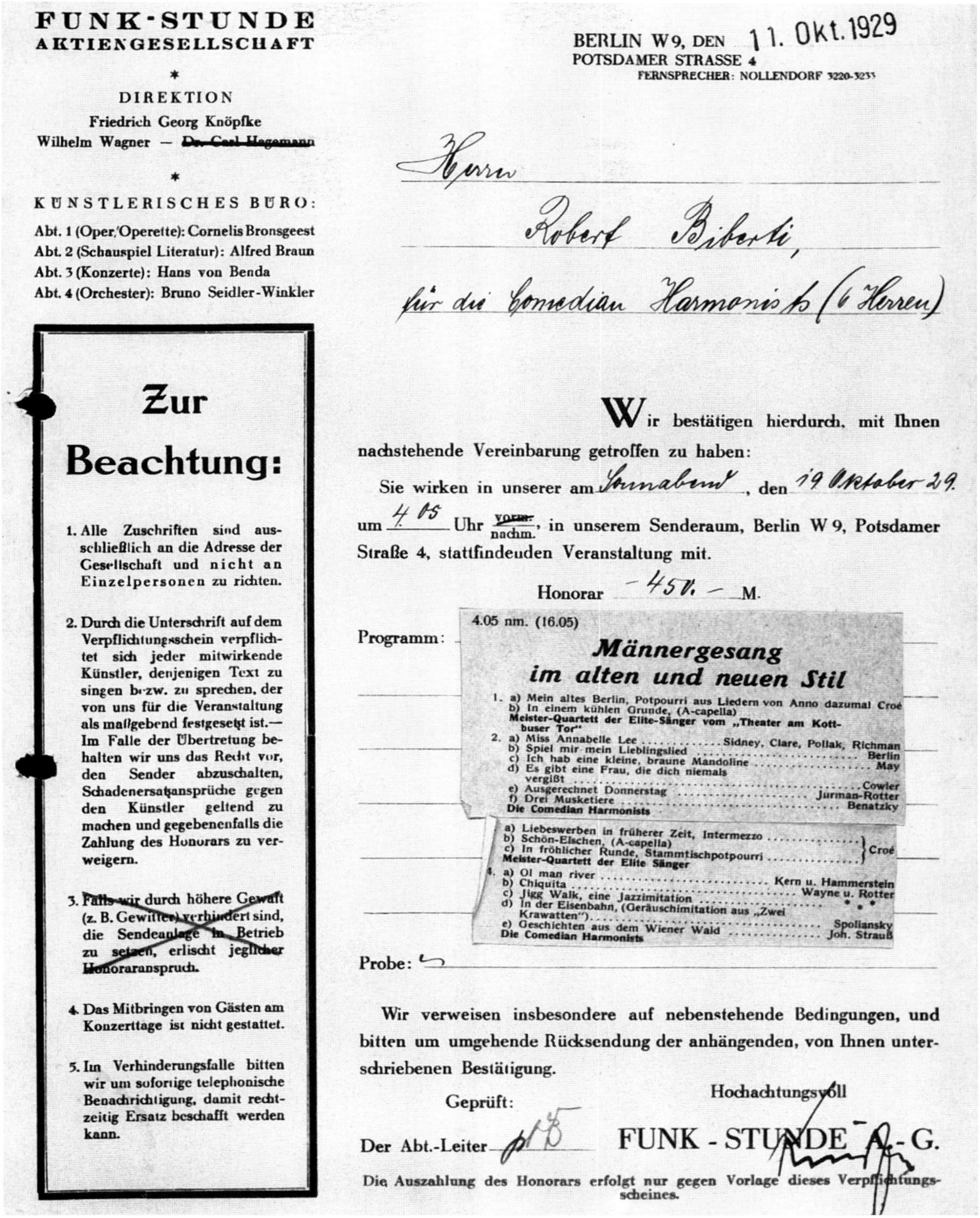

FUNK-STUNDE
AKTIENGESELLSCHAFT

*

DIREKTION
Friedrich Georg Knöpfke
Wilhelm Wagner — ~~Dr. Carl Hagemann~~

*

KÜNSTLERISCHES BÜRO:
Abt. 1 (Oper/Operette): Cornelis Bronsgeest
Abt. 2 (Schauspiel Literatur): Alfred Braun
Abt. 3 (Konzerte): Hans von Benda
Abt. 4 (Orchester): Bruno Seidler-Winkler

BERLIN W 9, DEN 11. Okt. 1929
POTSDAMER STRASSE 4
FERNSPRECHER: NOLLENDORF 3220-3233

Herrn
Robert Biberti,
für die Comedian Harmonists (6 Herren)

Zur Beachtung:

1. Alle Zuschriften sind ausschließlich an die Adresse der Gesellschaft und nicht an Einzelpersonen zu richten.
2. Durch die Unterschrift auf dem Verpflichtungsschein verpflichtet sich jeder mitwirkende Künstler, denjenigen Text zu singen bezw. zu sprechen, der von uns für die Veranstaltung als maßgebend festgesetzt ist. — Im Falle der Übertretung behalten wir uns das Recht vor, den Sender abzuschalten, Schadenersatzansprüche gegen den Künstler geltend zu machen und gegebenenfalls die Zahlung des Honorars zu verweigern.
3. ~~Falls wir durch höhere Gewalt (z. B. Gewitter) verhindert sind, die Sendeanlage in Betrieb zu setzen, erlischt jeglicher Honoraranspruch.~~
4. Das Mitbringen von Gästen am Konzerttage ist nicht gestattet.
5. Im Verhinderungsfalle bitten wir um sofortige telephonische Benachrichtigung, damit rechtzeitig Ersatz beschafft werden kann.

Wir bestätigen hierdurch, mit Ihnen nachstehende Vereinbarung getroffen zu haben:

Sie wirken in unserer am Sonnabend, den 19 Oktober 29.
um 4.05 Uhr ~~vorm.~~ nachm., in unserem Senderaum, Berlin W 9, Potsdamer Straße 4, stattfindenden Veranstaltung mit.

Honorar — 450. — M.

Programm:

4.05 nm. (16.05)

Männergesang im alten und neuen Stil

1. a) Mein altes Berlin, Potpourri aus Liedern von Anno dazumal ... Croé
   b) In einem kühlen Grunde, (A-capella)
   Meister-Quartett der Elite-Sänger vom „Theater am Kottbuser Tor"
2. a) Miss Annabelle Lee ... Sidney, Clare, Pollak, Richman
   b) Spiel mir mein Lieblingslied ... Berlin
   c) Ich hab eine kleine, braune Mandoline ... May
   d) Es gibt eine Frau, die dich niemals vergißt ... Cowler
   e) Ausgerechnet Donnerstag ... Jurman-Rotter
   f) Drei Musketiere ... Benatzky
   Die Comedian Harmonists

   a) Liebeswerben in früherer Zeit, Intermezzo ...
   b) Schön-Elschen, (A-capella) } Croé
   c) In fröhlicher Runde, Stammtischpotpourri ...
   Meister-Quartett der Elite Sänger
4. a) Ol man river ... Kern u. Hammerstein
   b) Chiquita ... Wayne u. Rotter
   c) Jigg Walk, eine Jazzimitation ... * * *
   d) In der Eisenbahn, (Geräuschimitation aus „Zwei Krawatten") ... Spoliansky
   e) Geschichten aus dem Wiener Wald ... Joh. Strauß
   Die Comedian Harmonists

Probe: —

Wir verweisen insbesondere auf nebenstehende Bedingungen, und bitten um umgehende Rücksendung der anhängenden, von Ihnen unterschriebenen Bestätigung.

Geprüft:
Der Abt.-Leiter

Hochachtungsvoll
FUNK-STUNDE A.-G.

Die Auszahlung des Honorars erfolgt nur gegen Vorlage dieses Verpflichtungsscheines.

Erster Auftritt der Comedian Harmonists im Rundfunk am 19. 10. 1929. Original des Mitwirkungsvertrages für Robert Biberti der Mitwirkungsvertrag für eine Sendung der „Funkstunde" in Berlin am 19. Oktober 1929. Wenn die Comedian Harmonists später in einer Stadt auftraten, die einen Rundfunksender hatte, wurden sie jedesmal zu Live-Sendungen verpflichtet, so in Leipzig, Hamburg, Breslau, München, Köln usw.

Am 5. September 1929 kam im „Berliner Theater" in der Charlottenstraße ein neues Stück heraus: „Zwei Krawatten", ein revuehaft musikalisches Lustspiel von Georg Kaiser und Mischa Spoliansky, dessen Kompositionen einhellige Begeisterung auslösten und die eher dürftige literarische Vorlage vergessen machten, von der die Presse schrieb:

Natürlich hat Kaiser diese Pastete von vorgestern (die unsere große Hedwig C.-M. gebacken haben könnte!) zeitgemäß gepfeffert und gesalzen, so gut er konnte. Aber sein Vorbild Marcell Schiffer, der gezeigt hat, wie man in der Revue kritische Zeitspiegelung in geistig und künstlerisch überlegener Form geben kann, hat er nicht entfernt erreicht ... Wenn dennoch das Blut der Gegenwart elektrisierend durch alle Adern seines Machwerks schäumt, so ist das zum Teil das Verdienst brillanter Regiezutaten, hauptsächlich aber der faszinierende Effekt von Mischa Spolianskys blendend persönlicher, überlegen geistreicher, erstaunlich schöpferischer Musik ...

In den Hauptrollen der Berliner Aufführung spielten Hans Albers, Rosa Valetti und Marlene Dietrich, die hier bei einer der Vorstellungen von dem Regisseur Josef von Sternberg als Lola für den „Blauen Engel" entdeckt wurde. Für die Comedian Harmonists hatte Spoliansky eigens musikalische Einlagen komponiert. Sie spielten als Passagiere oder Gäste in der Handlung eine Nebenrolle, wurden jedoch durch ihre Songs zu Stars der Aufführung, über die der obige Rezensent in seiner Kritik anmerkt:

Zu dieser Musiksensation kam die andere der Comedian Harmonists, einer famosen Sängergruppe, die als Vokal-Jazzband mit köstlich geschulten Stimmen die Handlung so witzig begleitete und interpretierte, daß Stürme des Beifalls ihr immer neue Zugaben abzwangen.

Dieses Presse-Echo ihres Auftretens findet sich in den „Leipziger Neuesten Nachrichten" v. 27. 12. 1929, nachdem das Stück in der Messestadt zu Weihnachten am dortigen Schauspielhaus Premiere hatte. Die Schauspieler rekrutierten sich aus dem Ensemble des Hauses, die Comedian Harmonists waren aus Berlin engagiert worden und wurden stürmisch gefeiert. Ihr größter Erfolg sollte aber erst noch kommen.

Vier Wochen später, am Sonntag, dem 26. Januar 1930, veranstaltete das Leipziger Schauspielhaus vormittags um halb zwölf eine Kabarettvorstellung mit den Comedian Harmonists. „Tempo-Varieté" nannte sich das Programm, in dem u. a. noch die junge Diseuse Lu Basler anstelle der erkrankten Dolly Haas mitwirkte. Das Haus war restlos ausverkauft. Als sich der Vorhang ein Stück öffnete, stand auf der Bühne lediglich ein Grammophon und spielte eine Schallplatte der Comedian Harmonists. Starker Beifall setzte bereits nach den letzten Tönen ein. Als dann aber die Sechs, von Fred A. Colman angesagt, ihr erstes Lied sangen, erfolgte jener „Durchbruch", von dem Erwin Bootz später erzählt: *Wir erlebten einen Applaus, den wir noch nie erlebt hatten! Und zwar unerwartet. Die Leute haben getrampelt und geschrien!* Und Ari Leschnikoff erinnert sich: *Das erste Mal, wie sie klatschen, wie sie toben, diese Schreie vom Publikum – kein Wort! Nur Tränen! Ich hab' geweint, als hätte ich den besten Freund verloren.*[2]

Am nächsten Tag stand in den „Leipziger Neuesten Nachrichten": *Sehr oft wird sich das Schauspielhaus die von den „Zwei Krawatten" her schon rühmlichst bekannten Comedian Harmonists nicht zu einer Varieté-Vorstellung einladen dürfen, sonst wird das Haus in Trümmer gestampft. Diesmal fiel den Besuchern des Parketts schon der Stuck auf die Köpfe, so raste und trampelte das Publikum, das trotz der vormittäglichen Stunde in hellen Haufen gekommen war. Es wollte seine Opfer haben und erzwang sich Wiederholungen.* Die „Neue Leipziger Zeitung" sucht am gleichen Tag nach den Ursachen für die ungeheure Wirkung: *Wenn man fragt, warum eigentlich die durch Schallplatten überall verbreitete Gesangskunst der Revellers nicht schon früher in Deutschland imitiert wurde, so gibt es nur eine Antwort: Diese Art zu singen stellt die höchsten Anforderungen an die Musikalität und Intelligenz der Ausführenden. Die Comedian Harmonists erfüllen diese Ansprüche restlos. Sie erobern uns auf dem Gebiet der Unterhaltungsmusik zurück, was den Kirchensängern früherer Jahrhunderte geläufig war: Die Kunst der musikalischen Improvisation. Sie umranken die Melodie mit harmonischem Stimmengeflecht, geben witzige Zwischenrufe, Instrument-Nachahmungen dazu, teilen sich in kontra-*

Vor dem Leipziger Schauspielhaus, Silvester 1929 (Postkarte)

EINE VORZÜGLICHE 25 Pfg. CIGARRE
G·M·HOLZ
FRANKFURT·A·M·GEGR: 1849

TELEFON-ANLAGE ÜBERALL!
SAMMEL-NUMMER HANSA 20181

AMENDT
Betten und Schlafzimmer
Bleidenstraße 10 — Gegründet 18..

Vor und nach dem Theater
CARLTON RESTAURANT
SOUPERS
Theaterplatten u. à la Carte
Gemütliche Hotelhalle
Pilsner Urquell vom Faß
2 Minuten v. Neuen Theater

Café Hanselmann-Kaisergarten
gegenüber dem Opernhaus
Künstler-Konzert ab 4 Uhr

Gastspiel der Comedian Harmonists mit Blandine Ebinger und Curt v. Wolowsky

TEMPO-VARIÉTÉ

VORTRAGSFOLGE:

1. **Curt von Wolowsky**
   vom Deutschen Theater, Berlin
2. **Die Comedian Harmonists**
   Die Deutschen Revellers vom Großen Schauspielhaus und Scala, Berlin
   1. Drei Musketiere . . . . Ralph Benatzky
   2. Mutterlied . . . . . Schwabach, Cowler
   3. Spanische Serenade . . . Johann Strauß
   4. Wie wundervoll küßt Annemarie
      Sipney, Clare, Pollak und Richman
3. **Curt von Wolowsky**
4. **Blandine Ebinger**
   Mitglied der Reinhardtbühnen, Berlin
   1. Kitsch . . Friedrich Holländer u R. Nelson
   2. Die hysterische Ziege . Friedrich Holländer
5. **Die Comedian Harmonists**
   1. Serenade . . . . Enrico Toselli
   2. Armes Girl vom Chor . . Dougherty, Ager
   3. Bin kein Hauptmann . . . . . Abraham
   4. OL MAN RIVER . . . . . Jerome Kern
   5. Anna hat Geld . Silver, Brown u. Henderson
   6. G'schichten aus dem Wiener Wald
      Joh. Strauß

PAUSE

6. **Curt von Wolowsky**
7. **Blandine Ebinger**
   Die Trommlerin . . . . Friedrich Holländer
8. **Curt von Wolowsky und sein Ensemble**
   Mitwirkende: Hans Waßmann — Ilka Grüning — Alexander Moissi — Rudolf Schildkraut — Max Pallenberg u. a.
9. **Das große Talent**
   Tragigroteske in einem Aufzug v. Fr. Holländer
   Regie: Blandine Ebinger. Musik Fr. Holländer
   Personen:
   Frl. Steinmann-Lantzsch . Blandine Ebinger
   Wipperl, Theaterdirektor . . Robert Biberti
   vom Berliner Theater, Berlin
   Severin, ein Sekretär Harry Frommermann
   Anton Not, Pianist . . . . . Erwin Bootz
   vom Berliner Theater, Berlin
   Die Szene spielt im Büro des Theaterdirektors Wipperl
10. **Die Comedian Harmonists**
    1. Bimbambulla . . . . Hans May
    2. Ausgerechnet Donnerstag . . Jurmann
    3. Puppenhochzeit . . . . Brown
    4. Chiquita . . . . Mabel Wayne
    5. Scheinbar liebst Du mich

Steinway-Flügel: Pianohaus Nold & Sohn, Stiftstraße 39

Schott AG
SEIDE WOLLE
6 Kaiserstr. 6
Großes Lager in Seidenstoffen Wollstoffen Sammt Schales Blumen Krawatten
Täglich Eingang in Neuheiten
Aufmerksamste Bedienung
Billigste Preise

Das kleine Theaterkleid
modern / preiswert
fertig und nach Maß
J. BACHARACH, Wiesbaden
6 Kaiserstr. 6, Frankfurt a. M.
neben Gaspassage

Nach dem Theater.
HOTEL EXCELSIOR
WEINRESTAURANT — BIERRESTAURANT
PILSENER URQUELL
THEATER-SOUPERS
CAFÉ EXCELSIOR
BEHAGLICHER AUFENTHALT — — EIGENE KONDITOREI

Trementin
Bestes Reinigungsmittel für Parkett und Linoleum
Med.-Drogerie Hermann Loeb
Goethestr. 4 Parfümerie Tel. H. 27690
Seifen, Toilettenartikel

„Tempo-Varieté" mit Blandine Ebinger 1930

Im Künstlerzimmer des Konzerthauses in Breslau am 11. 11. 1930 mit Lu Basler und dem Tenor Marcel Wittrisch

Autogrammstunde in Leipzig am 3. 1. 1930 unter dem Patronat der Stummfilm-Diva Gräfin Agnes Esterhazy

punktische Einzelgruppen, in Solisten und kolorierende Begleitsänger, bringen alle erdenklichen rhythmischen und metrischen Variierungen der Melodie – und besorgen alles mit erstaunlicher Sicherheit der Intonation und Exaktheit des Vortrags; auf Verabredung, nach unermüdlichem Ausprobieren, ohne daß eine einzige Note dieser Gesangsquintette im Handel zu haben wäre.

Die Comedian Harmonists hatten es geschafft und standen von nun an ganz oben. Im Laufe des Jahres 1930 gastierten sie mit ihrem „Tempo-Varieté", in dessen Programm sie bis zu zwanzig Titel sangen, in vielen deutschen Städten, darunter in Wiesbaden, Mannheim, Magdeburg, Gera, Breslau und Baden-Baden. Mit ihnen traten meist der Schauspieler Curt von Wolowsky als Parodist berühmter Kollegen und Blandine Ebinger auf, die einige Chansons ihres Ehemanns Friedrich Hollaender unnachahmlich interpretierte.

Nach diesen Erfolgen interessierte sich auch der Film für die Comedian Harmonists. Ihren ersten Vertrag erhielten sie für „Die Drei von der Tankstelle". Die Aufnahmen wurden am 19. Juli 1930 in den neuen Ufa-Ateliers in Babelsberg gedreht und brachten für einen Tag eine Gage von 1.500 Mark. In den nächsten Jahren folgten noch einige weitere Filmaufnahmen, bei denen sie aber nie vordergründig ins Bild kamen. Lediglich in einigen sogenannten Kurztonfilmen, die damals vor dem Hauptfilm liefen, konnte man sie so erleben, wie sie auf der Bühne auftraten. In einigen Filmen, z. B. in „Bomben auf Monte Carlo" (1931) oder in „Gassenhauer" (1931) sind sie nur zu hören.

Das Repertoire wurde trotz der vielen Tourneen und Verpflichtungen ständig erweitert, und mit dem Jahr 1930 beginnt eigentlich erst die Zeit jener herausragenden Arrangements, die bis in unsere Tage nichts von ihrer unverwechselbaren Wirkung verloren haben und zu wahren Evergreens wurden. Die meisten Stücke wurden von Frommermann und Bootz aus dem reichhaltigen Schlagerangebot dieser Jahre ausgewählt und in witzig-parodistischer Manier oder auch in kongenialer Umformung für das Gesangsquintett bearbeitet. Das Ergebnis war vielfach so bestechend, daß von manchen Titeln wie z. B. „Veronika, der Lenz ist da", „Das ist die Liebe der Matrosen", „Mein kleiner grüner Kaktus", „Mein lieber Schatz, bist Du aus Spanien?" oder „Hunderttausendmal" praktisch nur Platten der Comedian Harmonists im Handel waren. Ein Titel, der bis heute ein „Markenzeichen" der Gruppe geblieben ist, war auch der berühmte „Blumentopp", den Erwin Bootz komponierte. Er war im Frühjahr 1930 in die Passauer Straße 27/28 zu Frau Else Karlick, einer typischen Berliner Zimmerwirtin, gezogen, deren Sohn Gerd kleine, heitere Verse verfaßte, die er bald auch dem neuen Untermieter vortrug. Darunter auch die Zeilen

Ich hab' für Dich 'nen Blumentopp,
'nen Blumentopp bestellt
und hoff', daß Dir der Blumentopp,
der Blumentopp jefällt.
Es ist der schönste Blumentopp,
der schönste auf der Welt,
d'rum jieß' mir meinen Blumentopp,
daß er sich lange hält.

Bootz fand die passende Melodie und das Lied wurde eine Art „Erkennungsmelodie" des Ensembles. Aus der Begegnung Bootz – Karlick entstand noch eine Reihe weiterer, witziger Glanzstücke der Comedian Harmonists, wie „Guten Tag, gnädige Frau" oder

Schöne Isabella von Kastilien,
pack Deine ganzen Utensilien
und komm zurück zu mir nach Spanien.
Du weißt doch, nur im schönen Lande der Toreros
wirst Du Dein Herzchen und noch mehr los,
drum komm zurück zu mir nach Spanien.
Kommst Du nicht bald, mein Schatz,
mach' ich Dich kalt, mein Schatz.
Ich mach' erst halt, mein Schatz,
wenn Du mich küßt
und Du wieder bei mir bist . . .

Mit dem künstlerischen Erfolg wuchs auch der finanzielle, und das in einer Zeit, in der die Weltwirtschaftskrise ringsum zu Konkursen, Arbeitslosigkeit und Verelendung führte. Trotzdem waren die Konzerte der Comedian Harmonists stets ausverkauft, und ihre Platten erzielten Rekordumsätze. Allein für das zweite Halbjahr 1931 wurden dem Ensemble Schallplatten-Tantiemen in Höhe von 11.757,– Reichsmark ausgezahlt! Jetzt war es auch für die Comedian Harmonists nicht mehr zu schaffen, die Geschäfte selbst zu führen. Rudolph Fischer-Maretzki, der in der Aufnahme- und Künstlerabteilung der Electrola tätig war, wurde 1933 der Sekretär der Gruppe.

Der Zusatz „Die deutschen Revellers“, den die Comedian Harmonists anfangs führten, und ohne den kein Veranstalter auszukommen glaubte, verschwand 1930 allmählich von den Plakaten. Wegen ihrer Bekanntheit war er nun nicht mehr nötig. Sie hatten inzwischen aber auch zu einem durchaus eigenen Stil gefunden, der sie von ihren Vorbildern deutlich unterschied. Bei den Revelers dominierte das swingende, jazzige Element der amerikanischen Tanzmusik, das den in deutscher Musiktradition aufgewachsenen Comedian Harmonists, trotz aller Begeisterung dafür, nicht im Blut lag. Vergleicht man die wenigen Titel, von denen Platten beider Gruppen existieren, dann wird der Unterschied hörbar: Hot- und Swingelemente treten bei den Comedian Harmonists gegenüber einer an Wohlklang und Melodik orientierten Stimmführung zurück. Dies erlaubte es ihnen, auch Volkslieder und sogar Weihnachtslieder ganz schlicht in vollendeter, inniger Harmonie zu singen. Ihre Interpretation von Schlagern und Tanzmusik war äußerst flott, rhythmisch präzise und vielfach von parodistischem Witz geprägt, zugleich aber stets so gehalten, daß selbst banale Melodien „veredelt“ wurden. Dieser schwer zu beschreibende Stil der Gruppe hat zweifellos dazu beigetragen, daß sie so bemerkenswert viele Bewunderer gerade auch unter Liebhabern der „klassischen Musik“ hatten und haben, denn die übliche Unterscheidung zwischen sogenannter „E-“ und „U-Musik“ wurde von den Comedian Harmonists aufgehoben. Rossinis „Ouvertüre zum Barbier von Sevilla“ sangen sie ebenso beglückend wie „Die Bar zum Krokodil“.

Zu den Bewunderern der Comedian Harmonists gehörte auch der holländische Dirigent Willem Mengelberg, zu jener Zeit Leiter des Amsterdamer Concertgebow Orchesters. Am 24. März 1931 feierte er seinen sechzigsten Geburtstag im vornehmen Amstel-Hotel in Amsterdam. Die zahlreichen Gäste unterhielten sich bestens, Lobreden wurden auf den Jubilar gehalten. Plötzlich ertönte Gesang, und über die große Freitreppe der Halle schritten die Comedian Harmonists, jeder mit einem Blumentopf in Händen, auf den völlig überraschten Mengelberg zu und sangen ihm mit dem dazu passenden Lied sein Lieblingsstück als Geburtstagsständchen. Einflußreiche und vermögende Freunde des Dirigenten hatten die Reise arrangiert und bezahlt, die Überraschung war perfekt, und es blieb an diesem Abend natürlich nicht beim „Blumentopp“.

Schauspielhaus

Sophienstraße 17 – 19 / Fernsprecher: 30957 • 32111

Spielplan

Donnerstag, 18. September, 20 Uhr: Vorletzte Abend-Aufführung! **Wie werde ich reich und glücklich?**
Freitag, 19. September, 20 Uhr: **Das Lamm des Armen**
Sonnabend, 20. September, 20 Uhr: Erstaufführung! **Sturm im Wasserglas.** Komödie in drei Akten von Bruno Frank
Sonntag, 21. September, 11½ Uhr: **Sonder-Veranstaltung der Comedian Harmonists mit Lu Basler** — Conference: **Rudolf Schaffganz** (Einheitspreise: 1.50, 2.50, 3.50, 4.50)
Sonntag, 21. September, 15½ Uhr: **Wie werde ich reich und glücklich?** (Einheitspreise: 1.50, 2.50, 3.50, 4.50)
Sonntag, 21. September, 20 Uhr: Zum letzten Male! **Wie werde ich reich und glücklich?**
Montag, 22. September, 20 Uhr: **Sturm im Wasserglas**
Dienstag, 23. September, 20 Uhr: **Das Lamm des Armen**
Mittwoch, 24. September, 20 Uhr: **Sturm im Wasserglas**
Donnerstag, 25. September, 20 Uhr: **Das Lamm des Armen**
Freitag, 26. September, 20 Uhr: **Sturm im Wasserglas**
Sonnabend, 27. September, 20 Uhr: Uraufführung! **Hufnägel,** von Leonhard Frank

Sonnabend, 20. September 1930, **20** Uhr
Erstaufführung!

Sturm im Wasserglas

Komödie in drei Akten von Bruno Frank

Sonntag, 21. September 1930, **11½** Uhr
Wiederholung!

Comedian Harmonists
mit
Lu Basler

der jüngsten Diseuse Deutschlands
Conference: **Rudolf Schaffganz**
Einheitspreise: 1.50, 2.50, 3.50, 4.50

Sonntag, 21. September 1930, **15½** Uhr
Vorstellung zu Einheitspreisen
(1.50, 2.50, 3.50, 4.50)

Wie werde ich reich und glücklich?

Ein Kursus in 10 Abteilungen von Felix Joachimson
Musik von Mischa Spoliansky

Mittwoch, 17. September 1930, **20** Uhr

Zum **19.** Male!

Wie werde ich reich und glücklich?

Ein Kursus in 10 Abteilungen von Felix Joachimson
Musik von Mischa Spoliansky
Inszenierung: Otto Werther
Am Flügel: Hans Richter — Dr. Paul Nolaven

1. Teil

1. Bild: Der arme junge Mann
Das Mädchen, das für die Reihenfolge verantwortlich ist . . . Martha Ziffrer
Kibis . . . . Rudolf Schaffganz
Lis . Erna Eggstein-Frommermann
Der Portier . . Georg Bankwart

2. Bild: Kleider machen Leute
Das Mädchen . . Martha Ziffrer
Kibis . . . Rudolf Schaffganz
Der Schneider . Harry Frommermann
Erster Gehilfe . . . Erwin Bootz
Zweiter Gehilfe . . Robert Biberti
Geheimrat Regen . . Otto Stoeckel

3. Bild: Das reiche junge Mädchen
Das Mädchen . . Martha Ziffrer
Marie . . . . Grete Reinwald
Madeleine . . . Herta Thiele
Geheimrat Regen . . Otto Stoeckel
J. D. Lohrenz . Wilhelm Straube
Spaziergänger:
Die Comedian Harmonists

4. Bild: Auf Wiedersehen
Das Mädchen . . Martha Ziffrer
Kibis . . . . Rudolf Schaffganz
Lis . Erna Eggstein-Frommermann
Geheimrat Regen . . Otto Stoeckel
Madeleine . . . . Herta Thiele

5. Bild: Wo bleibt die Marie?
Das Mädchen . . Martha Ziffrer
Marie . . . . . Grete Reinwald
Madeleine . . . . Herta Thiele
Schornsteinfeger . Robert Biberti
Müllkutscher . . Georg Bankwart
Bierkutscher . . . . Karl Walden
Milchmann . . Roman Cycowski
Kellner . . Harry Frommermann
Schlächter . . . Erich A. Collin
Koch . . . . . . Ari Leschnikoff
Klempner . . . . . Erwin Bootz
Diener . . . . . . Curt Paulus

6. Bild: Wir haben uns heute getroffen
Das Mädchen . . Martha Ziffrer
Kibis . . . . Rudolf Schaffganz
Der Autoverkäufer . Gerd J. Ludwig
J. D. Lohrenz . Wilhelm Straube
Marie . . . . . Grete Reinwald
Lis . Erna Eggstein-Frommermann

7. Bild: Wie werde ich glücklich?
Das Mädchen . . Martha Ziffrer
Geheimrat Regen . . Otto Stoeckel
Marie . . . . . Grete Reinwald
Kibis . . . . Rudolf Schaffganz
J. D. Lohrenz . Wilhelm Straube
Hochzeitsgäste:
Die Comedian Harmonists

– Pause –

2. Teil

8. Bild: Erstens kommt es anders . . .
Das Mädchen . . Martha Ziffrer
Kibis . . . . Rudolf Schaffganz
Marie . . . . . Grete Reinwald
J. D. Lohrenz . . Wilhelm Straube
Geheimrat Regen . . Otto Stoeckel
Der Oberpostsekretär . Karl Walden

9. Bild: So ist das Leben
Das Mädchen . . Martha Ziffrer
Marie . . . . . Grete Reinwald
Geheimrat Regen . . Otto Stoeckel
Kibis . . . . Rudolf Schaffganz
J. D. Lohrenz . Wilhelm Straube
Direktrice . . M. Kröger-Michaelis
Erste Dame . . . . Erika Dietz
Zweite Dame . Annemarie Jenner
Lis . Erna Eggstein-Frommermann
Mannequins

10. Bild: Ich bin so glücklich
Das Mädchen . . Martha Ziffrer
Geheimrat Regen . . Otto Stoeckel
J. D. Lohrenz . Wilhelm Straube
Lis . Erna Eggstein-Frommermann
Marie . . . . . Grete Reinwald
Kibis . . . . Rudolf Schaffganz
Der Standesbeamte R. Zimmermann
Bräutigams:
Die Comedian Harmonists

Pause nach dem 7. Bild

Kassenöffnung 19¼ Uhr Anfang **20** Uhr Ende nach 22½ Uhr

In der Leipziger Aufführung der Spoliansky-Revue „Wie werde ich reich und glücklich?“ wirkten die Comedian Harmonists auch als Schauspieler mit.
Szenenfoto, v. l. n. r.: Karl Walden, Georg Bankwart, Harry Frommermann, Grete Reinwald, Robert Biberti, Curt Paulus, Roman Cycowski, Erwin Bootz, Herta Thiele, Erich A. Collin, Ari Leschnikoff

Die bei diesem Anlaß aufgenommenen Fotos zeigen ein neues Gesicht im Ensemble, denn nachdem die Comedian Harmonists im November 1930 zu ihrem ersten Auslandsgastspiel ins Amsterdamer Kabarett „La Gaîté" gereist waren, hatte es zum Jahreswechsel eine personelle Veränderung gegeben: Erwin Bootz verließ die Gruppe, als ihm angeboten wurde, in einem Tonfilm mitzuwirken, der (ausgerechnet) den Titel „Abschied" trug. Als sein Nachfolger war Fried Walter vorgesehen, der später als Komponist und langjähriger Dirigent des RIAS-Unterhaltungsorchesters erfolgreich und bekannt wurde. In einem Brief, den er am 23. 10. 1988 an Erwin Bootz kurz nach dessen 75. Geburtstag schrieb, erinnert sich Fried Walter an seine damalige Begegnung mit den Comedian Harmonists.

Lieber, verehrter Erwin Bootz!

Schon lange war es mir ein Bedürfnis, Dir einmal zu schreiben. Du weißt ja gar nicht, was Du für eine Rolle in meinem Leben gespielt hast! Es war 1930, und ich war noch Schüler von Arnold Schönberg an der preußischen Akademie der Künste in Berlin. Ich hatte aber damals gleich der atonalen Zwölftonmusik abgeschworen, als ich merkte, daß Schönberg kein Thema von sich auswendig vorpfeifen konnte, und blieb dem Unterricht eines Tages einfach weg.

Durch Zufall kam ich zu Eurer berühmten Gruppe, widerstrebend und zunächst nur sechs Wochen auf Probe in die Knesebeckstraße 88. Eventuell sollte ich Dein Nachfolger werden. Ihr habt mich dann von „E" auf

Geburtstagsständchen für den Dirigenten Willem Mengelberg (Mitte) am 24. März 1931 in Amsterdam

Der „Blumentopp“

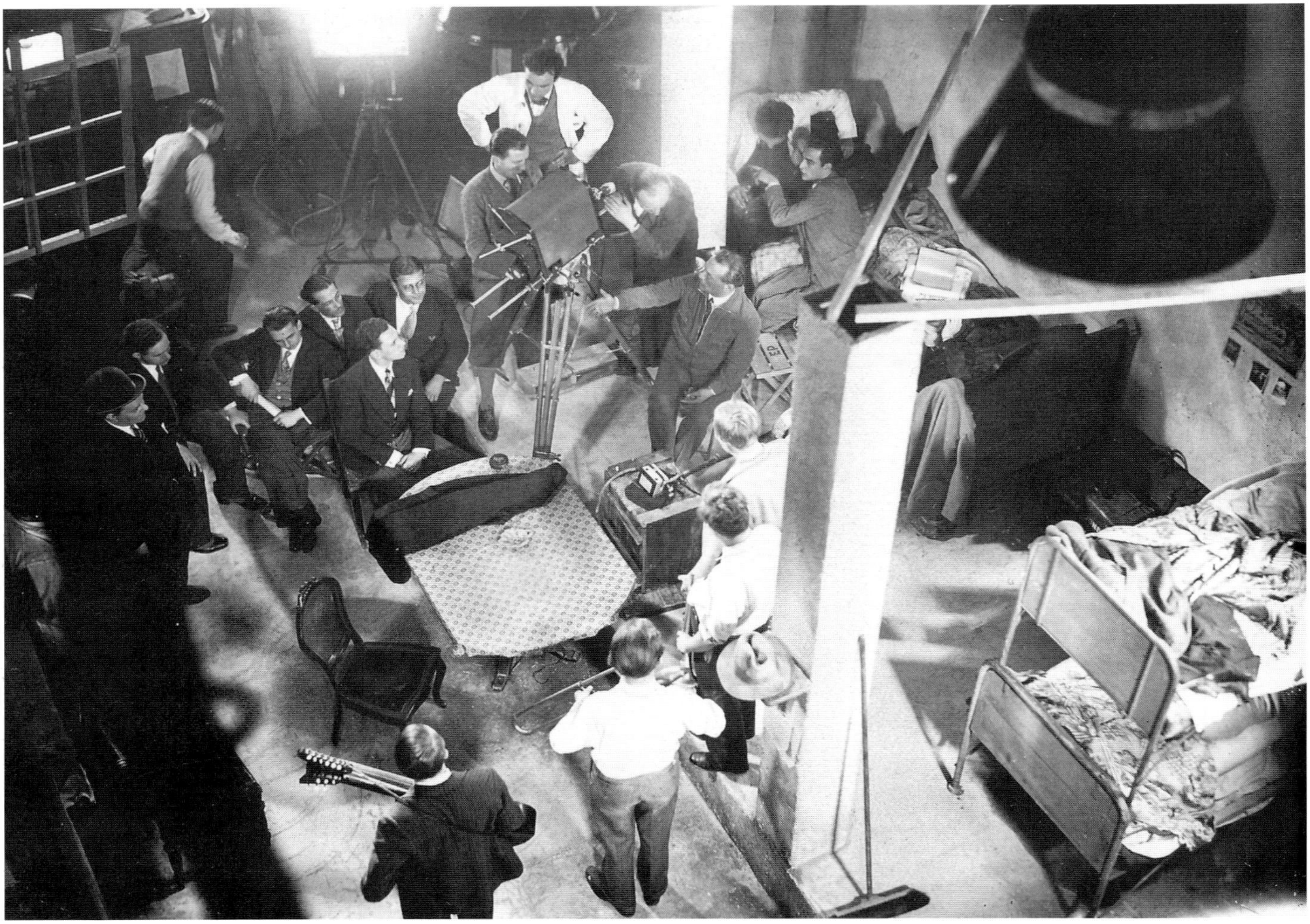

Bei Dreharbeiten zum Tonfilm „Gassenhauer“ im Atelier Berlin-Grunewald, 1930. Der Regisseur Lupu Pick (Bildmitte) weist die Comedian Harmonists ein, die für andere Schauspieler zu singen haben.

„U" umgeschult. Bei Harry Frommermann war ich oft zum Mittagessen, und er brachte mit Geduld mir bei, wie man die Dezimen in der linken Hand auf dem Klavier spielt.

Unvergeßlich sind mir aber die Stunden, in denen ich zu Dir in Deine Wohnung kam, und Du mir wundervoll nicht nur Liszt und Chopin vorspieltest, sondern vor allen Dingen mir vormachtest, wie man gepflegt und wohlklingend Schlagermusik aufs Klavier zaubern kann. Als meine Probezeit beendet war, schenktest Du mir zum Abschied Deine abgetragenen Socken und Krawatten...

Fried Walter (geb. am 19. 12. 1907) „bestand" die Probezeit aber offenbar nicht, denn an die Stelle von Bootz trat der Pianist Walter Joseph, der sich in den Nelson-Revuen einen Namen gemacht hatte. Er begleitete dort gemeinsam mit Rudolf Nelson an zwei Flügeln die Akteure. Walter Joseph fügte sich überraschend schnell und gut ins Ensemble ein. Die Arrangements wurden weiterhin, durchaus in Konkurrenz, von Frommermann und Bootz geschrieben, der seinen Weggang allerdings bald bereute, denn die von ihm angestrebte Solo-Karriere, der tiefere Grund seiner Entscheidung, verlief nicht wie gedacht. Nachdem er für den von Robert Siodmak gedrehten Film die Musik geschrieben und auch selbst als Darsteller mitgewirkt hatte, trat er im Mai bei Kurt Robitschek im „Kabarett der Komiker" als Parodist und Vortragskünstler auf. Es folgte ein gleichartiges Engagement im „Wintergarten", dem in der Dorotheenstraße gelegenen älteren Konkurrenzunternehmen zur „Scala". Aber bereits im Juli 1931 kehrte Erwin Bootz zu den Comedian Harmonists zurück – und Walter Joseph mußte sein kurzes „Gastspiel" beenden.

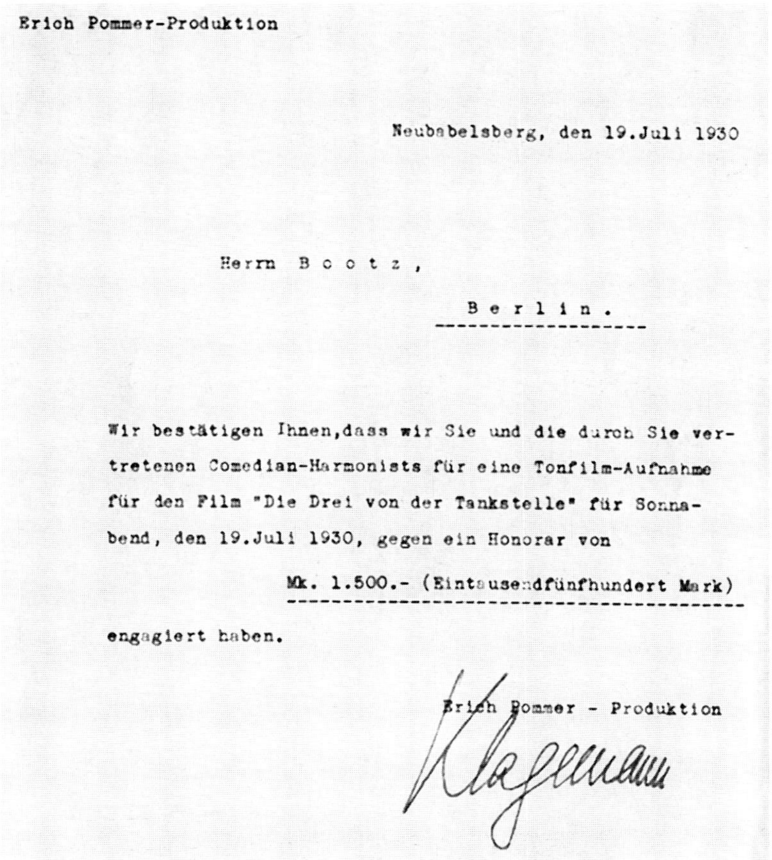

Erich Pommer-Produktion

Neubabelsberg, den 19.Juli 1930

Herrn B o o t z ,

B e r l i n .

Wir bestätigen Ihnen,dass wir Sie und die durch Sie vertretenen Comedian-Harmonists für eine Tonfilm-Aufnahme für den Film "Die Drei von der Tankstelle" für Sonnabend, den 19.Juli 1930, gegen ein Honorar von

Mk. 1.500.- (Eintausendfünfhundert Mark)

engagiert haben.

Erich Pommer - Produktion

Der erste Filmvertrag der Comedian Harmonists

Die „Humoresk Melodios" parodieren „Auf einem persischen Markt" (Ketelby) in den Schneider-Duncker-Künstlerspielen im Uhland-Eck, Berlin 1934. V. l. n. r.: Alfred Thomas (1. Tenor)/ Fried Walter (Kl.)/Erich Bergau (2. Tenor)/ Olaf Meitzner (Bariton)/Werner Rössler (Baß)

Die „Kardosch-Sänger", die Konkurrenzgruppe bei der Odeon-Gesellschaft. Von oben nach unten: Fritz Angermann (Bariton), Rudi Schuricke (2. Tenor), Paul von Nyri (Baß), Zeno Coste (1. Tenor), Stephan Kardosch (Leitung und Klavier)

Auf dem Gipfel – vor dem Abgrund

In den Jahren zwischen 1930 und 1934 standen die Comedian Harmonists im Zenit ihrer Laufbahn. Die sechs so wohlklingenden und gutaussehenden jungen Männer wurden über die Grenzen Deutschlands hinaus zu Publikumslieblingen. Der arg strapazierte und abgenutzte Werbe-Slogan: „Oft kopiert, nie erreicht!“, hier stimmte er, denn zahlreiche Vokalgruppen entstanden nun nach ihrem Vorbild und versuchten, in ihrem Kielwasser mitzuschwimmen. Die großen Schallplattenfirmen suchten zudem nach etwas Gleichartigem, um der Electrola mit ihren Exklusivrechten an den Comedian Harmonists das lukrative Feld nicht völlig überlassen zu müssen.

So entstanden z. B. bereits 1929 „Die Abels“, die mit häufig wechselnden, vorwiegend ungarischen Mitgliedern unter Leitung von Prof. Pal Abel auf verschiedenen Plattenmarken Titel im Stile der Comedian Harmonists sangen. Sie waren diesen jedoch meist unterlegen, so daß man im Vergleich der Gruppen die Comedian Harmonists auch als „Die Kains“ bezeichnete. Nach der Auflösung der „Abels“ bildete 1933 ein Teil der Mitglieder unter Leitung von Stephan (eigentlich Istvan) Kardosch ein neues Ensemble. Die „Kardosch-Sänger“ entwickelten einen durchaus eigenen, kultivierten Stil, verfügten über einen brillanten Baß und einen später sehr bekannten Tenor, der sich dem Ensemble 1933 mit 19 Jahren angeschlossen hatte: Rudi Schuricke. Das Ensemble löste sich 1936 auf, Schuricke ging eine kurze Zeit zu den „Spree-Revellers“, einem weiteren Abkömmling der großen Vorbilder, um dann sein eigenes Terzett zu gründen. Er wirkte außerdem auf zahlreichen Schallplatten als gesuchter „Refrain-Sänger“ mit.

Anfang 1932 schlossen sich in Berlin vier Primaner des Gymnasiums Niederschönhausen und ein Student zu einer weiteren Gesangsgruppe zusammen. Einige Details ihrer kurzen Geschichte sind von Jan Grundmann ermittelt worden. Demnach wurden sie als „Harmony Boys“ bzw. „Fidelios“ von der Deutschen Grammophon-Gesellschaft im Februar 1933 *als Antwort dieser Firma auf die Comedian Harmonists* unter Vertrag genommen. 1934 gingen dann aus diesem Ensemble die „Humoresk Melodios“ hervor, bei denen der oben genannte Fried Walter die Rolle des bisherigen Pianisten Werner Doege übernahm, der wiederum mit dem

Programm der Scala im Mai 1935: Die polnische Gruppe „Chor-Dana“ gastiert anstelle der Comedian Harmonists.

ebenfalls ausscheidenden Tenor Wolfgang Leuschner ein neues Quartett, die „Fünf Melodisten" gründete. An die Stelle von Leuschner trat übrigens bei den „Humoresk Melodios" für kurze Zeit der Sänger Herbert Imlau, dem wir später im Zusammenhang mit dem „Meistersextett" wiederbegegnen werden.

Weitere Vokalgruppen, die auf anderen Schallplatten-Marken mit den Comedian Harmonists zu konkurrieren suchten, waren die „Melody Gents", die „Parker", die „Metropol-Vokalisten", die „Fünf Parodisters" und viele andere heute weithin vergessene Ensembles im Gegensatz etwa zu den „Mills Brothers", die in den USA neben den Revelers äußerst erfolgreich in der Jazz-Tradition standen. Selbst in Polen hatten sich fünf junge Männer zusammengefunden, die im Stile der Comedian Harmonists u. a. auch deren Stücke sangen. Die Gruppe nannte sich „Chor-Dana" und gastierte im Mai 1935 an der Berliner Scala, als die jüdischen Mitglieder der Comedian Harmonists gerade in die Emigration getrieben worden waren. In den 70er Jahren setzte übrigens mit dem „Comeback" der Comedian Harmonists-Schallplatten noch einmal eine Welle von Nachfolgegründungen ein, auf die am Ende des Buches kurz eingegangen werden soll.

Die Bekanntheit der Comedian Harmonists bewirkte, daß sie nach ihrem Leipziger Erfolgsauftritt von den Konzertagenturen regelrecht umworben wurden und mit Tourneen und Aufnahmeterminen ausgebucht waren. Ihr Repertoire war inzwischen so umfangreich und vielseitig, daß sie nicht mehr als Mitwirkende in einem bunten Programm auftraten, sondern mehr und mehr eigene Konzertabende vor einem Publikum veran-

Reklame für einen Auftritt in Potsdam 1932

stalteten, das unersättlich nach Zugaben verlangte. Und es bedeutete wirklich noch einmal eine Steigerung, sie nicht nur zu hören, sondern beim Vortrag ihrer Stücke auch zu sehen. Der einzig erhaltene Film ihres konzertierenden Auftretens, in dem sie, von Paul Morgan und Hellmuth Krüger vorgestellt, „Veronika, der Lenz ist da“ singen, macht dies deutlich, und kaum eine Kritik versäumte es, auf die Komik und Gestik ihres Vortragsstils hinzuweisen. Es gelang ihnen, die richtige Balance herzustellen zwischen der Ernsthaftigkeit ihres musikalischen Anspruchs und den z. T. ausgesprochen witzigen bis albernen Schlagertiteln, die sie in äußerst korrekter Abendgarderobe mit viel Bewegung und wohldosierten „Gags“ interpretierten. Und das alles ohne die Hilfe von Mikrophonen und Verstärkern! D. h. sie mußten bei allem Spielwitz so präzise und artikuliert singen, daß sie bis in die letzten Reihen großer Säle gehört werden konnten und gehört wurden. Die Mischung aus seriöser Vokalistik und spaßiger Darbietung verblüffte und kam an. Sie entsprach auch durchaus dem Naturell der Ensemblemitglieder, die ja alle von ihrer Schulung am „klassischen“ Repertoire geprägt waren, zugleich aber in Frommermann und Biberti zwei durchaus unterschiedliche Komiker-Talente besaßen.

Eine Schilderung aller Engagements und Auftritte würde den Rahmen dieser Darstellung sprengen und ermüdend wirken. Ein Blick in den Terminkalender der Comedian Harmonists vom Herbst 1931 mag genügen, um ihren anstrengenden Erfolgsweg zu dokumentieren, zumal alle Entfernungen per Bahn und Schiff überbrückt werden mußten.

7. Oktober	Kassel	2. November	Beuthen
8. Oktober	Frankfurt/Main	3. November	Gleiwitz
9.–15. Oktober	Leipzig	4. November	Breslau
16 Oktober	Breslau	5. November	Liegnitz
17. Oktober	Coburg	6. November	Görlitz
19. Oktober	Berlin (Plattenaufn.)	7. November	Leipzig
20.–21. Oktober	Stockholm	8. November	Glogau
22.–24. Oktober	Oslo	10. November	Erfurt
26.–27. Oktober	Kopenhagen	11. November	Marburg
28. Oktober	Kiel	13. November	Berlin (Plattenaufn.)
29. Oktober	Hamburg	14. November	Hannover
30. Oktober	Stettin	16.–30. Nov.	Holland-Tournee

Daß die Mitglieder der Comedian Harmonists den beängstigenden wirtschaftlichen und den drohenden politischen Ereignissen wenig Aufmerksamkeit widmeten, lag nicht nur am Termindruck. Ging es ihnen doch geradezu märchenhaft gut. Während die Große Depression den meisten Zeitgenossen das Geldverdienen zur unlösbaren Aufgabe machte, standen sie vor dem Problem, ihre horrenden Einnahmen auszugeben oder anzulegen. Jeder von ihnen versteuerte in dieser Zeit ein Jahreseinkommen zwischen 40.000 und 60.000 Reichsmark, das Zwanzig- bis Dreißigfache eines durchschnittlichen Angestelltengehalts. Unter heutigen Verhältnissen wäre das ein Brutto-Jahreseinkommen von eineinhalb Millionen D-Mark! Ihre Lebensführung war entsprechend: Beste Hotels, luxuriöse Restaurants, Autos der Spitzenklasse. Während Frommermann, Bootz und Collin ihr Geld mit vollen Händen ausgaben, sammelte Biberti ein beträchtliches Vermögen an. Leschnikoff war nach Aussagen der übrigen sogar nahezu geizig und aß gelegentlich in Berliner Studentenkneipen, um Geld zu sparen.

Kein Wunder, daß die gutaussehenden Sänger bei Frauen nicht erfolglos blieben, erstaunlich schon eher, daß sie nicht zu „Playboys“, sondern bald zu gutbürgerlichen Ehemännern wurden, abgesehen von gelegentlichen Seitensprüngen Leschnikoffs und der offenbar geringen Bindungsfähigkeit von Erwin Bootz. Diese sehr persönliche Seite ihres Lebens wird durch den Dokumentarfilm und das Buch Eberhard Fechners intensiv beleuchtet. Hier sollen nur einige Daten genannt werden. Harry Frommermann heiratete als erster am 12. Mai 1931 die ein Jahr ältere Marie Erna Eggstein, die 1930 in Leipzig bei der Spoliansky-Revue „Wie werde ich reich und glücklich?“ in einer kleinen Rolle mitgewirkt hatte. Im Programmzettel des Schauspielhauses wird sie übrigens bereits als Erna Eggstein-Frommermann aufgeführt. Auch Ari Leschnikoff war seiner späteren Frau in Leipzig begegnet, als die Comedian Harmonists dort in den „Zwei Krawatten“ gastierten. Delphine David gehörte zu der aus Berlin angereisten unvermeidlichen Girl-Truppe und war als Mitglied der berühmten „Tiller Girls“ aus London an die Spree gekommen. Leschnikoff heiratete sie 1932, ihr Sohn Simon wurde zwei Jahre später geboren. Erich Collin und Erwin Bootz waren ihren späteren Frauen bei einem gemeinsamen Barbesuch in Frankfurt am Main

Die Comedian Harmonists mit ihren Frauen in Genf 1931 (v. l. n. r.: der Schauspieler Leopold Biberti/Robert Biberti/ Harry Frommermann und Erna Eggstein/Delphine David und Ari Leschnikoff/Maria Panzram und Roman Cycowski)

Konzert in der Berliner Philharmonie

Mit dem Tanzorchester Marek Weber wurden einige Plattenaufnahmen gemacht.
Das Foto zeigt die Gruppe mit Marek Weber (Mitte) im Künstlerzimmer der Berliner Philharmonie.

begegnet. Collin lernte dort die 1905 in Paris geborene Fernande Currie kennen. Sie heirateten bald, und 1932 wurde ihre Tochter Susan geboren. Erwin Bootz fand hier seine erste Frau, Ursula Elkan, die Tochter des bekannten Berliner Bildhauers Benno Elkan. Er heiratete sie 1933. Roman Cycowski hatte Maria Panzram, seine spätere Frau Mary, in Köln kennengelernt. Ihm zuliebe wechselte sie zum jüdischen Glauben. Die Heirat wurde erst 1937 in London vollzogen. Robert Biberti heiratete erst im Krieg seine langjährige Lebensgefährtin Hilde Longino, der er als Statistin bei Filmaufnahmen in Babelsberg begegnet war.

Als die Nationalsozialisten 1933 an die Macht gelangten, änderte sich für die Comedian Harmonists zunächst nichts am gewohnten Erfolg und Lebensstil. Sie sangen weiterhin ihr völlig unpolitisches Repertoire, in das lediglich das Lied „Ein neuer Frühling wird in die Heimat kommen“ als vergleichsweise harmloser Tribut an den Zeitgeist eingefügt wurde. Der Text des Liedes stammt übrigens nicht, wie Erwin Bootz im Fernsehfilm behauptet, „von Fritz Rotter, der ja Jude war“ und auch nicht „von Willi Schaeffers, dem Kabarettisten, der sich mit den Nazis arrangiert hatte“, wie Eberhard Fechner mutmaßt, sondern von dessen Sohn Peter Schaeffers:

Ein neuer Frühling wird in die Heimat kommen,
schöner noch, wie's einmal war.
Ein neuer Frühling wird in die Heimat kommen,
alles wird so wunderbar,
und man wird wieder das Lied der Arbeit singen,
gerade so, wie's einmal war.
Es geht im Schritt und im Tritt
auch das Herz wieder mit,
und dann fängt ein neuer Frühling an.

Daß die Marsch-Schritte und Stiefel-Tritte der braunen Machthaber geradewegs ins Verderben führten, ahnten damals nur wenige, und die drei jüdischen Mitglieder der Comedian Harmonists kamen zunächst gar nicht auf die Idee, daß sich der überall spürbare und unverhohlen propagierte Antisemitismus auch gegen sie richten könnte, am wenigsten der christlich getaufte Erich Collin. Sie absolvierten ihr übervolles Programm, gastierten im In- und Ausland mit Konzertreisen, die sie im Herbst 1933 in die Schweiz, nach Frankreich, Belgien, Holland und Dänemark führten, und traten am 24.

Foto und Widmung von Lizzi Waldmüller, 19. 1. 1933

Erwin Bootz, Harry Frommermann und Ari Leschnikoff bei einer Stimmprobe (1930)

November 1933 zum zweiten Mal in der Berliner Philharmonie auf, die bis auf den letzten Platz besetzt war. Schon ihr erstes Konzert in diesem geheiligten Tempel der klassischen Musik am 21. Januar 1932 war einer Sensation gleichgekommen. Damals teilten sie sich das Programm noch mit dem berühmten Tanzorchester Marek Weber, jetzt gehörte der ganze Abend und der rauschende Beifall nur ihnen. Es ist nicht ohne bittere Ironie, daß die Comedian Harmonists dieses Konzert „Zum Besten des Winterhilfswerks des Deutschen Volkes“ veranstalteten.

Den Anfang der im Jahr 1933 einsetzenden Auftrittsbehinderungen und Konzertverbote machte die Ufa, die das Ensemble wegen der jüdischen Mitglieder für Filmaufnahmen sperrte. Das traf die Comedian Harmonists eher am Rande ihrer Tätigkeit, im Gegensatz zu den zahlreichen „nichtarischen“ Filmkünstlern, deren Exodus nun begann. Der breiten Öffentlichkeit war dagegen gar nicht bekannt, wie sich die Gruppe zusammensetzte. Manche stießen sich lediglich in nationalistischer Hysterie am „undeutschen“ Namen Comedian Harmonists. So z. B. der Kritiker der „Dresdner Nachrichten“ vom 4. 12. 1933, der zunächst eine Lobeshymne auf das Konzert vom Vortag anstimmte, um dann auf die deutschen Volkslieder einzugehen, die in kaum einem ihrer Programme fehlten: *Wenn es noch eines Beweises bedürfte, daß die Bezeichnung „Comedian Harmonists“ nur ein Deckname ist, so hätte ihn dieser Prüfstein geliefert: Alle sechs sind gute Deutsche, und man sieht es ihnen auch an!*

Bald jedoch mehrten sich die Anfragen von Veranstaltern nach der „arischen Abstammung“ der Ensemble-Mitglieder. Ende November 1933 war in Gera ein Konzert angesetzt. Die dortige Kreisgruppe des „Kampfbundes für deutsche Kultur“ ließ die veranstaltende Konzertdirektion Knoblauch wissen, daß das Konzert nicht stattfinden könne, da *die Reichsleitung in Berlin das Geraer Konzert der Comedian Harmonists als unerwünscht bezeichnet.* Ähnliche Schwierigkeiten wurden aus Kiel, Bayern und Ostpreußen gemeldet. Jetzt war auch nicht mehr daran zu denken, den braunen Machthabern Paroli zu bieten, wie das noch im November 1932 in Ulm möglich gewesen war. Damals konnte die Konzertdirektion Gensberger dem Ensemble mitteilen, daß das Konzert stattfindet, *denn Hitler, der ... am 4. November in Ulm spricht, wollte auch für den 6. November den*

Plakatwerbung in Paris, Oktober 1933

Saal, hat ihn aber – mit Rücksicht auf die Belegung für Ihr Konzert – nicht bekommen.

Im Frühjahr 1934 wurde die systematische „Ausmerzung aller jüdischen Elemente" aus dem deutschen Kulturleben forciert. Am 5. März hatte der Reichsminister für Volksaufklärung und Propaganda, Josef Goebbels, eine Verordnung erlassen, wonach alle Künstler für ihren öffentlichen Auftritt einer Fachschaft der unter seiner Aufsicht stehenden Reichstheater- oder Reichsmusikkammer angehören mußten, wobei die Mitgliedschaft an den „Ariernachweis" geknüpft war. Daraufhin reagierte die Polizeidirektion in Hof sofort und verbot das für den 10. März dort angesetzte Konzert. Da die Verordnung, streng genommen, jedoch nur die Hälfte des Ensembles betraf, stellten die Comedian Harmonists ihren Antrag auf Mitgliedschaft bei der Reichsmusikkammer. Die Eltern von Erwin Bootz kümmerten sich auch umgehend um die Beschaffung der erforderlichen Unterlagen für ihren Sohn. Zugleich wandten sich alle betroffenen Konzertdirektionen mit einem Sammeltelegramm an den Präsidenten der Reichsmusikkammer, um zu erreichen, daß wenigstens die gerade laufende Deutschland-Tournee der Comedian Harmonists noch fortgesetzt werden konnte. Dem wurde, nicht zuletzt wegen der sonst drohenden Regreßforderungen der Veranstalter, entsprochen. Am 13. März erhielt die Gruppe die Erlaubnis, *unter Vorbehalt jederzeitigen Widerrufs die bereits abgeschlossenen Konzerte zu absolvieren. Mit dem 1. Mai 1934 läuft diese Genehmigung ab.* Dies hinderte die Berliner „Scala" jedoch nicht, einen für April abgeschlossenen Gastspielvertrag unter Hinweis auf die jederzeitige Widerrufbarkeit der Genehmigung zu kündigen.

Die Auftritte der Comedian Harmonists, die in diesem „neuen Frühling" des Jahres 1934 in Deutschland noch auf dem Programm standen, wurden von den NS-Parteiorganisationen mit allen Mitteln bekämpft und behindert. So hatte die Gauleitung in München auch das für den 13. März in der Tonhalle geplante und bereits ausverkaufte Konzert kurzerhand verboten. Von diesen Ereignissen berichtet die Witwe des Inhabers der Münchner Konzertdirektion Gensberger 1975 in einem Rundfunkinterview: *Wir schalteten einen Anwalt ein, der als sogenannter „alter Kämpfer" einen gewissen Einfluß hatte und schließlich im „Braunen Haus" die Aufhebung des Verbots erreichte. Dafür wurden allerdings Auflagen*

Die

Comedian Harmonists

singen!

Mittwoch, den 17. Januar 1934 - 8 Uhr - Vereinshaus

VORTRAGSFOLGE

I. a) Schöne Isabella von Castilien . . . . . Bootz
b) Allein kann man nicht glücklich sein . . Engel-Berger
c) Gib mir den letzten Abschiedskuß . . . Hoffmann, Nelson, Goodheart, Ager

II. a) So ein Kuß kommt von allein . . . . . Grothe
b) Eine kleine Frühlingsweise (Humoresque) Dvorak
c) Tag und Nacht . . . . Cole Porter
d) Onkel Bumba aus Calumba (Rumbaparodie) Hupfeld

—— Zehn Minuten Pause ——

III. a) Guter Mond, du gehst so stille . . . . . Volkslied
b) In einem kühlen Grunde . . . . Volkslied
c) Wiegenlied . . . . Mozart
d) An der schönen blauen Donau . . . . . Joh. Strauß
e) Perpetuum mobile . . . . Joh. Strauß

IV. a) Menuett . . . . Boccerini
b) Liebeslied . . . . Kreisler
c) Mein lieber Schatz, bist du aus Spanien Santeugini
d) Die Dorfmusik . . . . Fryberg

—— Aenderungen vorbehalten ——

Konzertflügel Förster aus dem Dresdner Haus, Waisenhausstraße 10

Die Comedian Harmonists

(Zu ihrem heutigen Konzert.) Rundfunk, Tonfilm und zahllose Grammophonplatten haben den Comedian Harmonists, dem berühmtesten und gefeiertsten deutschen Männer-Sextett, in allen Gauen Deutschlands zu einer beispiellosen Beliebtheit verholfen. Schon immer war die Pflege des deutschen Volksliedes ihre vornehmste Aufgabe. Sie gründeten sich zu einer Zeit, da in Amerika die Revellers Wegbereiter einer neuartigen Gesangspolyphonie waren und einen Stil pflegten, der zwar äußerlich von den Comedian Harmonists übernommen, von ihnen aber in einer Weise weiterentwickelt wurde, die von dem englischen Ursprung nicht mehr als den Namen übrig ließ. Dieser Name ist eine Erfindung ihres ersten Direktors und seit fünf Jahren als Schallplattenmarke so bekannt, daß an eine Aenderung, so gerne sie schon längst vorgenommen worden wäre, nur schwer zu denken ist.

Die Comedian Harmonists auf Electrola-Schallplatten

Karl Winkler, G. m. b. H., Prager Straße 36
F. Ries, Seestraße 21, und H. Bock Nachf., Prager Straße 9

Wagner & Hemann, Dresden-N.

Eine typische Programmfolge auf den Tourneen

Beim ersten Holland-Gastspiel 1930 in Landestracht und „Klompen"

Eselsritt zur Wartburg im Sommer 1932 (v. l. n. r.: Bootz, Leschnikoff, Cycowski, Biberti)

gemacht. Die Comedian Harmonists durften danach nie wieder in Müchen singen. Außerdem mußte ein Teil der Einnahmen an das Winterhilfswerk abgeführt werden. Unter dem Publikum befanden sich sehr viele Spitzel und Polizisten. Der Direktor der Tonhalle mußte dem Publikum vor dem Konzert mitteilen, daß es bei dieser Art von Veranstaltung jedem anheimgestellt ist, den Saal zu verlassen und das Eintrittsgeld zurückzuverlangen. Gottseidank tat er das in einer sehr geschickten Form, die den Ansprüchen der Nazipartei genügte, ohne das Publikum zu verschrecken. Keiner verließ den Saal. Auch Robert Biberti erinnert sich dreißig Jahre später mit kleinen Abweichungen an dieses Konzert in München, von dem er erzählt: *...Wenige Stunden später standen wir, noch ganz benommen, im Künstlerzimmer der Tonhalle und warteten auf unser Klingelzeichen. Da geschah etwas völlig Unerwartetes: Ein Mann kam hastigen Schrittes herein, stellte sich als Beauftragter des Münchner Gauleiters vor, lief an uns vorbei auf die Bühne und richtete an das verblüffte Publikum eine Ansprache. Die altbekannten, abgedroschenen Tiraden jagten einander: Die Comedian Harmonists seien mit ihrer jüdischen Durchsetzung, ihrer artfremden, destruktiven Musik und ihrer von jedem aufrechten Deutschen abzulehnenden Pseudokunst nicht mehr tragbar. Das Publikum werde dies einsehen, und so fände heute das unwiderruflich letzte Auftreten dieser Truppe in München statt. Niemand rührte sich, der Mann kam von der Bühne zurück, und wir betraten mit aufgesetztem Lächeln das Podium. Bei unserer Verbeugung blieb es noch totenstill, aber dann, ich bekomme noch heute eine Gänsehaut, wenn ich daran denke: Zweitausend Menschen erhoben sich wie auf einen Schlag von ihren Plätzen und ein unvorstellbarer Orkan von Begeisterung brach los. Wir standen völlig konsterniert da. Viele drängten zur Rampe und gaben in Sprech-Chören ihrer Sympathie Ausdruck, auch harte Worte, ja Flüche gegen das Nazi-Regime waren zu hören. Ich dachte mit wachsendem Unbehagen an unseren Herrn Vorredner, der diese Stimme des Volkes bestimmt hinter der Bühne mitanhörte. Als wir wie immer zum Schluß Mischa Spolianskys „Auf Wiedersehen“ sangen, wollte man uns überhaupt nicht fortlassen. Und dabei fühlten wir ganz genau, daß es kein Wiedersehen mehr geben würde. „Lebewohl, gute Reise“, das war unser Abschiedslied.*

Lebe wohl, gute Reise!
Vergiß mich bitte nicht.
Lebe wohl, gute Reise!
Denk' an das Glück!
Denk' an die Stunden, da wir voller Seligkeit
so allein zu zweit das Glück gefunden.
Lebe wohl, gute Reise!
Vergiß mich bitte nicht,
Denk' daran, was mir leise
Dein Mund verspricht.
Gib mir Mut für die grauen Stunden,
bald bin ich ohne Dich...
Lebe wohl, gute Reise, und denk' an mich!

Ähnliche Auftritte wiederholten sich bei den Konzerten der nächsten März-Wochen, die ihre letzten in Deutschland waren. Lediglich die Schallplattenaufnahmen liefen noch weiter. Auch der Rundfunk hatte sie frühzeitig „gesperrt“. Ihre letzte Sendung fand im Frühjahr 1934 im Deutschlandsender statt.

Bemerkenswert ist, daß angesichts der neuen Machtverhältnisse auch innerhalb des Ensembles Zerwürfnisse auftraten. Gelegentliche Streitigkeiten und Auseinandersetzungen hatte es natürlich schon immer gegeben. Rivalitäten bestanden z. B. zwischen Erwin Bootz und Harry Frommermann, der auch gegenüber Robert Biberti einen schweren Stand hatte. Nun gingen die Auseinandersetzungen aber so weit, daß der Sekretär Rudolph Fischer-Maretzki einen Rechtsanwalt um Schlichtung bemühte. Anlaß war der Versuch der drei „Arier“, den seit Gründung des Ensembles bestehenden Gesellschaftsvertrag, der allen Mitgliedern gleiche Rechte und die gleichmäßige Aufteilung der Einnahmen garantierte, zur ihren Gunsten zu verändern. Die Verhandlungen wurden am 4. April 1934 von Biberti (für die „arischen“) und Collin (für die jüdischen Mitglieder) vor einem Anwalt geführt. Dessen Rat, die Verträge unverändert zu lassen und kein Gericht anzurufen, wurde schließlich befolgt. Damit konnte der Riß, der nun durch die Gruppe selbst ging, zwar noch einmal gekittet, aber letztlich nicht mehr geheilt werden.

Da die weitere Konzerttätigkeit in Deutschland ausgeschlossen war, einigten sich die Mitglieder darauf, von nun an ausschließlich im Ausland aufzutreten. Nach einem Gastspiel in Dänemark (Ende April 1934) fuhren die Comedian Harmonists im Juni mit der „Europa“

An Deck der „Europa“ während der Überfahrt nach New York, 1934

Der Flugzeugträger „Saratoga“ (Konzertstätte der Comedian Harmonists 1934)

nach New York. Die Aufnahme, die sie in der Neuen Welt fanden, war ungemein herzlich. Die große Radiostation NBC machte mehr als dreißig Sendungen mit der Gruppe und übertrug ihre Konzerte, von denen die meisten in der riesigen Radio City Hall stattfanden, über ihre gesamte Senderkette bis in die fernsten Winkel der Vereinigten Staaten. Die Publikumsreaktion war überwältigend und äußerte sich in einer Flut von Hörerbriefen. Den größten Eindruck ihrer Reise hinterließ bei den Comedian Harmonists ein Konzert, das sie auf Einladung der Admiralität an Deck des Flugzeugträgers „Saratoga" gaben. Außer ihnen wirkten das Orchester Paul Whiteman und die Boswell-Sisters mit. Das Konzert wurde durch NBC übertragen und auf den übrigen Schiffen der US-Kriegsflotte mitgehört, die vereint auf dem Hudson ankerten. Als die Comedian Harmonists ihren Erfolgstitel „The Way with Every Sailor" (Die Liebe der Matrosen) gesungen hatten, übertönten die Signalhörner der übrigen Schiffe den Beifall der Zuhörer.

Die Verhältnisse in Deutschland und die großen Erfolge, die die Comedian Harmonists bei ihren Auslandstourneen hatten, legten es nahe, gemeinsam im Ausland neu anzufangen, also zu emigrieren. Solche Pläne und Vereinbarungen gab es auch, wobei schwer festzustellen ist, wie ernst es den nichtjüdischen Mitgliedern damit war. Die USA-Reise war auch als Versuch gedacht, diese Vorsätze zu realisieren. Obwohl die Voraussetzungen, hier Fuß zu fassen, außerordentlich günstig waren, kam es nicht dazu. Ausschlaggebend war, wie er selbst später freimütig einräumte, Bibertis Weigerung, seinen Besitz und seine Berliner Wohnung aufzugeben und sich von seiner Mutter zu trennen. Unter seinem Einfluß entschieden sich auch Bootz und Leschnikoff dazu, in Deutschland zu bleiben.

So kehrte das Ensemble im August 1934 nach Berlin zurück. In den nächsten Monaten machten die Comedian Harmonists ausschließlich Plattenaufnahmen, ehe sie im November noch einmal zu einer großen Italien-

Im New Yorker NBC-Studio, Juni 1934

Tournee aufbrachen, die sie von Mailand über Perugia, Rom, Genua, Turin, Padua nach Triest und Fiume, dem damals italienischen Rijeka, führte. Auf diese Reise waren sie nicht ohne Bangen gegangen. Mußten sie doch im Lande des Belcanto mit einem besonders kritischen Publikum rechnen. So schien es denn auch ein Wagnis zu sein, mit einer vokalen Orchesterimitation der Ouvertüre zum „Barbier von Sevilla" aufzutreten, und Erwin Bootz fürchtete, das italienische Publikum könnte dies als ungebührlichen Scherz auf Kosten ihres großen Komponisten empfinden. Das Gegenteil war der Fall. Es gab Beifallsstürme und Da capo-Rufe. Die Reise wurde ein solcher Erfolg, daß die Mailänder Konzertdirektion eine weitere Tournee für das Frühjahr 1935 vereinbarte und ankündigte, zu der es jedoch nicht mehr kommen sollte.

Das letzte gemeinsame öffentliche Auftreten der Comedian Harmonists fand Anfang Februar 1935 in Süd-Norwegen statt. Eine offizielle Entscheidung über ihr Aufnahmegesuch bei der Reichsmusikkammer war zwar immer noch nicht erfolgt, aber sie wußten alle, daß das endgültige Verbot des Ensembles in Deutschland nur noch eine Frage weniger Wochen war. Am 13. Februar sangen sie im Plattenstudio der Electrola zwei Volkslieder, darunter als letzte „legale" Aufnahme das „Lebewohl" mit dem Text von Friedrich Silcher: *Morgen muß ich fort von hier und muß Abschied nehmen…* Neun Tage später erhielt jedes Mitglied der Comedian Harmonists einen Brief der Reichsmusikkammer. Biberti, Bootz und Leschnikoff wurden aufgenommen, wobei ihnen gleichzeitig untersagt wurde, mit den *Nicht-Ariern weiterhin zu musizieren.* Diesen wurde das *Recht auf Berufsausübung* entzogen. Den drei Aufgenommenen wurde schließlich freigestellt, *mit anderen arischen Musikern nach Zulegung eines deutschen Namens anstelle der Bezeichnung „Comedian Harmonists" ihre musikalische Tätigkeit auszuüben.*

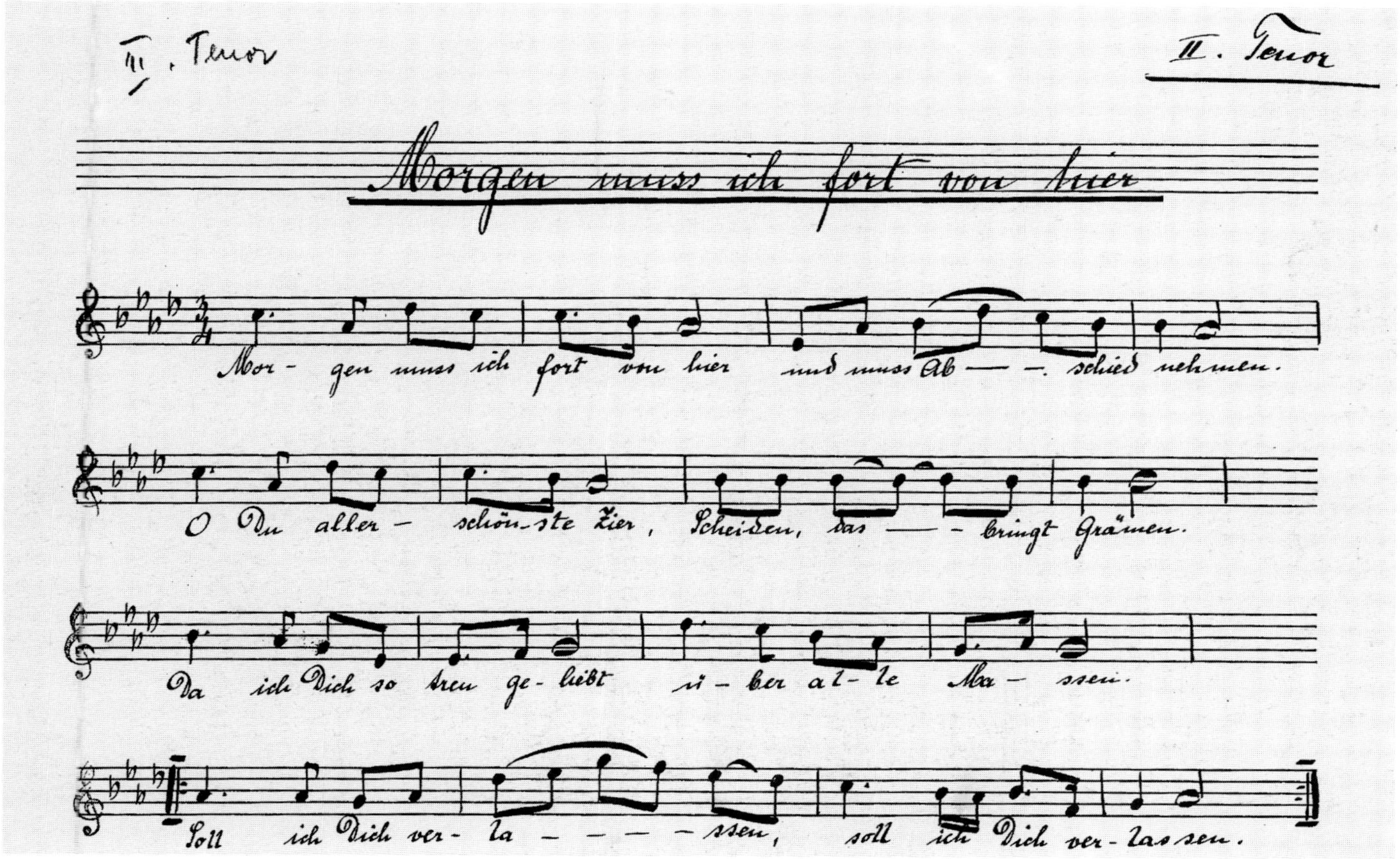

So nahte der Tag der endgültigen Trennung. Am 1. März waren die Comedian Harmonists trotz des Verbots noch einmal zu einer letzten Schallplattenaufnahme zusammengekommen. In der Wohnung Bibertis traf man sich, um die Zukunft zu besprechen. Die jüdischen Mitglieder wollten versuchen, im Ausland mit einer neuen Gruppe Fuß zu fassen, während die drei „Arier" dasselbe für Deutschland planten. Beide Ensembles sollten das Recht haben, sich weiterhin als Comedian Harmonists zu bezeichnen. Mit Biberti und Leschnikoff blieben die beiden „Eckstimmen" zurück, die dem Gesangsquintett ihr unverwechselbares Timbre gegeben hatten. Mit Frommermann, Cycowski und Collin ging die „Mitte", gleichermaßen das Herzstück des Ensembles, verloren. Die Ergänzungen, die nun beide Teile suchten und fanden, führten zwar wieder zu eigenständigen und erfolgreichen neuen Vokalgruppen, erreichten jedoch nie mehr jenes einzigartige Klangbild, dem die Comedian Harmonists nicht zuletzt ihre zeitlose und beglückende Wirkung verdankten. Wie so viele andere Große der Kleinkunst waren sie vergöttert worden, um nun verjagt zu werden, ohne daß sich in Deutschland die Spur eines Protestes regte. Ja, sie selbst vollzogen in ihrem Ensemble in gewisser Weise den Bruch nach, auf den der unsägliche Rassenhaß der Nazis so „erfolgreich" abzielte.

Roman Cycowski und Ari Leschnikoff auf dem Markusplatz in Venedig, November 1934

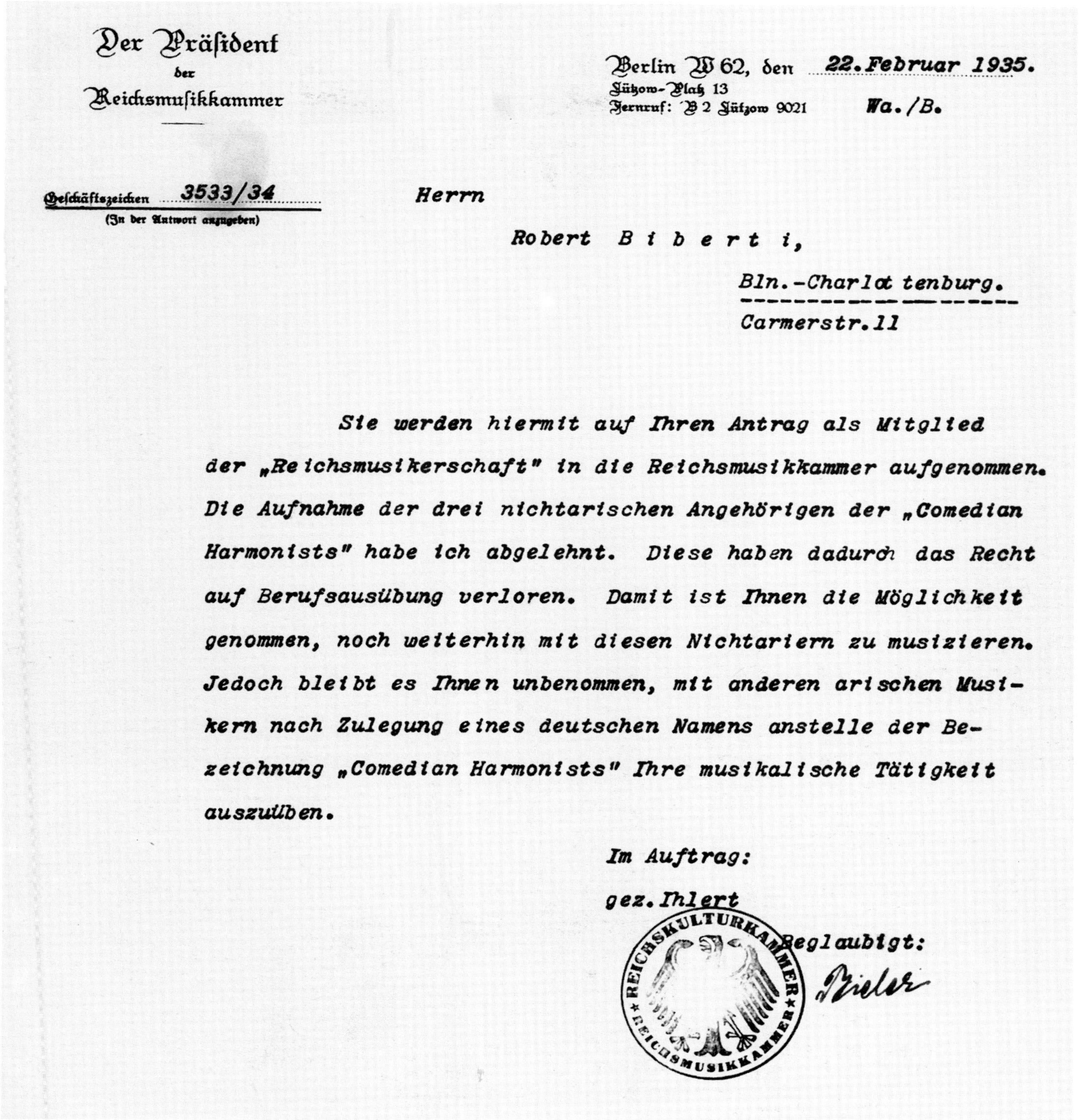

Der Präsident
der
Reichsmusikkammer

Berlin W 62, den 22. Februar 1935.
Lützow-Platz 13
Fernruf: B 2 Lützow 9021

Wa./B.

Geschäftszeichen 3533/34
(In der Antwort angeben)

Herrn

Robert B i b e r t i,

Bln.-Charlottenburg.

Carmerstr. 11

Sie werden hiermit auf Ihren Antrag als Mitglied der „Reichsmusikerschaft" in die Reichsmusikkammer aufgenommen. Die Aufnahme der drei nichtarischen Angehörigen der „Comedian Harmonists" habe ich abgelehnt. Diese haben dadurch das Recht auf Berufsausübung verloren. Damit ist Ihnen die Möglichkeit genommen, noch weiterhin mit diesen Nichtariern zu musizieren. Jedoch bleibt es Ihnen unbenommen, mit anderen arischen Musikern nach Zulegung eines deutschen Namens anstelle der Bezeichnung „Comedian Harmonists" Ihre musikalische Tätigkeit auszuüben.

Im Auftrag:

gez. Ihlert

Beglaubigt:

Bieler

Das offizielle Verbot der Comedian Harmonists durch die Reichsmusikkammer

Die erste Formation des „Meistersextetts" 1935/36 (v. l. n. r.: Ari Leschnikoff, Robert Biberti, Walter Blanke, Fred Kassen, Richard Sengeleitner, am Flügel: Erwin Bootz)

Das Meistersextett, früher genannt Comedian Harmonists

Am 10. Mai 1935 erhielt Robert Biberti aus Paris einen Brief von Werner Richard Heymann, dem vor allem durch seine Filmlieder bekannten und erfolgreichen Komponisten. Er war als Jude gleich zu Beginn der Nazi-Herrschaft emigriert, obwohl ihm die Ufa sogar eine Fortsetzung der Beschäftigung angeboten hatte. Heymann, der im Herbst in einem Pariser Theater eine Operette herausbringen wollte, unterbreitete in diesem Schreiben den Comedian Harmonists ein lukratives Angebot. Außerdem könnten sie noch Engagements im Rundfunk, beim Film und in Varieté-Revuen bekommen. Daß sich die Comedian Harmonists bereits getrennt hatten, wußte Heymann noch nicht ...

Robert Biberti versuchte zu dieser Zeit gemeinsam mit Leschnikoff und Bootz, in Berlin ein neues Ensemble zusammenzustellen. Am Neuanfang stand wieder eine Annonce im „Berliner Lokalanzeiger", die bereits am 3. März 1935 aufgegeben wurde:

> Weltberühmtes deutsches Gesangsensemble sucht zwei Tenöre und einen Bariton, nicht über 30 Jahre. Ausführliche Angaben über die bisherigen Tätigkeiten erbeten unter Chiffre Bt 687 Scherl.

Auch ohne Nennung des Namens wußten natürlich alle Interessenten, worum es sich handelte. Entsprechend groß war die Zahl derer, die zum Vorsingen in dem von Biberti eigens gemieteten Saal erschienen. Abgesehen davon, daß die Altersgrenze nach oben gerückt worden war, erinnerte nicht nur die Anzeige, sondern auch das Ergebnis der Probeveranstaltung an die Anfänge vor knapp sieben Jahren. Obwohl sich auch eine ganze Reihe damals bekannter Künstler wie der Tenor Ernst Baebler oder der Bariton Theo Mörschel von den „Sechs frohen Sängern" und sogar eine junge Dame vorstellten, war Erwin Bootz über das Gebotene ziemlich verzweifelt: Gemessen am erarbeiteten Niveau der bisherigen Comedian Harmonists und im Vergleich zur Mischung ihrer Stimmen hatte eigentlich kein Bewerber eine Chance. Eine Entscheidung mußte aber getroffen werden, wenn es weitergehen sollte: Sie fiel auf Richard Sengeleitner (geboren am 28.7.1903 in Fürth) als zweiten Tenor, den Bariton Walter Blanke (geboren am 18.2.1902 in Hamburg) und auf einen Ungarn, Janos Kerekes (geboren am 17.4.1913 in Budapest), der als Tenor-Buffo den bisherigen Part Harry Frommermanns übernehmen sollte.

Die neuen Sänger wurden jedoch nicht gleichberechtigte Mitglieder des Ensembles, sondern Angestellte der drei „Firmeninhaber" Biberti, Bootz und Leschnikoff. In dieser Konstruktion lag bereits der Keim für viele künftige Auseinandersetzungen, denn Robert Biberti hatte den neuen Kräften zugesagt, daß sie bei entsprechender Eignung später Teilhaber werden sollten. Ein Versprechen, das nie eingelöst wurde. Die Verträge wurden für die Dauer eines Jahres geschlossen und hatten – wie im Fall des Tenors Sengeleitner – folgenden Wortlaut:

Wir verpflichten Sie hiermit bis zum 30. Juni 1936 zur Mitwirkung in unserem Ensemble. Sie sind verpflichtet, alle Ihnen aufgegebenen, im Rahmen unserer Tätigkeit liegenden Leistungen für die Dauer des Vertrages zu erfüllen. Sie erhalten dafür ein monatliches Gehalt von 500,– Reichsmark mit der Maßgabe, daß Ihnen alle Berufsreisen und Hotelkosten ersetzt werden. Das volle Gehalt wird erstmals für die Monatshälfte, in der das erste öffentliche Auftreten stattgefunden hat, bezahlt, spätestens jedoch für die zweite Oktoberhälfte. Kündigungsfrist: Drei Monate vor Ablauf des Vertrages. Wird nicht gekündigt, so gilt der Vertrag als stillschweigend auf ein weiteres Jahr verlängert. Ihnen steht eine Mindestferienzeit von vier Wochen, im Falle der Vertragsverlängerung von acht Wochen zu, die voll bezahlt wird.

Noch bevor die eigentliche Arbeit begann, gab es erhebliche Schwierigkeiten wegen des neuen Namens, den die Reichsmusikkammer für die Nachfolgegruppe verlangte. Die Bezeichnung „Meistersextett", die eher an eine Kammermusikvereinigung als an ein heiteres Vokalensemble denken ließ, hatte Biberti, wahrscheinlich in Anlehnung an das „Meistersänger-Quartett" seines Vaters, vorgeschlagen; allerdings erst, als alle seine Bemühungen gescheitert waren, die Behörde doch noch umzustimmen. So hatte er sich bereits am 28.4.1935 zusammen mit dem neuen Sekretär des Ensembles, Dr. Grafe, in einem langen Brief an die Reichsmusikkammer gewandt, in dem es u. a. hieß:

... gestatte ich mir noch einmal die Gründe darzulegen, die uns veranlassen, die Kammer um die Erlaubnis

Der Präsident der Reichsmusikkammer

Berlin W 62, den 5. August 1935.
Lützow-Platz 13
Fernruf: Sammelnummer B 2 Lützow 9021
Postscheckkonto: Berlin 51874
Bankkonto: Berliner Stadtbank Lützow-Platz

Geschäftszeichen: 3533/34 Wa/B.
(In der Antwort anzugeben)

Herrn
Robert B i b e r t i,
Bln.-Charlottenburg 2.
Carmerstr. 11

Unter Bezugnahme auf Ihre Erklärung vom 22.7.35 teile ich Ihnen mit, dass Sie auf Grund der von mir erlassenen Anordnung über Namengebung vom 29.9.34 nicht mehr berechtigt sind, die von Ihnen geleitete Truppe als „Comedian Harmonists" zu bezeichnen.

Im Auftrag:

gez. Wachenfeld

Beglaubigt:
Bieler

REICHSKULTURKAMMER · REICHSMUSIKKAMMER

Selbst der Name Comedian Harmonists wurde im August 1935 verboten …

… aber noch im März 1938 in Großbuchstaben neben dem kaum lesbaren Meistersextett geführt (Hansa-Theater Hamburg).

zur Beibehaltung unseres Namens „Comedian Harmonists" zu bitten.

Dieser Name ist nicht nur für Deutschland, sondern auch für die gesamte zivilisierte Welt zu einem Begriff geworden, was unzählige Zuschriften aus aller Herren Länder beweisen. Bedenken Sie bitte, daß die Achtung vor diesem Namen durch langjährige zähe Arbeit nach anfänglichen großen Entbehrungen erworben ist. Bedenken Sie bitte ferner, daß dieser Name im gesamten Ausland für deutsche Musik im Sinne deutscher Kunstauffassung in vorbildlicher Weise geworben hat ... Nachdem die von dem Herrn Präsidenten der Reichsmusikkammer geforderte Ausschließung der Nichtarier nunmehr endgültig erfolgt ist, ist die Frage der Beibehaltung unseres Namens zu einer Lebensfrage geworden. Wenn zu der mit unerhörten Schwierigkeiten verbundenen Umstellung der Truppe noch der Verlust dieses Weltnamens käme, würden wir nicht nur das Vertrauen unserer Geschäftsfreunde verlieren, sondern auch vor der Hoffnungslosigkeit unserer Riesenarbeit kapitulieren müssen. Hinzu kommt, daß sowohl unsere Existenz als auch die der neuen Mitglieder von der Beschaffung größerer Kredite abhängig ist, da die anstrengenden und zeitraubenden Proben für das neue Ensemble keinerlei Verdienstmöglichkeiten zulassen. Diese Kredite sind ohne die Zusicherung, daß der Name „Comedian Harmonists" auch späterhin geführt werden darf, einfach nicht zu erhalten.

Die Zähigkeit, mit der Robert Biberti zu Werke ging, blieb nicht erfolglos. Zwar mußte ein neuer Name geführt werden, aber die Reichsmusikkammer (RMK) gestattete, daß die Bezeichnung „Meistersextett" zunächst mit dem Zusatz „früher Comedian Harmonists" versehen werden durfte, wobei sogar das Größenverhältnis der beiden Namen „geregelt" wurde, wie aus einem Telefongespräch hervorgeht, das Biberti am 27. Juni. 1935 mit einem Mitarbeiter der RMK führte, und das er auf einer Tonfolie mitgeschnitten und aufbewahrt hat. Darin erklärt dieser Herr Vedder(n):

Also die alleinige Führung des Namens ist ausgeschlossen. Das ist bestimmt ausgeschlossen! Und zwar, sagt Ihlert, aus folgenden Gründen: Den Leuten (gemeint sind die Ensemblemitglieder) *ist selbst kein Dienst damit getan, denn es wird solche Angriffe in der Provinz geben, daß sich das nicht ruhig abwickelt. Wir müssen es so machen, daß die Leute sich – ganz klein – einen neuen Namen suchen, der irgendwie sein kann, und sie können daneben groß Comedian Harmonists aufdrucken. Und ganz allmählich im Lauf der Jahre verändert sich dieses Verhältnis, daß der andere größer wird und das andere kleiner. Und schließlich verschwindet es ... Herr Ihlert sagt, Sie können sich darauf verlassen, wenn die jetzt meinetwegen* (mit dem alten Namen) *nach Nürnberg gehen, dann gibt's einen Mordstrubel, und was haben wir davon? Nur Ärger!*

Hilde Longino, Robert Bibertis spätere Frau, zeigt hier auf eine besonders geschickte Verbrämung des neuen Namens in der Werbung (Hamburg 1938).

Im gleichen Gespräch unterstrich Biberti noch einmal die Bedeutung des bisherigen Namens für seine Gruppe, da sich sonst die Emigranten allein als Comedian Harmonists bezeichnen könnten. Den schriftlichen Bescheid, sich einstweilen „Meistersextett, früher Comedian Harmonists" zu nennen, erhielt das Ensemble am 21. November 1935. Es gab in der Folgezeit aber immer wieder Ärger, erneute Ablehnungen und dann wieder Zugeständnisse, die einen ganzen Aktenordner füllen.

Mit der Electrola-Gesellschaft, die fast alle bisherigen Aufnahmen der Comedian Harmonists noch lange in ihren Katalogen führte, wurde am 26. Juli. 1935 ein neuer Vertrag geschlossen, der die gleichen günstigen Konditionen enthielt wie der frühere, die Zahl der jährlich garantierten Aufnahmen jedoch von bisher dreißig auf zwanzig herabsetzte. Bevor nach harter Probenarbeit am 20. August 1935 die ersten beiden Titel des Meistersextetts aufgenommen werden konnten, hatte es bereits einen Wechsel im Ensemble gegeben. Janos Kerekes schied aus, und an seine Stelle trat der Tenor Alfred (Fred) Kassen (geboren am 7. 8. 1903 in Langendreer), der vorher u. a. als Barpianist in der Texas-Bar im Femina-Palast und als Refrainsänger für Schallplattenfirmen gearbeitet hatte.

Erste Konzerte gab das Meistersextett ab Oktober 1935. Zu der großen und nie überwundenen Schwierigkeit, das Niveau der Vorgänger wieder zu erreichen, traten nun auch noch Probleme der Repertoire-Gestaltung. Die Aufführung von Stücken jüdischer Komponisten oder Texter war verboten, so daß damit ein großer Teil der früheren Erfolgstitel wegfallen mußte. Eine ungeheure Verödung und Verflachung der deutschen Unterhaltungsmusik war die Folge, von der sie sich nie wieder erholt hat. Jetzt erst wurde schmerzlich spürbar, wie außerordentlich fruchtbar und prägend die jüdischen Künstler (nicht nur) für die „goldenen Zwanziger Jahre" gewesen waren. Zur Emigration oder „Eliminierung" der Autoren und Komponisten kam der Aderlaß bei den Darstellern und Interpreten. Mit geradezu schamloser Offenheit dokumentiert dies ein gedrucktes Künstlerverzeichnis, der „Erste Internationale Tonfilm-Almanach", im Vorwort zur Ausgabe des Jahres 1934, in dem es heißt: *Die Bearbeitung der vorliegenden 5. Auflage fiel in die Zeit der großen nationalen Wiedergeburt und damit des grundlegenden Umbruchs in der Organisation des Theaterwesens und Filmschaffens. Die anfängliche Stockung in unserer Arbeit, bedingt durch das Ausscheiden zahlreicher nichtarischer Künstler, die wir nicht mehr zum Abdruck brachten, wurde bald von einer neuen Belebung abgelöst, so daß es uns gelang, das vorliegende Buch in annähernd dem gleichen Umfang herauszubringen.* Natürlich verhalf diese „Belebung" nun auch manchem unbedeutenden Künstler zum Abdruck und zum Auftritt, so daß einige die antisemitischen Aktionen der Nazis auch als Beseitigung übermächtiger Konkurrenten insgeheim begrüßten.

Viele der gelungensten witzigen und originellen Erfolgstitel der Comedian Harmonists stammten von jüdischen Textern oder Komponisten und waren damit für das Meistersextett tabu. Das galt für die Evergreens „Liebling, mein Herz läßt Dich grüßen", „Das ist die Liebe der Matrosen", „Ein Freund, ein guter Freund", „Hoppla, jetzt komm ich" von Werner Richard Heymann ebenso wie für das „Heute nacht oder nie" und das traditionelle Abschiedslied der Comedian Harmonists „Auf Wiederseh'n" von Mischa Spoliansky. Es galt für die Kompositionen von Abraham, Benatzky und Hollaender und für die Texte und Titel von Rotter oder Gilbert. Auch eine der „Erkennungsmelodien" der Comedian Harmonists, „Veronika, der Lenz ist da", durfte nun nicht mehr gesungen werden. Hatte sie doch mit dem Komponisten Walter Jurmann und dem Texter Fritz Rotter gleich zwei jüdische Väter, denen dieser Schlager gleichsam nebenher eingefallen war, wie Maurus Pacher berichtet:

In der Ultraphon warten Rotter und Jurmann auf den Produzenten Herbert Grenzebach. Jurmann, immer für eine Improvisation gut, füllt die Zeit mit Notenwerten und intoniert, als der Allgewaltige endlich erscheint: „Da kommt er ja, der Grenzebach!" Der hört die Melodie und wittert den Knüller. Und Rotter textet darauf „Veronika, der Lenz ist da" mit dem dezenten, aber wohl zu verstehenden Hinweis „Veronika, der Spargel wächst".

Solche leichten Frivolitäten oder auch einfache Nonsens-Texte paßten ohnehin nicht ins Weltbild der Nationalsozialisten und ihrer Musikbürokraten, die nun immer gründlicher „säuberten" und kontrollierten. Während der Olympiade des Jahres 1936 lockerte man zwar mit Rücksicht auf die Gäste aus aller Welt die Zügel noch einmal, dann aber wurden sie endgültig straff angezogen. Selbst für Auslandstourneen galt nun die Genehmigungspflicht aller Programme, und ein Dr. Geutebrück von der Reichsmusikkammer teilte dem Meistersextett am 6. April 1937 mit: *Vor Antritt von Konzertreisen ist . . . das Programm zur Begutachtung vorzulegen. Ich bemerke, daß die Vortragsstücke dem Geist des neuen Deutschland entsprechen müssen, auch wenn es sich um reine Unterhaltungsmusik handelt.* So wurden denn aus dem alten Programm der Comedian Harmo-

Das Meistersextett in der Besetzung 1936 – 1938 (v. l. n. r.: Erwin Bootz, Ari Leschnikoff, Alfred Grunert, Herbert Imlau, Fred Kassen, Robert Biberti)

Das Meistersextett bei einem KdF-Konzert 1936 (Die NS-Organisation Kraft durch Freude war 1933 zur zentralen Freizeitgestaltung im Rahmen der „Deutschen Arbeitsfront“ gegründet worden.)

nists die „unbedenklichen“ Titel übernommen und allmählich um neue Stücke ergänzt, von denen man Anfang 1936 erst drei im Repertoire hatte. Mit dem „Kleinen grünen Kaktus“ und dem Lied „Lebewohl, gute Reise“ gelang es allerdings, den Zensoren zunächst noch ein Schnippchen zu schlagen. Beide Titel stammten von dem sehr erfolgreichen jüdischen Autoren-Gespann Bert Reisfeld und Rolf Marbot, die nach Paris emigriert waren. Den „Kaktus“ hatten sie unter dem Pseudonym Dorian/Herda und das 1934 für die Comedian Harmonists komponierte Abschiedslied unter dem „arisch“ klingenden Namen Hanns Reimar auch in Deutschland herausbringen können.

Mit einem Repertoire von wenig mehr als fünfzehn Titeln bestritt das Meistersextett den größten Teil der Konzerte des Jahres 1936, wobei die NS-Presse am Programm und Vortragsstil bemäkelte, daß es sich ja doch um die alten Comedian Harmonists handele, während einige Konzertagenturen mit dem Angebot unzufrieden waren. So beschwerte sich die Ostdeutsche Konzertdirektion Richard Hoppe in Breslau in einem Brief vom 11. Mai 1936 bei Biberti: *Auf meine Anfrage versprachen Sie mir am 15. Februar ein teilweise neues Programm. ... Sie haben auch dieses Versprechen nicht gehalten, denn das Programm enthielt fünfzehn hier längst gesungene Nummern und nur ein neues Lied. Das kann man doch nicht ein teilweise neues Programm nennen. Die Folge davon war ein sehr schlechter Besuch der beiden Abende.*

Allmählich wurde das Repertoire erweitert, und das Meistersextett versuchte nun auch, wieder im Ausland Fuß zu fassen. Dabei bediente man sich jener Konzertagenturen, die früher schon für die Comedian Harmonists tätig waren. Viele, darunter der Musikverlag Wilhelm Hansen in Kopenhagen, erklärten sich zur Zusammenarbeit bereit, wobei manche nun aber auch gleichzeitig für die neugebildete Emigrantengruppe tätig waren, die unter dem alten Namen zu Konzertreisen aufgebrochen war. Diese Konkurrenz in der Nachfolge beunruhigte Biberti seit der Trennung. Er fürchtete um den Erfolg und den finanziellen Ertrag der Auslandstourneen und ließ nichts unversucht, um die Konzertagenturen und Veranstalter von den künstlerischen Vorzügen „seines“ Ensembles zu überzeugen, was ihn gelegentlich auch zu unwahren, ja verleumderischen Behauptungen veranlaßte. In ~~Dänemark~~ den Niederlanden gastierten beide Gruppen zum Jahreswechsel 1936/37 kurz hintereinander. Die Anzeigen finden sich auf einer Seite des „Haagschen Courant“ vom 24. Dezember. Für den zweiten Weihnachtsfeiertag wird das *weltberühmte Meistersextett, Comedian Harmonists im Dierentuin* angekündigt, *bei dem,* wie es in den „Mitteilungen der Deutschen Kolonie Den Haag“ heißt, *kein Deutscher fehlen darf!,* während etwas tiefer für die erste Januarhälfte zu lesen ist:

Bekanntmachung
Zur Vermeidung von Mißverständnissen
Die originalen, uns allen durch Radio und Schallplatten bekannten
COMEDIAN HARMONISTS
sind einzig und allein persönlich zu sehen und zu hören
in den großen Varieté-Festvorstellungen
der „Arena“ Rotterdam

In der personellen Zusammensetzung des Meistersextetts gab es von Anfang an Probleme. Sie setzten sich auch 1936 fort. Der zweite Tenor, Richard Sengeleitner, konnte sich offenbar nicht so in das Ensemble einfügen, wie es erwartet wurde, so daß Biberti und Bootz nach Ersatz suchten. Sie fragten bereits im Januar bei Rudi Schuricke an, der den in Auflösung begriffenen Kardosch-Sängern als zweiter Tenor angehörte. Im Sommer erklärte sich Schuricke bereit, wurde dann aber doch nicht genommen. Biberti teilte ihm am 11. August mit, *daß wir unsere Absicht, Sie für unser Ensemble zu verpflichten, nicht ausführen können. Als wir gestern mit Herrn Leschnikoff, der erst jetzt aus Bulgarien zurückgekommen ist, zu einer diesbezüglichen Besprechung zusammentrafen, sprach sich dieser aus rein äußerlichen Gründen – wegen Ihrer Größe – gegen ein Engagement Ihrerseits aus. Dazu traten dann auch noch Erwägungen, die befürchten ließen, daß bei Ihren zahlreichen Schallplatten-Verpflichtungen Kollisionen mit der Arbeit unseres Ensembles unvermeidlich seien.*

Sengeleitner war inzwischen ausgeschieden, Aufnahmetermine standen an, und es gab weitere Absagen, so daß Biberti als „Zwischenlösung“ den Tenor Zeno Coste verpflichtete, der ebenfalls zu den Kardosch-Sängern gehörte und gegen Honorar (pro Aufnahme 50,– Reichsmark) am 28.8./21.9. und 9.10. an Schallplatten-Aufnahmen mitwirkte, unter denen Peter Kreuders „Ich wollt', ich wär' ein Huhn“ zu einem ausgesprochenen Erfolgs-Song der neuen Gruppe wurde. Er sang auch bei einer Werbe-Aufnahme für Dauerbrand-Herde der Firma Kaspar Blume mit, die als Schallplatte und als Film produziert wurde und das Meistersextett bei zweifellos ungewohnter Hausarbeit zeigt.

Am 20. September kam dann Alfred Grunert (geboren am 21. 1. 1900) als zweiter Tenor zum Meistersextett, obwohl er aus unbekannten Gründen für ein Jahr aus der Reichsmusikkammer ausgeschlossen worden war und erst am 20. Mai 1937 wieder aufgenommen wurde. Bereits am 30. Juni 1936 war auch dem Bariton Walter Blanke gekündigt worden. Für ihn wurde bereits am 10. August Herbert Imlau (geboren am 8. 10. 1904) neu angestellt, der nach einer kurzen Gastrolle bei den „Humoresk Melodios" im Mai 1934 die „Spree-Revellers" gegründet hatte. Damit war die Gruppe in der Gesangsbesetzung

Ari Leschnikoff, erster Tenor
Alfred Grunert, zweiter Tenor
Fred Kassen, Tenor-Buffo
Herbert Imlau, Bariton und
Robert Biberti, Baß

für die nächsten drei Jahre wieder komplett. Die musikalische Leistung stabilisierte sich. Plattenaufnahmen, Konzerte und Rundfunkauftritte liefen nun wieder reibungslos, und auch vom Film kamen Angebote. So wirkte das Meistersextett 1937 in dem heiteren Spielfilm „Fremdenheim Filoda" mit, in dem sie das Lied „Wenn Matrosen mal an Land gehen" sangen. Der Klang ähnelte weitgehend dem der früheren Comedian Harmonists, nicht zuletzt wegen der markanten Außenstimmen, aber die auf Schallplatten erhaltenen Stücke sind in gewisser Weise biederer und musikalisch anspruchsloser. Es fehlen nun weitgehend jener Witz und Esprit, jene überraschenden Wendungen und parodistischen Elemente, mit denen die ursprüngliche Formation so unverwechselbar geglänzt hatte.

Den neuen Machthabern war die Gruppe nie genehm. Auch die „Firmeninhaber" hegten keine Sympathien für die Nazis, obwohl sie freilich auch nicht opponierten. Ihr Repertoire blieb weiterhin völlig unpolitisch. Es existieren aber selbstaufgenommene Tonfolien, in denen Robert Biberti Hitlerreden persifliert. Sein Gästebuch enthält defätistische Äußerungen in einer Zeit, in der andere Volksgenossen aus Angst sogar den Namen des jüdischen Tenors Joseph Schmidt von den Labels ihrer Schallplatten kratzten. Für die Nationalsozialisten verkörperte auch das Meistersextett immer noch den Geist der „Systemzeit", wie sie die Weimarer Republik nannten. Im Jahr 1937 geriet sogar der neue Name in Mißkredit. Die Reichsmusikkammer teilte Robert Biberti am 8. November mit, daß aufgrund einer Entscheidung von Goebbels die Bezeichnung „Meistersextett" spätestens bis zum 30. April 1938 aufzugeben sei. In dem Schreiben heißt es weiter: *Schon jetzt mache ich darauf aufmerksam, daß in einem etwa von Ihnen neu zu wählenden Namen für Ihre Gesangsgruppe das Wort „Meister" nicht enthalten sein darf.* Dieser Bescheid wurde allerdings am 9. Mai 1938 wieder aufgehoben.

Auch er bewarb sich beim Meistersextett.

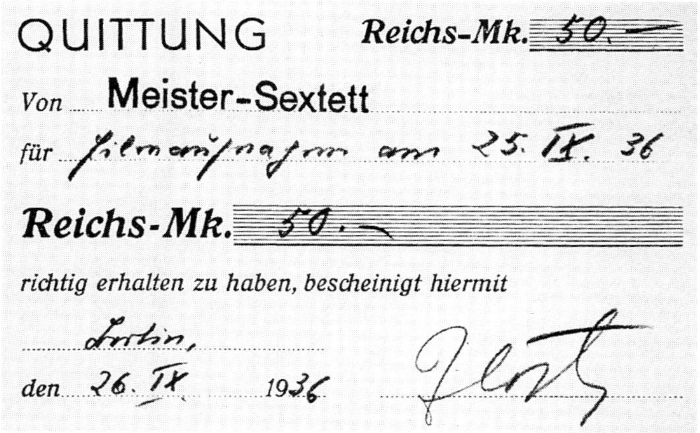

QUITTUNG Reichs-Mk. 50.–

Von Meister-Sextett

für Filmaufnahme am 25. IX. 36

Reichs-Mk. 50.–

richtig erhalten zu haben, bescheinigt hiermit

Berlin,

den 26. IX 1936

Honorarquittung von Zeno Coste, der 1936 als Tenor aushalf

Ende 1937 folgte der nächste Schlag. Die großen Schallplatten-Firmen hatten es mit Umsatz- und Beschäftigungsargumenten bis dahin durchsetzen können, daß eine große Zahl von Aufnahmen jüdischer Künstler im Verkaufsprogramm blieb. Der Electrola-Hauptkatalog von 1936/37 enthielt noch 95 Aufnahmen mit der Originalgruppe Comedian Harmonists! Die Tantiemen wurden weiter abgerechnet, d. h. Biberti, Bootz und Leschnikoff erhielten die Hälfte der nicht unbeträchtlichen Summen. Am 17. Dezember 1937 war auch damit Schluß. Eine „Schallplatten-Anordnung" zwang die Firmen zur Entfernung aller Aufnahmen mit jüdischen Künstlern aus ihren Katalogen. Damit entfielen diese bisherigen Einnahmen, die von den Plattenumsätzen des Meistersextetts bei weitem nicht kompensiert wurden.

Die nächste einschneidende Veränderung traf das Meistersextett Ende Juni 1938. Erwin Bootz verließ das Ensemble, und damit fehlte der Gruppe auf einen Schlag der Pianist, Arrangeur und musikalische Leiter. Jahrzehnte später erklärte Erwin Bootz, daß ihn ausschließlich künstlerische Gründe zu diesem Schritt veranlaßt hätten. Es sei ihm über gewesen, immer einer gleichbleibenden Tätigkeit und einem unveränderten Sound verpflichtet zu sein. Dazu kam jedoch, daß er hohe Schulden hatte und sich an anderer Stelle höhere Einnahmen versprach. Außerdem hatte es mit Robert Biberti Auseinandersetzungen gegeben, der nun alleine zusehen mußte, ob und wie es weiterging. Erwin Bootz begann seine neue Tätigkeit bei Willi Schaeffers, der gerade die Leitung des „Kabaretts der Komiker" übernommen hatte, nachdem Hugo Fischer-Köppe gestorben war, der 1933 Nachfolger des emigrierten Kurt Robitschek geworden war. Hier wirkte Bootz bis zu seiner Einberufung zum Militär im Januar 1942 als musikalischer Leiter, Orchesterdirigent, Komponist, Texter, Ansager und Vortragskünstler. Mit der Kabarett-Revue „Träum von mir" gestaltete er ein ganzes Programm.

Erwin Bootz im Juni 1938, nach seinem Weggang vom Meistersextett

Das Ausscheiden von Erwin Bootz führte zu einer Zwangspause von zwei Monaten, ehe mit Rudolf Zeller ein neuer, sehr elegant spielender und gutaussehender Pianist gefunden wurde, der aber den Arrangeur Bootz nicht ersetzen konnte. Auch Robert Biberti war dazu nicht in der Lage und Fred Kassen, der schon einige Titel bearbeitet hatte, fand sich wegen Differenzen mit Robert Biberti dazu nicht mehr bereit. So wandte sich Biberti u. a. an Siegfried Muchow, der ihm half und auch eine eigene Komposition „Jetzt oder nie" zum Repertoire beisteuerte. Große Unterstützung fand er auch bei Bruno Seidler-Winkler (1880–1960), einem überaus vielseitigen und produktiven Musiker, Komponisten und Dirigenten, dessen Name dennoch stets im Schatten der öffentlich Erfolgreichen stand, da er ausschließlich für die Medien Schallplatte und Rundfunk gearbeitet hat. Bei der Grammophon-Gesellschaft hatte er Anfang der 20er Jahre die erste Aufnahme der 9. Symphonie Beethovens dirigiert, als dies noch ein akustisches Wagnis ersten Ranges war. Später begleitete er nahezu alle Großen des Gesangs bei ihren Plattenaufnahmen, wurde Dirigent des Rundfunkorchesters in Berlin, ging 1933 zur Electrola und war hier im „U- und E-Bereich" gleichermaßen unentbehrlich. Für das Meistersextett schrieb er gleichsam „nebenbei" einige Arrangements. Seidler-Winkler begleitete übrigens auch Lale Andersen bei ihrer später so berühmten Platte mit dem Lied „Lili Marleen", dem er am Anfang die ersten Takte des „Großen Zapfenstreichs" hinzufügte.

Erwin Bootz und Willi Schaeffers in der Revue „Träum von mir" im Kabarett der Komiker 1938

Das Meistersextett mit dem neuen Pianisten Rudolf Zeller, November 1938

So gelang es schließlich, die Konzertsaison 1938/39 zu bestreiten und eine ganze Reihe neuer Plattenaufnahmen einzuspielen. Im März 1939 ging es noch einmal auf eine Auslandstournee nach Italien in die Städte, die bereits die Comedian Harmonists auf ihrer letzten Reise besucht hatten. Auch für das Meistersextett wurde diese Konzertreise zum letzten Auslandsgastspiel. Andere Truppen mit anderen Liedern wurden nun im Deutschen Reich in Marsch gesetzt.

Die Zeit des Meistersextetts lief ab. Ehe die politischen Ereignisse das endgültige Ende herbeiführten, begann der Zerfall der Gruppe. Noch führten sie den Zusatz „früher Comedian Harmonists", aber die Harmonie war sowohl in künstlerischer wie auch in menschlicher Beziehung immer mehr verlorengegangen. Die musikalischen Einfälle waren verbraucht, man zehrte von der Substanz. Am 23. Mai 1939 erhielt Robert Biberti einen Brief von der Electrola-Gesellschaft, in dem der Aufnahmeleiter Walter Berten seine Enttäuschung ungeschminkt zum Ausdruck brachte:

Lieber Herr Biberti,

wir haben in unserem Komitee die von Ihnen ausgesuchten Aufnahmen von „Bel ami" und „Penny-Serenade" noch einmal abgehört und sind einstimmig der Meinung, daß wir diese Aufnahmen – vor allem „Bel ami" – auf keinen Fall herausbringen können. Es fehlt diesen Aufnahmen an der Lebendigkeit und vortragsmäßigen Differenzierung und Ausgeglichenheit, die Sie sonst als Vorzüge Ihres Ensembles so beachtlich in den Vordergrund stellen.

Zu weiteren Schallplatten-Aufnahmen kam es nicht mehr; Stil und Inhalt des Schreibens lassen darauf schließen, daß es mit der Electrola bereits seit längerem Spannungen gab. Spannungen bestanden aber vor allem auch innerhalb des Ensembles, die nun zu offenen Zerwürfnissen führten. Nach dem Ausscheiden von Erwin Bootz, der gegen eine Schuldenübernahme auf seine Ertragsanteile verzichtet hatte, waren Robert Biberti und Ari Leschnikoff die alleinigen „Gesellschaf-

Das Meistersextett vor dem Traum aller Väter, November 1938

ter" des Meistersextetts, während die übrigen Ensemblemitglieder weiterhin als Angestellte bezahlt wurden. In seinem Durchsetzungsvermögen Leschnikoff weit überlegen, verstand sich Biberti immer mehr als Baß und Boß der Gruppe, bezeichnete sich selbst als deren „Gründer und künstlerischer Leiter" und übernahm auch die Geschäftsführung gegen eine monatliche Gehaltszahlung, als der Sekretär Dr. Grafe kurz nach dem Ausscheiden von Erwin Bootz das Ensemble verließ. Vor allem Fred Kassen, der „Dienstälteste" der Angestellten, drängte nun immer heftiger auf die Einlösung des anfangs gegebenen Versprechens einer späteren gleichberechtigten Teilhaberschaft aller Ensemble-Mitglieder. Er wurde hierin von Ari Leschnikoff unterstützt, der sich von Biberti zunehmend an den Rand gedrängt sah und Bundesgenossen suchte. Biberti drohten die Zügel zu entgleiten. Am 8. April 1939 wandte er sich daher an die Reichsmusikkammer und bat deren Präsidenten Peter Raabe um eine Schlichtung des Streits. Die daraufhin geführten Gespräche und Verhandlungen führten jedoch nicht zu einer Einigung im Sinne Bibertis.

Ob es bei dieser Auseinandersetzung dazu kam, daß Leschnikoff und Kassen Biberti bei der Gestapo wegen „nazifeindlicher Äußerungen" anzeigten, wie er später immer behauptete, ist weder zu beweisen noch zu widerlegen. Dagegen spricht aber u. a., daß ein solches Vorgehen der beiden im Erfolgsfall das Ensemble ruiniert und die angestrebte Teilhaberschaft Kassens entwertet hätte. Richtig ist, daß Biberti am 29. April 1939 ein Verfahren gegen Leschnikoff wegen „Bedrohung" anstrengte, das jedoch von der Staatsanwaltschaft als unbegründet ad acta gelegt wurde. Nach der Sommerpause überschlugen sich dann die Ereignisse. Als das Ensemble vereinbarungsgemäß am 5. September zur ersten Probe in Bibertis großer Wohnung in der Charlottenburger Carmerstraße 11 zusammenkam, herrschte nach dem Überfall Hitlers auf Polen seit vier Tagen Krieg. Der sonst so pünktliche Leschnikoff erschien nicht und blieb auch in den nächsten Tagen unauffindbar. Ohne seine Mitwirkung war an eine weitere Arbeit nicht zu denken.

Biberti kündigte daher am 9. September die Verträge aller Ensemblemitglieder. Erstaunlich ist, daß er nun wegen Leschnikoff fieberhafte Nachforschungen anstellte und sogar einen Detektiv beschäftigte, obwohl ihm Leschnikoffs Frau Ende August einen Brief geschrieben hatte, in dem sie von der Einberufung zu Manövern nach Bulgarien berichtete. Anfang Dezember kehrte Leschnikoff nach Berlin zurück. Die Beziehungen zwischen den ehemaligen Partnern waren auf dem Nullpunkt angelangt. Biberti warf Leschnikoff vor, das Ensemble mutwillig zerstört zu haben. Er wollte ihn daher regreßpflichtig machen, schuldete ihm aber selbst noch Geld. Nach elfjähriger gemeinsamer Arbeit verklagten sie sich gegenseitig. Im Verlauf des Rechtsstreits erwiesen sich die Vorwürfe gegenüber Leschnikoff als haltlos. Zu einer Einigung kam es nicht. Im April 1940 ging Leschnikoff nach Sofia zurück, wo er sich von seinen Ersparnissen ein Mietshaus gekauft hatte.

Noch einmal bemühte sich Robert Biberti, ein neues Ensemble zusammenzustellen. Von der bisherigen Gruppe konnte er sich nur noch auf den 2. Tenor Alfred Grunert stützen, der mit ihm weitermachen wollte. Der Pianist Rudolf Zeller war zum Militär eingezogen worden und fiel bereits im zweiten Kriegsjahr. Wieder wurde eine Anzeige aufgegeben, Biberti ließ sogar Karten drucken, auf denen er Interessenten den Vorstellungstermin mitteilte. Der von früher gewohnte Andrang blieb jedoch angesichts der umfassenden Einberufungen zum Militär aus. Die noch kamen und kommen konnten, waren wenig geeignet. Erst Ende Juli 1940 hatten Bibertis hartnäckige Bemühungen aber doch noch Erfolg. Zwei Holländer stellten sich vor und wurden genommen. Es handelte sich um den ersten Tenor Willy Vosmendes, eigentlich Willem Hendrik

Der Termin war nicht zu halten, erst im Dezember 1940 war man „wieder auf dem Plan!“

Charlottenburg, den..............................

Sehr geehrter Herr,

wir bitten Sie, sich am ...., den ....

in der Wohnung des Herrn Biberti, Charlottenburg, Carmerstraße 11 (Nähe Savignyplatz) zum Vorsingen einzufinden.

Mit Deutschem Gruß

i. A.

MEISTER-SEXTETT

LEITUNG: ROBERT BIBERTI

I. Tenor:	Will Vosmendes	Bariton:	Bernhard Taverne
II. Tenor:	Alfred Grunert	Bass:	Robert Biberti
Lyr. Tenor:	Erwin Sachse-Steuernagel	Am Flügel:	Willi Herrmann

VORTRAGSFOLGE:

1. Rosamunde . . . . J. Vejvoda
2. Komm zurück! . . . . Dino Olivieri
3. Mädel fein, Mädel klein . . . . . Franz Lehar
4. Penny-Serenade . . . . Melle Meersma
5. Tango-Bolero . . . . Juan Llossas
6. Bist Du's lachendes Glück? . . . . Franz Lehar
7. Musik! Musik! Musik! . . . . . . Peter Kreuder
8. Liebes Gretelein (Ständchen) . . . . Jonny Heykens
9. Am Abend auf der Heide . . . . . Eldo de Lazarro

10. Im schönsten Wiesengrunde . . . . Volkslied
11. Träumerei . . . . Robert Schumann
12. Gute Nacht Mutter . . . . Werner Bochmann
13. Ueber die Prärie . . . . Rudolf Friml
14. Wolga-Lied . . . . Franz Lehar
15. Walter Kollo Potpourri:
    Unter'n Linden, unter'n Linden / Zwei rote Rosen / Es war in Schöneberg / Was eine Frau im Frühling träumt / Kind, ich schlafe so schlecht / Warte, warte nur ein Weilchen / Kleine Mädchen müssen schlafen gehn / Solang noch „Unter'n Linden"
16. Hollah Lady . . . . Cremer-Weidacher
17. Weibermarsch aus „Die lustige Witwe" Franz Lehar
18. Auf nach Madrid! (Spanischer Marsch) Joe Rixner

TOURNEELEITUNG:

Konzertdirektion Hermann Kempf, Frankfurt am Main

Programmzettel von einem der letzten Auftritte des Meistersextetts, Januar 1941

Gerard Voss, der am 23. 9. 1894 in Den Haag geboren war. Nach Gesangsstudien in Holland und Deutschland hatte er in verschiedenen europäischen Ländern Engagements. So wirkte er u. a. 1926 in der Revue „Wieder Metropol" am Berliner Metropol-Theater mit. Später folgten viele Rundfunkauftritte, oft als Partner von Sängerinnen wie Lilli Claus und der Sopranistin Elisabeth Schwarzkopf. Der Bariton Bernhard Taverne, mit bürgerlichem Namen Bernard Diamant, kam aus einem sehr musikalischen Elternhaus. Die Mutter war Opernsängerin, der Vater ein bekannter holländischer Chor-Dirigent. Am 11. 10. 1912 in Rotterdam geboren, hatte er ab 1931 Gesang studiert, zunächst am Königlichen Konservatorium in Den Haag, später, ab Juni 1939, bei Otto Plaut in Berlin. Die letzte Formation des Meistersextetts wurde dann durch den lyrischen Tenor Erwin Sachse-Steuernagel und den Pianisten Willi Herrmann komplettiert. Nach mehrmonatigen Proben trat das Ensemble erst im Dezember 1940 für kurze Zeit wieder auf. Siegfried Muchow überarbeitete und schrieb die Arrangements, von Biberti mit folgenden Hinweisen versorgt:

Auf Verschiedenes möchte ich Dich noch aufmerksam machen. Du mußt mich mehr berücksichtigen bei gesanglich schön liegenden Refrains ernster Natur... Derartige Sachen liegen mir sehr, und es ist auch bisher immer so bei uns gehandhabt worden, daß ich die nicht nur gesanglich, sondern auch vortragsmäßig und sprechtechnisch anspruchsvolleren Sachen großen Teils übernehme. Daneben vertrete ich selbstverständlich nach wie vor die grotesk-komische Note des Ensembles. Das ist natürlich nun nicht so gemeint, daß ich 3/4 des Programms alleine bestreite...

Was unseren 1. Tenor (Vosmendes) betrifft, lasse ihn bitte des öfteren in seiner bequemsten Lage singen (As bis höchstens A). Beim Wolgalied muß er den Refrain, auf den er sich so freute, zwei Töne höher singen. Hier ging es wohl allerdings nicht anders wegen des Stimmsatzes. Ich lege Wert darauf, daß er sich in seiner bequemen schönen Lage des öfteren ein bißchen ausschleimt. Wenn er schon nicht Leschnikoffs Höhe hat, so verfügt er doch über schöne kräftige Töne, was wiederum Leschnikoff nicht hatte. Ich möchte das mehr ausnutzen. Du kannst ihn sogar auch, wenn der Text und die Musik es hergibt, hier und da alleine singen lassen.

Über den 2. Tenor (Grunert) bist Du ja wohl orientiert. Er spricht ziemlich gut und kann auch „schelmisch und albern" sein. Über den 3. Tenor (Sachse-Steuernagel) wäre zu sagen, daß dieser über eine sichere Höhe bis zum hohen D verfügt. Du kannst ihn da ruhig einmal reinknallen lassen. Das kann sogar als ausgesprochen komische Pointe kommen. Wir wollen ihm auch einmal stimmführend einen Refrain geben …

Aus rein prinzipiellen Erwägungen bitte ich Dich immer wieder, bei Deinen Arrangements darauf zu achten, daß unnötige Schwierigkeiten vermieden werden.

Es gab nur noch einige wenige Auftritte im Rahmen bunter Programme. Bereits am 6. Januar 1941 wurde der 3. Tenor zum Frontdienst eingezogen. Ein Antrag auf Freistellung vom Militär wurde für ihn ebenso abgelehnt wie für den Wiener Sänger Anton Krenn, den Biberti an seiner Stelle einsetzen wollte, um eine bereits für das Frühjahr vereinbarte Norwegen-Tournee im Rahmen der Truppenbetreuung zu absolvieren. Kaum war mit dem am 11. 10. 1914 geborenen Günter Schroeder ein Ersatz gefunden, erreichte die Einberufung zur Wehrmacht auch den Pianisten Willi Herrmann. Das Ende war da, und die Hoffnung so mancher Künstler, im Wege der Truppenbetreuung vor dem Ärgsten bewahrt zu werden, erfüllte sich für das Meistersextett nicht. Als die Reichsmusikkammer am 24. November 1941 sogar noch ein Auftrittsverbot verhängte, da *die Darbietungen des Ensembles nicht geeignet sind, den Wehrgedanken im deutschen Volk zu stützen,* gab es das Meistersextett faktisch bereits nicht mehr. Zur gleichen Zeit vollzog sich auch die Auflösung der anderen Gruppe, die 1935 in der Emigration entstanden war.

Das Meistersextett in der Besetzung 1938/39 (v. l. n. r.: Herbert Imlau, Rudolf Zeller, Robert Biberti, Fred Kassen, Alfred Grunert, Ari Leschnikoff)

Das Meistersextett in einer seiner letzten Formationen kurz vor der endgültigen Auflösung

Die Emigrantengruppe der Comedian Harmonists, Wien 1935 (v. l. n. r.: Ernst Engel, Hans Rexeis, Erich A. Collin, Harry Frommermann, Roman Cycowski, Rudolf Mayreder)

Von Wien um die Welt: Die Emigrantengruppe „Comedy Harmonists“

Wie viele andere von den Nationalsozialisten verfolgte und vertriebene Künstler suchten die drei jüdischen Mitglieder der Comedian Harmonists nach der Auflösung des Ensembles Zuflucht in Wien. Als Alternative hatte man an Paris gedacht, wo das Ensemble früher mehrfach erfolgreich gastiert hatte. Für Wien sprach jedoch, daß es dort leichter schien, geeignete Sänger für eine neue Gruppe zu finden, die so schnell wie möglich aufgebaut werden mußte, wenn es weitergehen sollte. Erich Collin war jedoch zunächst nach Paris gefahren, um dort den Namen Comedian Harmonists für das geplante neue Ensemble eintragen und schützen zu lassen. So wurden Frommermann, Collin und Cycowski zu gleichen Teilen Gesellschafter einer GmbH, an der sich auch der französische Konzertagent Wolf mit einer geringeren Einlage beteiligte.

Zur unbehelligten Ausreise nach Österreich verhalf eine Wiener Konzertagentur, die Collin von Berlin aus Anfang März 1935 angerufen und um einen Scheinvertrag für die Comedian Harmonists gebeten hatte. Die Konzertdirektion reagierte prompt, und so fuhren Frommermann, Cycowski und der bisherige Geschäftsführer Fischer-Maretzki in Begleitung ihrer Frauen offiziell zu einem Auslandsgastspiel nach Wien. Dies änderte jedoch nichts an den äußerst strengen Devisenbestimmungen, die nach der Bankenkrise eingeführt worden waren und praktisch jegliche Geldausfuhr unterbanden. Mit Glück und einer guten Portion Kühnheit gelang es jedoch, einige Bündel Bargeld über die Grenze zu schmuggeln, so daß die Emigranten nicht völlig mittellos dastanden wie so viele ihrer jüdischen Kollegen, die Deutschland verließen, so lange es noch ging.

Frommermanns bezogen zunächst eine Wohnung in der Gustav-Mahler-Straße im I. Wiener Bezirk, zogen dann aber später in die billigere Wurzinger Gasse. Harry hatte seine Arrangements und Noten mitgenommen und begann nun noch einmal, wie vor acht Jahren, Sänger und einen Pianisten für seine Comedian Harmonists zu suchen. Auch diesmal versuchte er es, allerdings erfolglos, mit einem Inserat in der Wiener Presse. Es meldeten sich zwar viele Interessenten, aber keiner war in der Lage, die an Leschnikoff und Biberti orientierten Erwartungen zu erfüllen. Sänger fand man also nicht, wohl aber einen Pianisten, der aber nicht aus Wien kam, sondern aus Berlin geholt wurde. In seiner Enttäuschung hatte sich Harry Frommermann an Ernst Engel erinnert, einen ausgezeichneten Klavierspieler in der Berliner „Jockey-Bar“. Engel, der aus einem gutsituierten Elternhaus stammte, hatte Musik studiert und seine Klavierausbildung u. a. bei dem berühmten Virtuosen Emil von Sauer erhalten. Mit seinen Eltern hatte er sich überworfen, und so verdiente er seinen Lebensunterhalt als Barpianist. Sein Publikum überraschte und begeisterte er, wenn er die Darbietung gängiger Unterhaltungsmusik gelegentlich durch Bach- oder Mozart-Einlagen unterbrach. Frommermann schrieb ihm aus Wien und Engel, der Jude war, nahm sein Angebot an und verließ Deutschland, um bei den neuen Comedian Harmonists mitzumachen.

Auch der erste Tenor wurde in Berlin gefunden, obwohl er Österreicher war. Roman Cycowski kannte Hans Rexeis, mit dem er zusammen bei Max Barth Gesang studiert hatte. Rexeis verdiente sich damals sein Geld als Stehgeiger in einer Berliner Kaffeehaus-Kapelle. Er hatte nebenbei auch einige Schallplattenaufnahmen als Sänger gemacht und war sofort bereit, nach Wien zu kommen, zumal auch er Jude war und damit in Deutschland vor dem Berufsverbot stand. Für die Schulden, die er noch bei seinem Gesangslehrer hatte, verbürgten sich die in Gründung befindlichen Comedian Harmonists. Die häufig verwendete Bezeichnung „Wiener Gruppe“ für das neue Ensemble der Emigranten ist somit eigentlich irreführend, denn mit einer Ausnahme kamen alle Mitglieder aus dem nun zusehends kulturell verödenden Berlin. Lediglich der Bassist Rudolf Mayreder, mit einer *prachtvollen tiefen Stimme, die wie Creme aus der Tube kam* (Frommermann), wurde in Wien entdeckt. Er war der Sohn eines Gastwirts aus Mariazell, hatte gerade seine Gesangsstudien an der Wiener Musikakademie abgeschlossen und wollte eigentlich Opernsänger werden. Auch er war bereit, mitzumachen.

Damit war das Ensemble nach etwa zwei Monaten in der Besetzung

Hans Rexeis, erster Tenor
Erich A. Collin, zweiter Tenor
Harry Frommermann, Tenor-Buffo und Arrangeur
Roman Cycowski, Bariton
Rudolf Mayreder, Baß und
Ernst Engel, Klavier

wieder komplett. Ähnlich wie beim Meistersextett gab es nun auch bei der Emigrantengruppe drei „Gesellschafter“ und drei neue Mitwirkende, die aber nicht als Angestellte, sondern als gleichberechtigte Teilhaber an den künftigen Einnahmen partizipierten, zunächst aber mit den geretteten Geldern durchgehalten werden mußten. Denn an ein Auftreten und Geldverdienen war einstweilen gar nicht zu denken. Intensive Probenarbeit war nötig, um dem hohen Standard der bisherigen Comedian Harmonists wieder nahezukommen, und es dauerte bis in den Herbst hinein, ehe einige kleinere Auftritte gewagt wurden. Vom verbliebenen Geld mußten nun einschließlich des mitgekommenen Geschäftsführers Rudolph Fischer-Maretzki etwa zehn Personen leben. Für Frommermann, Collin und Cycowski bedeutete das, mit ungefähr 150,– Mark im Monat auskommen zu müssen, nachdem man kurz zuvor noch ca. drei- bis viertausend Mark im gleichen Zeitraum zur Verfügung hatte. Der gemeinsame Wille zum Erfolg, ja der Erfolgszwang, unter dem sie nun standen, half jedoch über diese Durststrecke hinweg und erzeugte auch wieder jenen Gemeinschaftsgeist, der am Anfang der Comedian Harmonists geherrscht hatte und der dem Meistersextett fehlte.

Im Sommer 1935 besuchte der Leiter der Künstlerabteilung der englischen „Gramophone Company“, Fred W. Gaisberg, die Wiener Filiale dieses weltumspannenden Konzerns, bei dessen deutscher Tochtergesellschaft Electrola die früheren Schallplatten der Comedian Harmo-

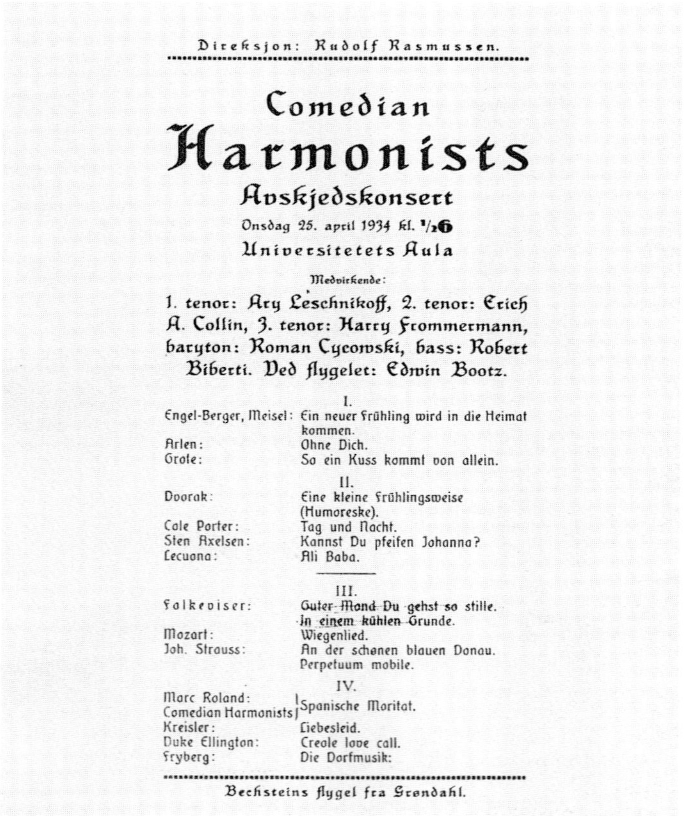

Direksjon: Rudolf Rasmussen.

Comedian
Harmonists
Avskjedskonsert
Onsdag 25. april 1934 kl. 1/26
Universitetets Aula

Medvirkende:

1. tenor: Ary Leschnikoff, 2. tenor: Erich A. Collin, 3. tenor: Harry Frommermann, baryton: Roman Cycowski, bass: Robert Biberti. Ved flygelet: Edwin Bootz.

I.

Engel-Berger, Meisel:	Ein neuer Frühling wird in die Heimat kommen.
Arlen:	Ohne Dich.
Grote:	So ein Kuss kommt von allein.

II.

Dvorak:	Eine kleine Frühlingsweise (Humoreske).
Cole Porter:	Tag und Nacht.
Sten Axelsen:	Kannst Du pfeifen Johanna?
Lecuona:	Ali Baba.

III.

Folkeviser:	Guter Mond Du gehst so stille. In einem kühlen Grunde.
Mozart:	Wiegenlied.
Joh. Strauss:	An der schønen blauen Donau. Perpetuum mobile.

IV.

Marc Roland: Comedian Harmonists	Spanische Moritat.
Kreisler:	Liebesleid.
Duke Ellington:	Creole love call.
Fryberg:	Die Dorfmusik:

Bechsteins flygel fra Grøndahl.

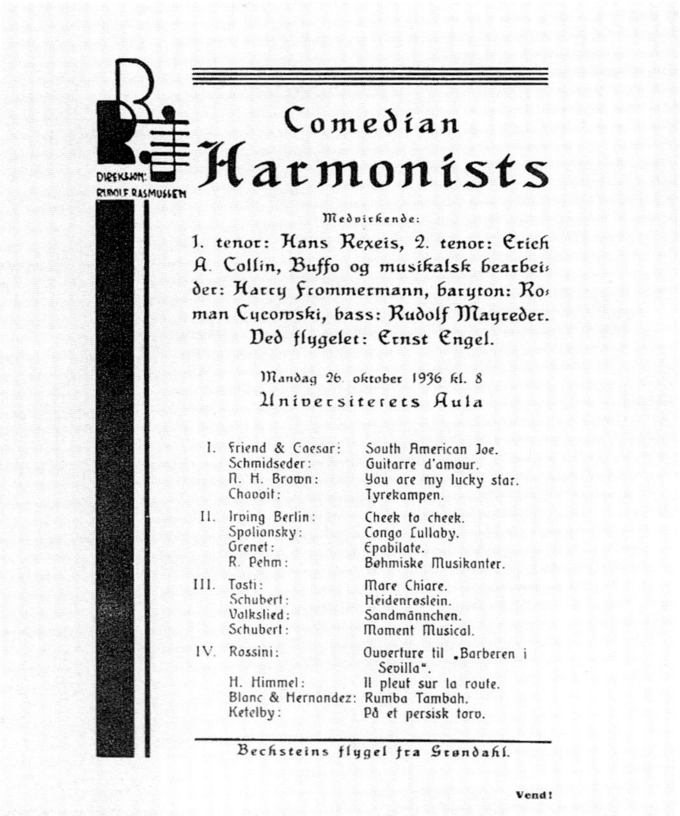

Direksjon: Rudolf Rasmussen

Comedian
Harmonists

Medvirkende:

1. tenor: Hans Rexeis, 2. tenor: Erich A. Collin, Buffo og musikalsk bearbeider: Harry Frommermann, baryton: Roman Cycowski, bass: Rudolf Mayreder. Ved flygelet: Ernst Engel.

Mandag 26. oktober 1936 kl. 8
Universitetets Aula

I.	Friend & Caesar:	South American Joe.
	Schmidseder:	Guitarre d'amour.
	N. H. Brown:	You are my lucky star.
	Chavoit:	Tyrekampen.
II.	Irving Berlin:	Cheek to cheek.
	Spoliansky:	Congo Lullaby.
	Grenet:	Epabilate.
	R. Pehm:	Bøhmiske Musikanter.
III.	Tosti:	Mare Chiare.
	Schubert:	Heidenrøslein.
	Volkslied:	Sandmännchen.
	Schubert:	Moment Musical.
IV.	Rossini:	Ouverture til „Barberen i Sevilla“.
	H. Himmel:	Il pleut sur la route.
	Blanc & Hernandez:	Rumba Tambah.
	Ketelby:	På et persisk torv.

Bechsteins flygel fra Grøndahl.

Vend!

Programmzettel der ursprünglichen Formation und der Emigrantengruppe. Oslo 1934/1936

DE Scheveningsche KOERIER

18 AUG. 1936

Dinsdag 18 Augustus - 20.15 uur

COMEDIAN HARMONISTS

HANS REXEIS	1e tenor
ERICH A. COLLIN	2e tenor
HARRY FROMMERMANN	Buffo en muz. bewerker
ROMAN CYCOWSKI	Bariton
RUDOLF MAYREDER	Bas
ERNST ENGEL	Pianist

Programma

I.	a.	MEIN KLEINER GRüNER KAKTUS	Marbot-Reisfeld
	b.	WENN DER ALTE BRUNNEN RAUSCHT	Altmann
	c.	CHEEK TO CHEEK	Irving Berlin
	d.	WENN DIE SONJA RUSSISCH TANZT	Kötscher-Plessow
II.	a.	CONTINENTAL	Con Conrad
	b.	IL PLEUT SUR LA ROUTE	Himmel
	c.	EPABILATA	Grenet
	d.	ZUCKER ZUM KAFFé	Brodsky
		PAUZE	
III.	a.	HUMORESKE	Dvorak
	b.	SANDMäNNCHEN	Volkslied
	c.	LIEBESLEID	Kreisler
	d.	MOMENT MUSICAL	Schubert
IV.	a.	YOU ARE MY LUCKY STAR	Nacio Herb. Brown
	b.	GUITARE D'AMOUR	Schmidseder
	c.	RUMBA TAMBAH	Blanc-Hernandez
	d.	PERSISCHER MARKT	Ketelby

ENTREE *f* 1.50 of coupons

Woensdag 19 Augustus, 14.30 uur: KINDERMATINEE o. l. v. HENRI NOLLES
20.15 uur: CONCERT o. l. v. CARL SCHURICHT
Solist: ARTHUR RUBINSTEIN, piano

Donderdag 20 Augustus, 15 uur (Table d'Hôtezaal van het Hotel Kurhaus): INLEIDENDE BESPREKING door den Heer A. de Wal over de 5e Symphonie van Bruckner (Uitvoering op 21 Augustus)
20.15 uur: CONCERT door de SOLISTEN der ITALIAANSCHE OPERA
22.30 uur: VUURWERK OP HET STRAND

Holland 1936

11 April 1936 – The emigrant group sang in 'Music Hall' on BBC radio from London, as 'The Comedian Harmonists' Their only British broadcast

nists in Berlin aufgenommen worden waren. Der 1873 in New York geborene Gaisberg war bereits zu Lebzeiten eine Legende der Schallplatten-Geschichte. Dem neuen Medium von Jugend an verbunden, war es seinem Geschick und unermüdlichen Einsatz zu verdanken, daß die berühmtesten Künstler der Zeit, darunter kein Geringerer als Enrico Caruso, für die „Gramophon" gewonnen und verpflichtet worden waren, die darauf ihren Welterfolg gründete. Wie Frommermann später berichtete, gelang es, das neue Ensemble dem allgewaltigen Gaisberg vorzustellen. Das Vorsingen verlief erfolgreich, Gaisberg setzte sich für einen neuen Vertrag bei der Gesellschaft ein und schlug auch die Abwandlung des Namens in die englisch korrektere Bezeichnung „Comedy Harmonists" vor, die dann auch auf fast allen Schallplatten der neuen Gruppe verwendet wurde, während sie bei ihren späteren Konzerten teilweise auch weiterhin unter dem „eingeführten" Namen auftrat. Die ersten Aufnahmen entstanden bereits nach wenigen Monaten in Paris. Durchweg neue, von Frommermann arrangierte Stücke. Darunter eine besonders reizvolle und interessante Platte der Columbia-Gesellschaft mit der berühmten Josephine Baker, die durch ihre Mitwirkung den neuen Comedian Harmonists die Rückkehr und den Zugang zum internationalen Markt erleichtern wollte. Beide Titel, „Espabilate" und „Sous le ciel d'Afrique", waren sehr anspruchsvoll arrangiert und erforderten etliche Proben, ehe sich der hohe Sopran der Baker mit den polyphonen Gesangstimmen der Gruppe harmonisch verband, um sich dann wieder vogelgleich darüber zu schwingen.

Bereits im April 1935 wurden Frommermann und Collin aufgefordert, sich mit ihren Frauen bei der deutschen Botschaft in Wien zu melden. Sie ignorierten die Vorladung, denn es gab Hinweise und Gerüchte, daß Emigranten über die Botschaften nach Deutschland verschleppt wurden. Wenig später erhielten sie die Mitteilung, daß ihnen die deutsche Staatsbürgerschaft aberkannt worden sei. Damit waren sie nun ebenso staatenlos wie vorher schon Roman Cycowski, nachdem er sich bereits 1926 geweigert hatte, seiner Einberufung zur polnischen Armee Folge zu leisten. Den deutschen Ehefrauen wurde lapidar mitgeteilt, daß sie als „Arierinnen" nach Deutschland zurückkehren könnten, sofern sie sich von ihren jüdischen Ehepartnern scheiden ließen. Mit Hilfe von Freunden gelang es, über die österreichischen Behörden sogenannte Protektionspässe zu erhalten, mit denen es bis zur Annexion Österreichs durch Hitler zunächst noch möglich war, ins Ausland zu reisen.

Etwa ab September 1935 traten die Comedy Harmonists auch wieder bei öffentlichen Veranstaltungen auf, zunächst jedoch nur in gemischten Programmen und nicht mit eigenen Konzerten. Die Premiere war im „Ronacher", einem renommierten Wiener Varieté. Ferner „tingelte" man, wie sich Harry Frommermann erinnert, in Bars, Nachtclubs oder in Bühnenschauen von Kinos mit gelegentlichen Auslandsverpflichtungen in Nizza, Cannes und Paris. Daneben wurde ständig weiter geprobt und Neues einstudiert. Das erste eigene Konzert fand am Sylvesterabend 1935 in Luxemburg statt. Es wurde ein außerordentlicher Erfolg, der die Gruppe und die Konzertagenturen ermutigte, für 1936 ein Gastspiel in Paris und für den Herbst eine Konzertreise durch die skandinavischen Länder zu arrangieren, in denen die Comedian Harmonists bereits eine treue Anhängerschaft besaßen. Bei ihren Besuchen in Paris und Kopenhagen nahmen sie dann jeweils weitere Schallplatten auf, die ihnen finanziell weiterhalfen, wenn sie auch nicht mehr auf dem früher so lukrativen deutschen Markt verkauft werden konnten.

Für den Sommer 1936 hatten die Comedy Harmonists mit der Wiener Konzertagentur Steiner eine Tournee in die Sowjet-Union vereinbart, durch die sie in mehrfacher Hinsicht Neuland betraten und sich vor einem Publikum bewähren mußten, dem der Name und Gesangsstil der Gruppe völlig unbekannt war. Die Reise begann Ende Mai in Kiew und endete drei Monate später in Leningrad. Die Ehefrauen reisten erst eine Woche später nach und wollten sich mit ihren Männern in Kiew treffen. Diese waren jedoch wegen einiger ausgefallener Termine bereits weitergezogen, so daß man sich erst in Rostow am Don wiederfand. Die Reise führte über Baku und Batum zurück nach Rostow und dann nach Moskau, wo die Comedy Harmonists erstmals ein Freiluftkonzert im großen Sport- und Vergnügungspark „Gorki" gaben. Die Gruppe wurde überall sehr herzlich aufgenommen und begeistert gefeiert. Davon berichtet Harry Frommermann: *Die Tournee verlief wunderbar in Gesellschaft des holländischen Pianisten Egon Petri, einem feinen Musiker, der mit dem Ensemble wechselseitig unterwegs konzertierte, also an einem Abend er, am nächsten Abend die Harmonists … In ganz Rußland gibt es überall eine urmusikalische Bevölkerung, die die Säle bis zum Bersten füllte, die frenetischen Beifall spendete für Petri wie für die Harmonists, obgleich es sich ja doch um zwei so ganz verschiedene Kunstgattungen handelte ... Die Tournee wurde sogar verlängert. Collin erkrankte an Grippe und Gelbsucht in Moskau. Das Ensemble war durch Vertrag versichert und bekam trotz des Ausfalls seine Gage voll bezahlt. Collin wurde auf Staatskosten gesund gepflegt wie jeder sowjetische Genosse.*[7]

In Moskau trafen sie zufällig auf Sol M. Hurok, den in Rußland geborenen Präsidenten der gleichnamigen amerikanischen Künstleragentur, der praktisch alle bedeutenden ausländischen Künstler des klassischen Repertoires für die USA unter Vertrag hatte. Es kennzeichnet die wiedergewonnene Qualität des Ensembles, daß Hurok bei dieser Gelegenheit mit den Comedy Harmonists einen Vorvertrag für eine Nordamerika-Tournee abschloß, die aber erst 1939 realisiert werden sollte. Der Vertrag wurde übrigens mangels besserer Möglichkeiten auf der Rückseite einer Speisekarte fixiert.

Von Moskau ging es weiter, u. a. nach Tiflis, Batumi und Odessa. Die vier Monate in der Sowjet-Union waren natürlich nicht mit Konzertterminen überladen. Das ließen die außerordentlichen Entfernungen und die Verkehrsverhältnisse gar nicht zu, so daß genügend Zeit für die weitere Probenarbeit und sicher auch für manche Begegnungen und Eindrücke blieb. Auch finanziell lohnte sich die Reise, wenn man den Erfolg an den Mengen von Rubeln mißt, die sich bis zur letzten Station der Tournee ansammelten. Hier in Leningrad gaben die Comedy Harmonists ihre Abschiedskonzerte, blieben dann aber noch eine Weile in der Stadt, um das soeben verdiente Geld für Hotels und Restaurantbesuche wieder auszugeben, denn ein Umtausch in Devisen war nicht möglich und die Ausfuhr der Währung streng verboten.

An Bord der „Sibir" fuhren sie dann Ende August 1936 nach London. Das Konzert in der riesigen „New Queens Hall" war ein Mißerfolg. Das Publikum blieb äußerst reserviert. Der nach London emigrierte Komponist Mischa Spoliansky, der den Comedian Harmonists von Berlin her eng verbunden war, führte dies vor allem auf die Akustik zurück, denn die Stimmen waren nicht überall gut zu hören.[3] Hinzu kam, daß die Comedian Harmonists auch hier zum ersten Mal auftraten und bestenfalls durch einige Plattenaufnahmen bekannt waren. Es folgte eine Reihe von Konzerten in Belgien, ein kurzer Parisaufenthalt und dann die bereits erwähnte Skandinavien-Tournee, auf der sich der frühere Erfolg wieder einstellte, der vor allem Harry Frommermanns unermüdlichem Einsatz zu verdanken war. Das Repertoire mußte ja ständig aktualisiert und nun auch in fremden Sprachen gesungen werden, um das Publikum anzusprechen und zu gewinnen. Dies erforderte vielfach ein intensives phonetisches Einstudieren der Lieder, da nur Erich Collin über gute Sprachkenntnisse verfügte. Der finanzielle Reinertrag blieb jedoch weit hinter dem zurück, was die frühere Gruppe verdient hatte. Dies lag nicht zuletzt an den weiten Reisen, die nun immer um Deutschland herum geführt werden mußten, an der geringeren Termindichte, aber natürlich auch daran, daß der deutsche „Markt" fehlte, was Biberti seinerzeit ganz richtig kalkuliert hatte, als er sich entschloß, nicht mitzugehen.

Nach dem Gastspiel in Dänemark, bei dem es beinahe zu einer Begegnung der Comedy Harmonists mit dem Meistersextett gekommen wäre, folgten einige Konzerte in Frankreich mit Auftritten und Schallplattenaufnahmen in Paris, die nach einer Italien-Tournee im April 1937 fortgesetzt wurden. Die Comedy Harmonists spielten in dieser Zeit dreizehn neue Titel ein, alle bis auf einen mit englischen, italienischen und französischen Texten oder als reine Instrumentalstücke wie Schuberts Moment Musical und Rossinis Ouvertüre zum Barbier von Sevilla, die Frommermanns Fähigkeiten zur vokalen Orchesterimitation alle Möglichkeiten eröffneten. Bemerkenswert ist, daß praktisch sämtliche Aufnahmen auf Anhieb saßen. Es gibt nur einen Titel, von dem ein zweiter „take" für die Veröffentlichung ausgewählt wurde. Bei einem Vergleich der Schallplatten der beiden Nachfolgegruppen erweist sich das Repertoire der Comedy Harmonists nicht nur als bedeutend vielseitiger, ihre Interpretation ist auch musikalisch anspruchsvoller und reicher an stimmlichen Varianten. Ein Ari Leschnikoff war freilich nicht zu ersetzen, und es entstanden auch keine neuen unverwechselbaren Evergreens, die nur mit dieser Gruppe und ihren Aufnahmen in Verbindung zu bringen wären.

Während dieses Paris-Aufenthalts kam es zum einzigen personellen Wechsel im Ensemble der Emigranten. Man trennte sich notgedrungen von Ernst Engel, der

"La Voix de son Maître"

Enregistrements exclusifs des

" COMEDIAN HARMONISTS "

ALI-BABA. Rumba (en français) (Lecuona-Tabet)	K 7093
Creole love call. Slow-fox (Duke Ellington).	
AMUSEZ-VOUS : Florestan 1er (en français) (Heymann)	K 7341
Avec les pompiers (en français) (Himmel).	
AU REVOIR, BON VOYAGE (en français, avec piano) (Reisfeld et Marbot)	K 7433
J'aime une Tyrolienne (en français, avec piano) (Reisfeld et Marbot).	
AUF WIEDERSEHEN, MEIN FRAULEIN et **DU PASST SO GUT ZU MIR WIE ZUCKER ZUM KAFFEE** (du film : Katharina die Letzte) (Brodsky)	K 7676
AVOIR UN BON COPAIN (en allemand) (Heymann)	K 6055
Tout est permis quand on rêve (en allemand) (Heymann).	
CONTINENTAL (Joyeuse divorcée) (Con Conrad)	K 7584
Guitare d'amour (Schmidseder).	
D'AJACCIO A BONIFACIO. Barcarolle corse (Jean Rodor)	K 7602
Il pleut sur la route (H. Himmel).	
DIE DORFMUSIK. Fête villageoise (en allemand, avec piano) (Fryberg)	K 6879
Jetzt trinken wir noch eins. Chanson à boire (en allemand) (Rosen).	
EINS, ZWEI, DREI, VIER (Un, deux, trois, quatre) (du film : Les Bohémiens de la Nuit) (en allemand) (Abraham-Gilbert)	K 6817
Schöne Isabella aus Castilien (La belle Isabelle de Castille). Paso-doble (en allemand) (Bootz).	
FANDANGO ESPAGNOL (en allemand) (Santeugini)	K 6528
Tarentella sincera (en napolitain) (de Crescenzo).	
GARS DE LA MARINE (LES) (Le Capitaine Craddock). Marche (en français, avec piano) (Werner, R. Heymann)	K 6375
Quand la brise vagabonde (Le Capitaine Craddok) (Slow fox (en francais, avec piano) (Werner, R. Heymann).	
HUMORESQUE (Eine kleine Frühlingsweise) (en allemand, avec piano) (H. Lengsfelder, Anton Dvorak)	K 7252
Le beau Danube bleu (An der schönen blauen Donau) (en allemand, avec piano) (Johann Strauss, H. von Gernerth).	
MARIE-MARIE (Marc Roland)	K 6246
Hof Serenade. Sérénade de la Cour (Marc Roland).	
NATACHA (Les Nuits moscovites) (en français, avec piano) (Kaper et Jurmann)...	K 7398
Sonia. (Quand Sonia chante) (en français, avec piano) (Kötscher et Plessow).	
PERPETUUM MOBILE (J. Strauss)	K 7145
Menuet (Boccherini).	
LA ROUTE DU BONHEUR, valse et **VOILA L'TRAVAIL**, marche (du film : Le Vainqueur (en français) (Heymann)	K 6586
SCHONE LISA (Belle Lisa) en allemand) (Schwenn, Raymond)	K 7515
Guitarren, spielt auf (Guitare d'amour) (en allemand) Siegel, Schmidseder).	
TOUT LE JOUR, TOUTE LA NUIT (Night and day) (en français) (Cole Porter)	K 7113
Véronique, le printemps est là (en français) (Jurmann).	
VERONIQUE, LE PRINTEMPS EST LA (en allemand) (L'Usine à Folies) (Jurmann) .	K 6192
Heut' Nacht hab' ich geträumt von dir. Tango, avec piano (Kalman).	
RUMBA-TAMBAH (R. Hernandez)	
In my solitude (Duke Ellington).	K 7709
LE BARBIER DE SEVILLE : Ouverture (Rossini)	K 7814

En vente : **Palais de la Radio et du Disque,** 30, Bd des Italiens
et chez tous les revendeurs

Renseignements : **" Gramophone ",** 9, Boulevard Haussmann, PARIS (9e)

Im Ausland präsentierte die Plattenfirma die „alten" und „neuen" Comedian Harmonists gemeinsam.

Die Comedy Harmonists mit ihrem neuen Pianisten Fritz Kramer, Juni 1937

zunehmend schwieriger und unzuverlässiger geworden war. Er trank, verspätete sich bei den Proben und war auch bei den Konzerten nicht mehr bei der Sache. Engel blieb in Paris und arbeitete wieder als Barpianist, während die Gruppe nun zunächst nicht weitermachen konnte und nach Wien zurückkehrte. Hier fand man mit Fritz Kramer, einem vorher als Operetten-Dirigenten tätigen Musiker, einen neuen Klavierspieler. Nach etwa zwei Monaten war das Ensemble dann wieder auftrittsfähig. Die Comedy Harmonists kehrten nach Frankreich zurück und sangen u. a. im Rundfunk zusammen mit der damals in Frankreich sehr bekannten Sängerin Elyane Célis. In Paris erreichte sie dann das überraschende Angebot der Australian Broadcasting Commission (A.B.C.) für eine Konzerttournee, die in sechs Monaten durch den gesamten Kontinent führen sollte. Der Vertrag wurde geschlossen, und die Gruppe bereitete sich mit sehr gemischten Gefühlen auf ihre bisher weiteste Reise in völliges Neuland vor. Daß sie ausgerechnet im fernen Australien ihre größten Triumphe feiern würde, war gewiß nicht voherzusehen.

Zunächst fuhren sie nach London, dem Ausgangspunkt der Schiffspassage. Hier schloß Roman Cycowski nun auch formell die Ehe mit seiner Frau Mary. Im nahegelegenen Hayes, dem Stammsitz der Gramophon-Company, wurden acht weitere Plattenaufnahmen gemacht, darunter waren auch zwei von Reisfeld und Marbot eigens für die Gruppe geschriebene Titel. In der letzten Juni-Woche gingen die Comedy Harmonists in Begleitung ihrer Frauen an Bord des Schiffes, das sie in einer mehr als vier Wochen dauernden Überfahrt nach Fremantle, dem Hafen von Perth, bringen sollte, wo sie am 20. Juli 1937 eintrafen. Die lange Überfahrt bot Gelegenheit zu ausdauernder Probenarbeit und zur Repertoire-Erweiterung, denn der Vertrag sah vor, daß das Ensemble mit sechs unterschiedlichen Konzertprogrammen antreten sollte.

Ganz so unbekannt, wie sie annahmen, waren die Comedy Harmonists in Australien nicht. Bereits am 10. Juli wurden sie in der Radiozeitung „Broadcaster" mit folgendem Text groß angekündigt:

COMEDIAN HARMONISTS – HIER AM 20. JULI
Wahrscheinlicher Beginn der Australien-Tournee in Perth

Die berühmte europäische Gesangsgruppe Comedian Harmonists…, die von der A.B.C. für ein Gastspiel verpflichtet wurde, wird am 20. Juli in Fremantle eintreffen… und während der ersten Woche in His Majesty's Theatre auftreten…

Durch die Schallplatte sind die Comedian Harmonists den Hörern wohlbekannt. Ihre Aufnahmen sind ungeheuer beliebt, und es kann keinen Zweifel daran geben, daß ihr persönliches Erscheinen in Australien ungeduldig erwartet wird. Diese berühmte Gruppe, die ihre Titel sowohl in Englisch als auch in Deutsch vorträgt, ist von Rundfunkhörern schon oft auf Kurzwelle von deutschen Sendern empfangen worden.

Programme

God Save the King

The programme to-night will be given in four parts with a fifteen-minute interval between parts two and three, and the numbers will be selected from the following popular items in the Comedy Harmonists' repertoire:—

1. **You Are My Lucky Star** … … … … *N. H. Brown*
2. **There's a New World** … … … … *Carr and Kennedy*
   An English number with a popular following.
3. **Wenn der alte Brunnen rauscht** … … … … *V. Altmann*
   (When the Old Fountain Murmurs)
   (Old-fashioned Vienna Song)
4. **Let's Call the Whole Thing Off** … … … … *Gershwin*
   Introduced by Fred Astaire and Ginger Rogers in Gershwin's musical comedy, "Shall We Dance?"
5. **Wenn die Sonja Russisch tanzt** … … *Koetscher and Plessow*
   (When Sonja Dances in the Russian Way)
   Banished from his own beloved country, stripped of fortune, land. houses, horses, love, an old Russian Duke living in Paris was one day in the street accosted by a friend and invited into a bar. "Come with me; here you will throw off your sadness, you will see the Russian girl, Sonja, dance in the Russian way. In her dancing you will again see your beloved Russia. Sonja will bring your beautiful Moscow before your eyes. Your Cossacks, your former greatness, all will be lived again in Sonja's dancing." The end of the song depicts the Russian Duke, his friend and the crowd shouting, "Sonja, Sonja. Sonja, dance once more."
6. **Tarantula** … … … … … … … … *Phillips*
   As played by a crazy band. This rhythmic number with its unusually sinister atmosphere was composed by Sid Phillips, of Ambrose's Band.
7. **Ali Baba** … … … … … … … *Lecuona*
   Ali Baba is the strongest and best-looking native in the French-African army between Madagascar and Batuala. When there is a parade all the girls stare at him with gloomy eyes. Each of them tries to stay in the front row to see him as near as possible. (The song is a Rumba-Beguine.)
8. **Whistle While You Work** }
9. **The Dwarfs' Yodel Song** } … … … *Churchill*
   From the Disney masterpiece. "Snow White and the Seven Dwarfs."

Titelblatt und Auszüge aus dem Programmheft der Australien-Tournee

Dann allerdings zeigt sich der Berichterstatter nicht auf der Höhe der Zeit, denn er nennt als Mitglieder der erwarteten Gruppe u. a. Ari Leschnikoff und den Bassisten Robert Biberti, dessen herausragenden Baß er besonders hervorhebt. In den vielen nun folgenden Ankündigungen der ersten Konzerte stimmten aber wenigstens die Bilder, doch erst nach ihrer Ankunft wurden auch die neuen Namen genannt, wobei die Tatsache der Trennung der Gruppe und der Emigration der jüdischen Mitglieder zunächst überhaupt nicht erwähnt wurde. Die Presse erhielt davon erst nach einem Interview mit Erich Collin am 3. August Kenntnis, und anfangs herrschte eine ziemlich heillose Verwirrung in der Auflistung der Nationalitäten, was den Korrespondenten des „West Australian" am 31. Juli 1937 zu folgender Notiz veranlaßte:

Unsere Freunde, die Comedian Harmonists, erwekken unser Interesse in mehr als einer Hinsicht. Als sie in Perth ankamen, hieß es, sie seien alle Österreicher, weshalb wir sehr erstaunt waren über die Ankündigung im „Sydney Morning Herald", daß vier von ihnen Deutsche, einer ein Pole und ein weiterer Bulgare sei. Offenbar ein rascher Nationalitätenwechsel während der Überfahrt. Aber das spielt ja nun wirklich keine Rolle, denn wir wären von ihrer Show auch begeistert, wenn sie Eskimos oder Patagonier wären.

22. **Whispering** ... *Schönberger*

23. **Oh! Ma-Ma** ... *R. Vallee and P. Citorello*

The Cast:
MARIE ... Mr. FROMMERMANN
HER MOTHER ... Mr. MAYREDER
THE BUTCHER BOY ... Mr. REXEIS
THE BAKER BOY (Russian) ... Mr. CYCOWSKI
THE FISHER BOY (French) ... Mr. COLLIN
A "screwy" number in 6/8 time with a strong Continental flavouring.

24. **Liebesleid** (Love's Sorrow) ... *Fritz Kreisler*

This melody — originally composed for violin by Fritz Kreisler — was later the striking love song in the light opera, "Sissy," also written by the famous violinist. The words mean that love comes and goes as long as the stars are shining in the sky . . . and if to-day you have love's sorrow, to-morrow it may be different . . . perhaps you will be surprised by love's joy.

25. **Waltzing Matilda** ... *Marie Cowan*

26. **The Way You Look To-night** ... *Jerome Kern*

This popular melody from the picture, "Swing Time," is typical of the melodious art of the great American composer, Jerome Kern, a master of light music. In their arrangement the COMEDY HARMONISTS introduce the other big hit from the same picture, "A Fine Romance." At the end both melodies are arranged together, the one being an accompaniment to the other.

27. **Toreadors in Madrid** ... *J. de Barro and A. Ribeiro*

A gay Brazilian Paso-Doble. It is the story of a victorious toreador whose dulcinea dances to express to him her pride in his victory.

28. **Du passt so gut zu mir wie Zucker zum Kaffee** *Brodsky*
(I Like You Like the Sugar in My Coffee)

The boy tells the girl what a marvellous couple they would make, and how in every way they would go together so well. This song was a hit in the picture, "Catherine the Last," directed by Henry Koster, who now directs Deanna Durbin pictures. This song was created by the COMEDY HARMONISTS.

29. **The Umbrella Man** ... *Stock and Rose*

30. **Voila les Gars de la Marine** ... *W. R. Heymans*
(There Are the Boys of the Navy)

A naval song in French, which has become a kind of national anthem in the French Navy. It was originally created by the COMEDY HARMONISTS in the picture, "Monte Carlo Madness," and deals with the sailor's life and adventures.

31. **Overture to "Poet and Peasant"** ... *Fr. v. Suppe*

The COMEDY HARMONISTS will try to give the listener an impression of the Overture as played by an amateur orchestra — collected from members of a volunteer fire brigade!

32. **When the Sun Says Good-night to the Mountains** ... *Vincent*

33. **Walzertraum** ("Waltz Dream"
from the Oscar Straus Operetta) ... *Oscar Straus*

This well-known sweet Viennese melody brings back unforgotten memories of happy days of long ago. Good old times — when the Viennese waltz was incontestably King of the Dance. Tender words and vows are the theme of this immortal music.

34. **Mein kleiner gruener Kaktus** ... *Reisfeld and Marbot*
(My Little Green Cactus)

It grows outside on the balcony. One day, Mr. Brown, passing down the street, gets something on his head. He feels this "something" to be a prickly thing and, unfortunately, it turns out to be my little cactus. Mr. Brown's anger, obviously not without some grounds, is expressed with all his eloquence.

35. **Caprice Viennois** ... *Fritz Kreisler*

One of Fritz Kreisler's most appealing melodies.
This composition was originally written for violin and piano.

36. **Night and Day** ... *Cole Porter*

37. **When My Dreamboat Comes Home**
... *C. Friend and D. Franklin*

38. **Epabilate** (A Cuban Cocoanut Vendor's Song) ... *Grenet*

This song is sung in Cuban, and expresses the shouting of the cocoanut sellers trying to attract buyers. It is just a scene from a Cuban market, with all the vitality of the vendors as they try to shout one another down.

39. **O, mia bella Napoli** (French tango) ... *G. Winkler*

The unforgettable impression of divine Naples is captured in this song. The whole song is a hymn to the beauty of incomparable Naples, and the COMEDY HARMONISTS will create the atmosphere of Southern Italy — adding some characteristic effects.

40. **Hungarian Dance No. 5** ... *Brahms*

In their version of this well-known Brahms composition, the COMEDY HARMONISTS will describe for you the atmosphere of harvest time in the Hungarian plains. The gay young folk ask the gypsy player to delight them with his fiddle, and player and dancers throw themselves more and more into the dance.

41. **Torna piccina** (Come Back, My Little Daughter) *C. A. Bixio*

In this song a father expresses his longing for his little daughter, the only being Fate has left to him.

42. **Congo Lullaby** ... *Spoliansky*
(From the film "Sanders of the River")

43. **Penny Serenade** ... *Hallifax and Weersma*

Another Spanish-American melody.

THE COMEDY DIS-HARMONISTS

Eine Wahlkampfkarikatur (Melbourne, 7. 10. 1937)

In der Tat war die Aufnahme der Gruppe beim Publikum und in den Medien überwältigend. Gleich ihr erstes Konzert in Perth am 22. Juli 1937 wurde ein Riesenerfolg. Infolge der anhaltenden Nachfrage wurden statt der angekündigten sechs Konzerte vierzehn gegeben! Dadurch kam der gesamte Tourneeplan durcheinander, und es mußte umdisponiert werden. In den Städten, die sie anschließend besuchten: Newcastle, Brisbane, Canberra, Adelaide, Melbourne und Sydney lief es nicht anders. Aus den ursprünglich vorgesehenen 36 Auftritten waren schließlich 65 geworden, als die Comedy Harmonists Ende Oktober nach Perth zurückkehrten. Da die Mehrzahl der Konzerte vom Rundfunk übertragen wurde, erreichte das Ensemble eine ungeheure Popularität, die sich auch darin äußerte, daß die Sechs als Vorlage für eine politische Karikatur dienten, in der die im Wahlkampf befindlichen Parteien allerdings als THE COMEDY DIS-HARMONISTS figurierten. Der Erfolg der Gruppe war so groß und durchschlagend, daß sich im November gleich noch eine ursprünglich nicht vorgesehene Konzertreise nach Neuseeland anschloß.

Als sich die Comedy Harmonists bereits auf der Heimreise befanden, erreichte sie an Bord des Schiffes am 14. Januar 1938 ein Telegramm, in dem sich der Chairman der A.B.C., W. J. Cleary, noch einmal in herzlichen Worten für das erfolgreiche Gastspiel bedankte und den Wunsch nach einer weiteren Australien-Tournee äußerte. *Wir hatten einen Kontinent erobert!* – so faßte Harry Frommermann später das Ergebnis dieser ersten Australien-Reise zutreffend zusammen.

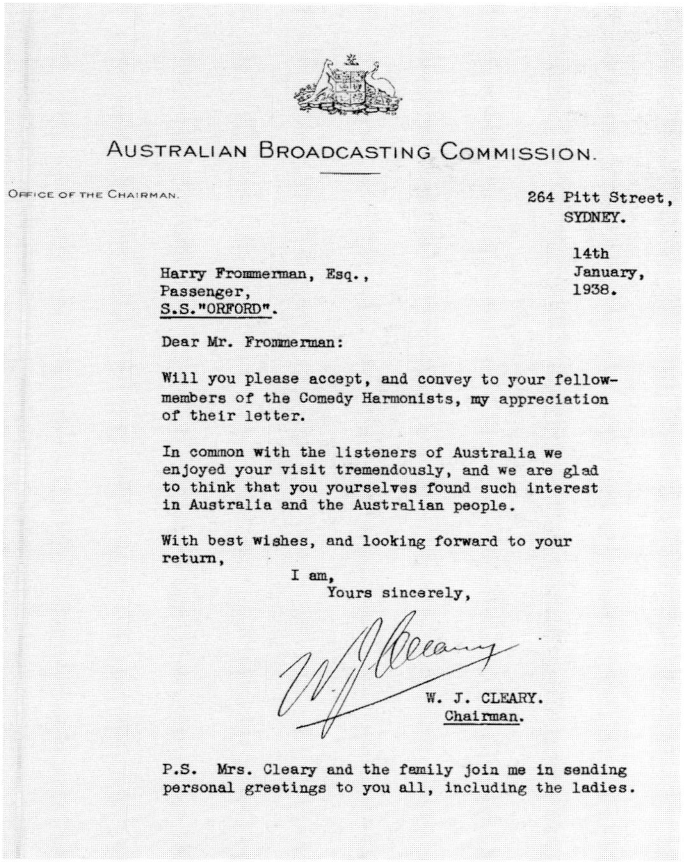

AUSTRALIAN BROADCASTING COMMISSION.

OFFICE OF THE CHAIRMAN.

264 Pitt Street,
SYDNEY.

14th
January,
1938.

Harry Frommerman, Esq.,
Passenger,
S.S."ORFORD".

Dear Mr. Frommerman:

Will you please accept, and convey to your fellow-members of the Comedy Harmonists, my appreciation of their letter.

In common with the listeners of Australia we enjoyed your visit tremendously, and we are glad to think that you yourselves found such interest in Australia and the Australian people.

With best wishes, and looking forward to your return,

I am,
Yours sincerely,

W. J. CLEARY.
Chairman.

P.S. Mrs. Cleary and the family join me in sending personal greetings to you all, including the ladies.

Dankschreiben des australischen Veranstalters nach der Tournee 1937

Ende Februar/Anfang März 1938 befanden sich die Comedy Harmonists auf einer Konzertreise in Italien. Der italienische Faschismus hatte sich erstaunlich lange in künstlerischen Fragen vergleichsweise liberal oder desinteressiert gezeigt. Nun traten auch hier Bestimmungen in Kraft, die den deutschen „Arier-Paragraphen" glichen. Die Tournee konnte nicht wie vorgesehen zuende geführt werden. *Unser verdientes Geld durften wir auch nicht mitnehmen,* erinnert sich Harry Frommermann, *und so beschlossen wir, eine Pause zur Erholung einzulegen. Wir hatten ja ab 16. März eine große Skandinavien-Tournee vor uns, wo wir in fünfzig Tagen 65 Konzerte geben mußten. So blieben wir in Rapallo und futterten dort unser Geld auf.*[4]

Tatsächlich verbrachten sie die eine Woche in dem nahegelegenen Santa Margaritha und fuhren von dort nach Wien zurück, um sich die Visa für ihre Skandinavien-Reise zu besorgen. Hier trafen sie in der Nacht vom 12. zum 13. März ein und erlebten völlig überrascht den Einmarsch der deutschen Truppen. Ein guter Freund, der Kammersänger Hanns Fleischer, der ihnen schon 1935 sehr geholfen hatte, empfing die Gruppe mit ihren Frauen am Bahnhof. Davon berichtet Frommermann: *Er empfing uns mit den Worten „Ihr seid wohl wahnsinnig geworden!" Wir: „Ja, was ist denn los?" – Darauf er: „Hitler marschiert ein! Ihr geht sofort in eine Nebenstraße, da ist ein kleines Hotel. Vorher kauft Ihr Euch sofort Fahrkarten für den nächsten Zug nach Zürich – und dann schnellstens raus! Nicht die Wohnung aufsuchen, kein Bankkonto anrühren – man kann nie wissen ..." So fuhren wir nach Zürich.*[4]

Noch in der Nacht war es mit Hilfe von Freunden in Wien gelungen, die Gültigkeitsdauer der Pässe zu verlängern. So ging es erneut auf die Flucht vor den Nazis. Die Eindrücke während der Grenzkontrolle bei der Ausreise aus Österreich schildert Harry Frommermann: *Es mußte alles raus aus dem Zug auf den Perron. Jeder wurde untersucht. Leibesvisitationen von Frauen, Männern, jungen Menschen, ja Kindern. Es war schon sehr tragisch und ging uns doch sehr auf den Magen, was wir da sahen.* Zum Glück ließ man sie passieren, doch nun waren sie zum zweiten Mal heimatlos geworden. Von Zürich ging es weiter nach London, denn die Schweiz war ohnehin nicht bereit, den aus Österreich fliehenden Menschen Zuflucht zu gewähren. Dazu noch einmal Frommermanns Bericht: *Wir entschlossen uns, nach London zu gehen. Die His Master's Voice* (d. h. die Gramophon-Company) *ermöglichte uns die Einreise, denn die österreichischen Pässe waren jetzt für uns zwecklos geworden. Deutschland hatte sämtliche Österreicher aufgefordert, ihre Pässe gegen deutsche umzutauschen. Und auf die deutsche Botschaft in London zu gehen, war für uns genau so sinnlos wie seinerzeit im Jahre 35 in Wien – es war ja deutsches Territorium. Also wir wandten uns an das „Home Office" in London und bekamen sogenannte „Nansen-Pässe" für Staatenlose.*[4]

Das von Frommermann aufbewahrte „Certificate of Identity" ist allerdings erst im Dezember 1938 ausgestellt worden, so daß zu vermuten ist, daß die Gruppe noch mit ihren österreichischen Pässen die Konzertreisen des Frühjahrs und Sommers 1938 absolvieren konnte, die sie zunächst in die skandinavischen Länder

Am Mikrophon des argentinischen Senders „LR1 Radio El Mundo“, Buenos Aires 1938

Bei der US-Agentur Peter Conley waren die Comedy Harmonists in illustrer Gesellschaft. Werbegraphik von 1939

und anschließend sofort nach Südamerika führten, wo die Comedy Harmonists ab Mai für vier Monate in Argentinien, Brasilien, Chile und Uruguay gastierten. Einen festen Wohnsitz hatten sie nicht mehr, sie lebten praktisch aus dem Koffer, und die Frauen reisten auf allen Tourneen mit ihnen. Lediglich Fernande Collin war mit ihrer nun schulpflichtigen Tochter Susan in Neuilly bei Paris untergekommen, wo sie bei Verwandten lebte. Erst nach dem Krieg fand die Familie wieder zusammen.

Das erste Konzert des Südamerika-Gastspiels fand am 23. Mai 1938 in Buenos Aires statt. Nicht nur die „Deutsche La Plata Zeitung" feierte die Gäste überschwenglich, die Presse war durchweg begeistert; das südamerikanische Publikum blieb jedoch zunächst eher reserviert. Dies änderte sich erst allmählich, als die Gruppe durch den Rundfunk bekannter wurde, vor allem aber dadurch, daß die Comedy Harmonists nun auch lateinamerikanische Titel (Allegra Conga/El Rancho Grande/Noches de Paraguay u. ä.) ins Programm nahmen, von denen jedoch keine Plattenaufnahmen existieren. Am 16. Juli gastierte das Ensemble in Santiago de Chile, und die Zeitung „La Nacion" urteilte am folgenden Tage: *Diese sympathischen internationalen Künstler, welche im Teatro Municipal auftreten, haben einen hellen Funken guten Humors und guter Laune in unserer schwermütigen chilenischen Stimmung aufflammen lassen. Sie singen in frischer und unbeschwerter Laune, wie sechs gute Kameraden, deren einziges Ziel es ist, ihre Hörer für einige Stunden in gute Stimmung zu bringen. – Die Besucher waren von den Darbietungen äußerst befriedigt und überschütteten die Comedian Harmonists mit nicht enden wollendem Beifall bei ihrem ersten Auftreten.* So war schließlich auch in Südamerika die Begeisterung geweckt, und die Tournee mußte verlängert werden, ehe sich die Gruppe nach einem letzten Konzert in Rio de Janeiro am 24. Oktober 1938 verabschiedete und nach London zurückfuhr. Hier machten sie noch einmal Schallplattenaufnahmen. Die Aufnahmebücher nennen die Humoresque von Dvorak als ihren letzten Titel, ohne daß bekannt ist, ob diese Platte noch im Handel erschien. Mit einem Text von Lengsfelder hatten bereits die früheren Comedian Harmonists dies Lied gesungen, auch das Meistersextett hatte es im Repertoire und nun nahm das Ensemble der Emigranten damit Abschied von der alten Welt, die an der Schwelle des Krieges stand:

Eine kleine Frühlingsweise
nimmt mein Herz mit auf die Reise
in die schöne weite Welt hinaus.
Dort, wo bunte Blumen blühen,
dort, wo weiße Wolken ziehen,
steht am Waldesrand ein Haus.
Steht ohne Sorgen,
friedlich geborgen
liegt dort die Welt im Sonnenschein.
Unter uralten Bäumen läßt es sich träumen
in den gold'nen Frühlingstag hinein.

Doch wie bald ist all diese Pracht entschwunden,
die ein schöner Tag uns im Mai gebracht.
Denn ein kalter Reif hat, im Nebelgrau entstunden,
alles Grün vernichtet in einer Nacht.
Längst schon sind verstummt alle Vöglein
auf den Zweigen,
auch die Falter tanzen nicht mehr ihren Reigen.
Selbst die alten Bäume hüllen frierend sich
in Schweigen,
und den kleinen Blümlein ist so traurig zumut.

Anfang 1939 brachen die Comedy Harmonists zu ihrer USA-Tournee auf, die sie vor zweieinhalb Jahren in Moskau mit der Künstleragentur „Hurok Attractions" auf der Speisekartenrückseite vereinbart hatten. Am 8. Februar landeten sie in New York, um wenige Tage später ausschließlich per Bahn ein Städteprogramm zu absolvieren, das am 14. 2. im kanadischen Winnipeg begann und über Idaho, Oregon, Kalifornien nach Arizona führte. Die Resonanz war außerordentlich positiv, und der Erfolg schien zu bestätigen, daß der vor fünf Jahren geplante und dann doch nicht gewagte Neubeginn für die ursprüngliche Formation in den USA durchaus chancenreich gewesen wäre. Eine ~~Kritk~~, die am Kritik 29. März in Tucson/Arizona erschien, soll hier, stellvertretend für viele andere, auszugsweise zitiert werden:

Ähnlich den Troubadouren des Mittelalters machen die Harmonists ihre ganz eigene Musik, obwohl sie von anderen komponiert ist. Durch Arrangement und Interpretation drücken sie den Kompositionen ihren eigenen Stempel auf... Und sie sind wirklich Musiker, die, vom Klavier einfühlsam begleitet, scheinbar mühelos mit schönen, wohlklingenden Stimmen singen, wenn sie nicht gerade Trompeten oder Tubas imitieren.

Ihre Arrangements sind so einfach, so individuell und so echt wie die beste Volksmusik, auch dann, wenn die Titel vom Geist und der Kunstform des Volksliedes weit entfernt sind ... In ihren Impressionen zu Rossinis Ouvertüre zum „Barbier von Sevilla" wurden sie tatsächlich zu einem Orchester bis hin zur exakten Imitation aller Instrumente von der Piccolo-Flöte bis zur Posaune ... Zärtlich oder überwältigend komisch – sie waren gut!

Auch die Konzertagentur war mit dem Ergebnis der Reise äußerst zufrieden und vereinbarte eine weitere USA-Tournee für das kommende Jahr.

An die geradezu enthusiastische Aufnahme, die den Comedy Harmonists in Australien zuteil wurde, reichten die nordamerikanischen Erfolge jedoch nicht heran. Wenn man nur die zahlreichen Presseberichte studiert, die sich bereits bei der ersten Tournee mit der Gruppe beschäftigten, so könnte man zu der Meinung gelangen, daß es sich um ein heimisches Vokalensemble handelt. So herzlich war neben der lobenden Kritik die allgemein zum Ausdruck gebrachte Zuwendung. Dies sollte sich bei dem zweiten Australien-Gastspiel noch steigern, zu dem die Gruppe gleich nach ihrem Amerika-Aufenthalt aufbrach. Die lange Schiffsreise berührte England

Reklame zur zweiten Australien-Tournee 1939

Not ~~valid for Spain or the Spanish zone of Morocco.~~

I.B. 113.

No. F.3388.

Date 20th December, 1938.

Authority issuing certificate :—HOME OFFICE.
Indication de l'autorité qui délivre le certificat

Place of issue of certificate :—LONDON.
Lieu ou l'on délivre le certificat

CERTIFICATE OF IDENTITY.
CERTIFICAT D'IDENTITE.

Valid until 19th December, 1939.
Valable jusqu'

The present certificate is issued for the sole purpose of providing the holder with identity papers in lieu of a national passport. It is without prejudice to and in no way affects the national status of the holder. If the holder obtains a national passport it ceases to be valid and must be surrendered to the issuing authority.

Le présent certificat est délivré à seule fin de fournir au titulaire une pièce d'identité pouvant tenir lieu de passeport national. Il ne préjuge pas la nationalité du titulaire et est sans effet sur celle-ci. Au cas où le titulaire obtiendrait un passeport national, ce certificat cessera d'être valable et devra être renvoyé à l'autorité qui l'a délivré.

Signature of Holder,
Signature du titulaire,

Harry Frommermann

Surname FROMMERMANN
Nom de famille.
Forenames Harry
Prénoms.
Date of birth 12th October, 1906.
Date de naissance.
Place of birth Berlin.
Lieu de naissance.
Nationality of origin German.
Nationalité d'origine.
Surname and forenames of Father FROMMERMANN, Alexander
Nom de famille et prénoms du père.
Surname and forenames of Mother EMSHEIMER, Leonie
Nom de famille et prénoms de la mère.
Name of wife (XXXXXX) FROMMERMANN, Erna
Nom de la femme (mari).
Names of children -
Noms des enfants.
Occupation Artist.
Profession.
Former residence abroad Vienna & Buenos Aires
Ancien domicile à l'étranger.
Present residence in the United Kingdom 21, Fitzjohns Avenue
Résidence actuelle dans le Royaume Uni.
London, N.W.3.
Police Registration Certificate
Certificat d'enregistrement délivré par la Police.

DESCRIPTION.
SIGNALEMENT.

Age / Age	32.
Height / Taille	5ft.8ins.
Hair / Cheveux	Brown.
Eyes / Yeux	Blue.
Face / Visage	Oval.
Nose / Nez	Normal.
Special peculiarities / Signes particuliers	

Remarks
Observations

~~This Certificate is available during its validity for the holder's return to the United Kingdom without visa.~~

~~Durant la période de sa validité le présent certificat sera valable pour la rentrée du titulaire dans le Royaume Uni sans formalité de Visa.~~

The undersigned certifies that the photograph and signature hereon are those of the bearer of the present document.

Le soussigné certifie que la photographie et la signature apposées ci-contre sont bien celles du porteur du présent document.

Signature of the issuing authority,
Signature de l'autorité,

H.M. CHIEF INSPECTOR,
IMMIGRATION BRANCH,
HOME OFFICE,
LONDON, S.W.1.

CERTIFICATE OF IDENTITY FEE. 7/6 6508

20 DEC 1938 HOME OFFICE

BELGIQUE 10F. 20c. BELGIE

2 VISAS AND ENDORSEMENTS.

LANDED ON CONDITION OF DIRECT TRANSIT THROUGH UNITED KINGDOM TO United States of America

Holder was last permitted to land at Southampton on 7.11.1938 conditionally for the purpose of a professional engagement under Ministry of Labour permit.

HOME OFFICE 20 DEC 1938

IMMIGRATION OFFICER (7) 31 JAN 1939 DOVER

Visa pour voyages d'affaires – artiste
Bénéficiaire H. Frommermann
Nationalité Indéterminée
La personne désignée ci-dessus est autorisée à effectuer plusieurs voyages d'affaires en Belgique, pendant une période d' un mois à dater du 1 janvier 1939
Londres 29 DEC 1938
Pour l'Ambassadeur de Belgique, par ordre:

Je m'engage à ne pas m'établir en Belgique et à ne pas y occuper un emploi.
I hereby bind myself neither to establish my residence in Belgium nor to take up any employment.
Signature:

VISA for the Union of South Africa
Good for 3 months
Date 4/1/39 No 612
Secretary, Office of the High Commissioner for the Union of South Africa
London.

This visa does not in any way guarantee admission into the Union of South Africa (or South West Africa). The Immigrants Regulation Act, 1913, and the Aliens Act, 1937, will be rigidly enforced. The holder is proceeding for temporary residence only.

Seen at the Foreign Office, London.
Visa Good for travelling to Australia
Available for the single journey only.
Chief Passport Officer.
2 JAN 1939

Valid for sojourn in Australia for a period of seven months after arrival.

FOREIGN OFFICE -2 JAN 1939

No. 311
American Consulate at Brussels, Belgium.
(Country)
SEEN
For the Journey to the United States of Mr Harry FROMMERMANN
[ ] GILBERT (Consul)
Date JAN 27 1939
Visa granted as Nonimmigrant under Section 3 (2) of the Immigration Act of 1924
TEMPORARY VISITOR
(Classification)
Fee No 292 293
$ 0.50
Frs. 15.–

LANDED ON CONDITION OF DIRECT TRANSIT THROUGH UNITED KINGDOM TO Australia via Sth Africa.

IMMIGRATION OFFICER (9) -5 APR 1939 PLYMOUTH

CERTIFICAT D'IDENTITE.

VISAS AND ENDORSEMENTS.

IMMIGRATION OFFICE
CAPETOWN
SOUTH AFRICA
20 APR 1939

No. 272
American Consulate General at
SYDNEY, AUSTRALIA
SEEN
For the journey to the United States
Date JAN 1 1940
Visa valid for presentation at United States ports at any time during twelve months from date provided passport continues to be valid for such period
Visa granted as nonimmigrant under section 3(2) of the Immigration Act of 1924
TEMPORARY VISITOR
(Classification)
SERVICE NO. 94
FEE $10.00 U.S. CURRENCY
EQUAL TO £3. 3. 4. AUSTRALIAN CURRENCY PAID.

Admitted at New York, N.Y.,
on FEB 8 1939, under Paragraph 2 Section 3, Immigration Act of 1924, for 3 mo
Immigrant Inspector

Renewed until 19th December, 1940.
Immigration and Passports Officer
Melbourne 25th July 1939

SEEN
TRAVELLING TO United States of America
COLLECTOR OF CUSTOMS, N.S.W.
For Secretary,
Department of the Interior
Sydney, 12 JAN 1940 19

DEPARTMENT OF THE INTERIOR
AUSTRALIA

SEEN AT CUSTOMS HOUSE
SYDNEY, N.S.W.
BEARER IS THE HOLDER OF RE-ENTRY PERMIT NO.
ISSUED AT SYDNEY, N.S.W. ON THE 11/1/1940
COLLECTOR OF CUSTOMS, N.S.W.
For Secretary,
Department of the Interior
Sydney, 12 JAN 1940 19

Admitted at Honolulu T.H.
on 2-14 1940 under Paragraph 2 Section 3, Immigration Act of 1924, for 4 mos business
Immigrant Inspector

Der sog. Nansen-Paß, mit dem die Comedy Harmonists reisten

„Der Paß ist der edelste Teil von einem Menschen.
Er kommt auch nicht auf eine so einfache Weise zustande wie ein Mensch.
Ein Mensch kann überall zustandekommen,
auf die leichtsinnigste Art und ohne jeden gescheiten Grund,
aber ein Paß niemals.
Dafür wird er auch anerkannt, wenn er gut ist,
während ein Mensch noch so gut sein kann und doch nicht anerkannt wird . . .
Man kann sagen, der Mensch ist nur der mechanische Halter eines Passes."

(Bertolt Brecht, Flüchtlingsgespräche)

Harry Frommermann posiert vor der Presse als Jockey auf „Comedy Harmonists". Sydney 1939

nur noch im Transit und führte zunächst nach Südafrika, wo man am 20. April in Kapstadt zu einem kurzen Gastspiel bei längerem Aufenthalt landete. Damit hatten die Comedy Harmonists in den vier Jahren seit ihrer erzwungenen Odyssee nun einschließlich des asiatischen Teils der Sowjet-Union alle fünf Kontinente besucht.

In Australien wurden sie bereits sehnsüchtig erwartet, als sie schließlich am 12. Juni wie im Vorjahr in Fremantle ankamen. Ihre Konzerte begannen wieder in Perth mit einem für die ganze Tournee gedruckten Programmheft, das einer Speisekarte in einem chinesischen Restaurant nicht unähnlich war, enthielt es doch achtzig verschiedene Titel, aus denen sie auswählten. Dem Publikum wurden die Nummern bekanntgegeben, so daß die Hörer sich z. B. bei nicht englischen Titeln über den Inhalt des Stückes oder seine Herkunft informieren konnten. Die Konzerte erreichten an vielen Orten den Rang gesellschaftlicher Ereignisse, und die Mitglieder der Gruppe bekamen einen Vorgeschmack von jener Art „Starberichterstattung", die heutzutage das Auftreten populärer Künstler auslöst und begleitet. Man zitierte ihre Äußerungen zu allen möglichen Themen, kommentierte die unterschiedlichen Sprachkenntnisse und beschrieb die Garderobe und die Einkäufe der mitreisenden Ehefrauen. Selbst ein Rennpferd wurde nach dem Ensemble benannt und Harry Frommermann mußte im Sattel von „Comedy Harmonists" sichtlich unbehaglich für die Presse posieren. Ihre Popularität war verblüffend, und die Comedy Harmonists beschlossen, für immer in Australien zu bleiben, nachdem sie sich bald nach ihrer Ankunft in Sydney ein gro-

In voller Aktion bei der Australien-Tournee 1939

ßes Haus gekauft hatten, in dem alle bequem wohnen konnten. Anfang September wandten sie sich an die zuständigen Commonwealth-Behörden, um nach der gesetzlich festgelegten Aufenthaltsfrist eingebürgert zu werden.

Ob dies noch kurz vor oder erst im Zusammenhang mit dem Kriegsausbruch geschah, den Hitlers Einfall in Polen herbeiführte, ist nicht mehr festzustellen. Die Comedy Harmonists befanden sich jedenfalls gerade in Sydney, als sie am 3. September 1939 vom Kriegseintritt Australiens erfuhren, dem umgehend eine Internierungswelle folgte, die praktisch alle aus Deutschland oder Österreich stammenden Ausländer traf, selbst wenn sie mit australischen Partnern verheiratet waren. Der „Daily Telegraph" berichtet am 4. September von zahlreichen Verhaftungen und beschlagnahmten Vermögen, vermerkt aber ausdrücklich, daß *die Comedy Harmonists, weil sie mit britischen Ausländer-Papieren reisen, wie gewohnt singen werden.* Die sechs Konzerte, die in diesen Tagen in der Town Hall von Sydney stattfanden, endeten mit demonstrativen Ovationen, wie sie die Gruppe bisher noch nicht erlebt hatte. Der Reporter der Zeitung „Truth" vermerkt am 10. September: *Niemals habe ich die Town Hall so überfüllt gesehen wie Donnerstag-Nacht bei den Comedy Harmonists. Die Menschen saßen auf den Stufen, auf der Orgelbank und beinahe schon auf den Kronleuchtern. Die klügsten Leute auf den Podiums-Plätzen waren die vier, die auf der Orgelbank Platz genommen hatten. Sobald die Scheinwerfer angingen, suchten sie in ihren Taschen und brachten Sonnenbrillen hervor, die sie während des ganzen Konzerts trugen.* Etwa 3000 Besucher jubelten

Konzert in der Stadthalle von Sydney, September 1939

den Sängern zu, die sich am Schluß mit einer Entschuldigung umdrehten, um sich auch den hinter ihnen Sitzenden mit einem Lied direkt zuwenden zu können.

Die „Nansen-Pässe“ hätten allein schwerlich ausgereicht, um einer Internierung zu entgehen. War doch darin, sogar ausschließlich, die ursprüngliche Staatsbürgerschaft vermerkt. Wichtiger war zweifellos, daß sich der Veranstalter der Tournee, die Australian Broadcasting Company, sofort an das Verteidigungsministerium wandte und dort eine Sondergenehmigung für die Comedy Harmonists beschaffte, die nicht nur den Abschluß der viermonatigen Konzertreise, sondern auch noch deren Verlängerung ermöglichte. Dazu heißt es in der Presseerklärung der A.B.C. vom 7. Oktober 1939: *Im Hinblick auf die außergewöhnliche Begeisterung des australischen Publikums selbst noch nach Kriegsbeginn, und nach der erneuten Versicherung der Militärbehörden, die Tournee der Harmonists nicht zu behindern, haben wir mit ihnen nun noch einen weiteren Vertrag über neun Wochen abgeschlossen, der sie bis Anfang Dezember in Australien verweilen läßt. Wir freuen uns, sagen zu können, daß diese Gesangsgruppe bewiesen hat, eine der erfolgreichsten Konzertattraktionen zu sein, die wir nach Australien gebracht haben. Mit ihrem kunstvollen Gesang und köstlichem Humor haben sie viele Freunde gewonnen. Dies ist die zweite Tournee, die sie unter Vertrag der A.B.C. unternehmen, und es ist erwähnenswert, daß es seit ihrer ersten ... eine merkliche Vervollkommnung im Gesangsniveau einer Anzahl australischer Vokalmusikgruppen gibt, die unzweifelhaft auf den Einfluß der Harmonists zurückzuführen ist ... Es kann mit Bestimmtheit versichert werden, daß ihr Erfolg in keiner Weise durch den Krieg beeinträchtigt worden ist, obgleich die australische Öffentlichkeit davon Kenntnis hat, daß einige von ihnen in Ländern geboren wurden, die nun Feindstaaten sind. Obwohl sie sich mehr auf Lieder in anderen Sprachen, vornehmlich Englisch, konzentrieren, werden ihre deutschen Nummern sehr gut aufgenommen.*

Nach 57 Auftritten in Australien gaben die Comedy Harmonists am 13. Dezember 1939 in der City Hall von Brisbane ihr Abschiedskonzert vor über 2.500 Besuchern. Sieben Monate hatten sie den Kontinent diesmal bereist und zahlreiche Anhänger gewonnen. Ihr Wunsch, in Australien eine neue Heimat zu finden, erfüllte sich jedoch nicht. Anfang 1940 brachen sie mit ihren Frauen zu ihrer zweiten USA-Tournee auf, nachdem sie das Haus in Sidney verkauft hatten. Lediglich Erich Collins Schwester Annemarie blieb dort. Sie hatte bis Ende August 1939 noch in Deutschland gelebt, durfte als Jüdin ihren Lehrerinnenberuf nicht ausüben, und war von Collin noch im letzten Moment vor der drohenden Deportation „freigekauft" und nach Australien geholt worden. Auch Roman Cycowski hatte bereits 1938 alles versucht, um seine Eltern und Geschwister aus Polen herauszubringen. Damals wollten sie noch abwarten. Nun war es zu spät. Der Vater wurde von Polen auf offener Straße erschlagen, von seinen vier Geschwistern kamen drei in deutschen Konzentrationslagern um.

Nach einer Zwischenstation in Hawaii mit vier Konzerten in Honolulu starteten sie am 10. März 1940 von New York zu einer anstrengenden zweimonatigen Bahn-

ACADEMY OF MUSIC

March 29, 1940

THE PHILADELPHIA FORUM

presents

THE COMEDIAN HARMONISTS

FIRST TIME IN PHILADELPHIA

HANS REXEIS . . . . *1st Tenor*
ERICH A. COLLIN . . . . *2nd Tenor*
HARRY FROMMERMANN . . . . *Buffo and Musical Arranger*
ROMAN CYCOWSKI . . . . *Baritone*
RUDOLF MAYREDER . . . . *Bass*
FRITZ KRAMER . . . . *Pianist*

PROGRAM

I

1. Voila les Gars de La Marine . . . . *W. R. Heymann*
   A French navy song.
2. Oh, mia bella Napoli . . . . *G. Winkler*
3. Tipitin . . . . *Maria Greever*
   A love song, sung partly in English, partly in Spanish.
4. Whistle While You Work . . . . *Churchill*
   From the picture "Snow White and the Seven Dwarfs."

II

1. Liebeslied . . . . *Fritz Kreisler*
2. Let's Call the Whole Thing Off . . . . *Gershwin*
   From "Shall We Dance"?
3. Allegre Conga en el Rancho Grande . . . . *M. Matamoros*
   An arrangement of the Mexican folk song "Alla en el Rancho," together with a hilarious dance tune "Allegre Conga." The farmboy loves the farmer's daughter. She, desiring a well-dressed partner for the dance next Sunday, sews rich ornaments on his trousers. On Sunday they hear the entrancing rhythm of the Conga. They dance until they are completely exhausted; they relax, but the joy of loving and dancing drives them again into the midst of the turbulent dancing crowd.
4. Creole Love Call . . . . *Duke Ellington*
   A parody on a Jazz Orchestra.

INTERMISSION

III

1. Hungarian Dance, No. 5 . . . . *Johannes Brahms*
   Harvest time in the Hungarian plains. The gay young folk coming home from work ask the gypsy player to delight them with his fiddle, and players and dancers throw themselves more and more into the dance.
2. Guter Mond, du gehst so stille . . . . *Folk Song*
   A charming old folk song about the moon going her eternal way across the sky. She shines with her pale light over the joys and sorrows of mankind. "Oh, keep on shining, pallid flame, to show the tired wanderer the way to rest and peace." The lyric is by the early romantic poet, Matthias Claudius (1740-1815).
3. Danny Boy . . . . *Old Irish Air*
4. Cradle Song . . . . *Brahms*
5. Minuet in G . . . . *Beethoven*

IV

1. No taboleiro da bahiana . . . . *Ary Baroso*
   This song hit of Rio de Janeiro's last carnival season is a Brazilian love lyric. The title refers to the little cap worn by native women carrying water jars or fruit and vegetable baskets on their heads.
2. Il ne faut pas Briser un Rêve . . . . *Jean Jac*
3. Pepita . . . . *A. Müller*
   A burlesque serenade from the beginning of the 19th Century for a Spanish dancer, "Pepita." Her five lovesick suitors are so perplexed by the sight of her beauty that they are unable to pronounce any other word than her name, "Pepita."
4. Overture to "Poet and Peasant" . . . . *F. von Suppé*
   As played by an amateur orchestra, collected from members of a volunteer fire brigade.

Steinway Piano

Konzertreklame während der zweiten USA-Tournee 1940

reise durch die die Vereinigten Staaten, die mit Auftritten vollgepackt war, wie ein Blick auf den Terminplan für den April zeigt:

1. April	Chapel Hill, North Carolina/Memorial Hall
3. April	Greenville, North Carolina/Wright Auditorium
5. April	Columbus, Missouri/Whitfield Auditorium
8. April	Winfield, Kansas/Richardson Hall
9. April	Oklahoma City/Shrine Temple
10. April	Wichita, Kansas/High School East
12. April	Tyler, Texas/Gary Auditorium
13. April	Longview, Texas/Junior High School
15. April	Laredo, Texas/Martin High School
20. April	Seattle, Washington/Moore Theater
22. April	Bellingham, Washington/High School Aud.
23. April	Everett, Washington/Elks Auditorium
27. April	Aberdeen, South-Dakota
29. April	Oshkosh, Wisconsin/Grand Opera House
1. Mai	Richmond, Indiana/Tivoli-Theater

Obwohl die Presse durchweg sehr positiv berichtete, blieb der Erfolg weit hinter dem zurück, was die Gruppe in Australien erlebt hatte. Harry Frommermann nennt dafür einige Gründe: *Unsere englische Aussprache mit deutschem Akzent war uns hier im Wege. Es war nun tragisch an der ganzen Geschichte, daß wir wohlgelitten waren als Emigranten in Amerika und uns nichts geschah. Im Gegenteil, sie waren furchtbar nett – egal, wo wir auch hinkamen. Aber sowie wir den Mund auftaten und unsere Aussprache uns ein Bein stellte, entstand eine spürbare Distanz... Alles, was irgendwie nach Deutschland roch, wurde abgelehnt.*[4] Auch in finanzieller Hinsicht brachten die Konzerte in den USA nicht entfernt die Einnahmen der vorangehenden Engagements. Harry Frommermann beziffert sein Einkommen mit 1.100 $ für sechs Wochen, während er in Australien und Südafrika fast den gleichen Betrag pro Woche erhalten hatte. Umso erstaunlicher ist es, daß die Comedian Harmonists ein erneutes Angebot der Australian Broadcasting Commission nicht annahmen, das sie noch während der USA-Tournee erreichte. Harry Frommermann begründete dies später mit Kriegsereignissen, die eine Passage nach Australien wegen der U-Boot-Gefahr vereitelten; seine Frau führte es auf persönliche Gründe zurück: *Ich wollte nicht wieder nach Australien, sondern lieber in Amerika bleiben. Ich weiß nicht mehr, warum, aber es war halt so.*[2]

Die Comedy Harmonists blieben jedenfalls in den Vereinigten Staaten und versuchten, sich mehr schlecht als recht mit gelegentlichen Engagements in zumeist kleineren Städten über Wasser zu halten. Der bisherige Elan ging allmählich verloren, und auch der Zusammenhalt in der Gruppe ließ nach. Ende 1940 kam es aus eher nichtigem Anlaß zu einer Auseinandersetzung, die den Zerfall des Ensembles einleitete. Der Anlaß war ein Streit zwischen Erich Collin und dem Bassisten Mayreder, der Collin übertriebene Mimik bei seinen Auftritten vorgeworfen hatte, worauf jener erwiderte: *Wenn man so aussieht wie Du, sollte man nicht über andere reden!* Damit traf er Rudolf Mayreder an einer sehr empfindlichen Stelle. Wie bei vielen Bassisten stand seine hagere Gestalt im Kontrast zu der wunderschönen tiefen Stimme, und Mayreder besaß zudem eine auffällig große Nase, die auch von den Karikaturisten stets dankbar hervorgehoben wurde. Tief getroffen kündigte er seine Mitwirkung auf und war nur noch bereit, für drei Monate weiterzumachen, damit Ersatz gefunden werden konnte. Die endgültige Auflösung erfolgte, als Roman Cycowski im März 1941 über das Internationale Rote Kreuz vom gewaltsamen Tod seines Vaters erfuhr. Tief betroffen erinnerte er sich an das einst gegebene Versprechen, Kantor zu werden, und bat Harry Frommermann, auch auf ihn künftig zu verzichten. Mit seiner Frau fuhr er im Sommer 1941 nach Los Angeles.

Damit war an ein Weitermachen nicht mehr zu denken und die Auflösung der „Emigrantengruppe" praktisch vollzogen. Erich Collin suchte nach einem beruflichen Neubeginn fern der Musik, Rudolf Mayreder ging zunächst zum Chor der Radio City Hall und sang später im Chor der Metropolitan Oper in New York, ehe er nach dem Krieg nach Mariazell in seine Heimat Österreich zurückkehrte. Hans Rexeis und der Pianist Fritz Kramer gingen nach Kuba, um von dort aus ihre Einbürgerung in die USA zu betreiben. Einzig der Gründer, Harry Frommermann, wollte nicht aufgeben und suchte verzweifelt nach neuen Mitgliedern, um das Ensemble doch noch zu retten. Vergeblich, wie er später berichtete: *Ich verblieb in New York und hoffte, daß ich mit irgendwelchen Leuten etwas Neues aufbauen könnte, was sich als unmöglich erwies. Denn in Amerika sind sämtliche Sänger in der Gewerkschaft. Das bedeutet, daß kein Sänger zu einer Probe kommt, ohne dafür bezahlt zu werden. Aber ich hatte kein Geld. Die Folge,*

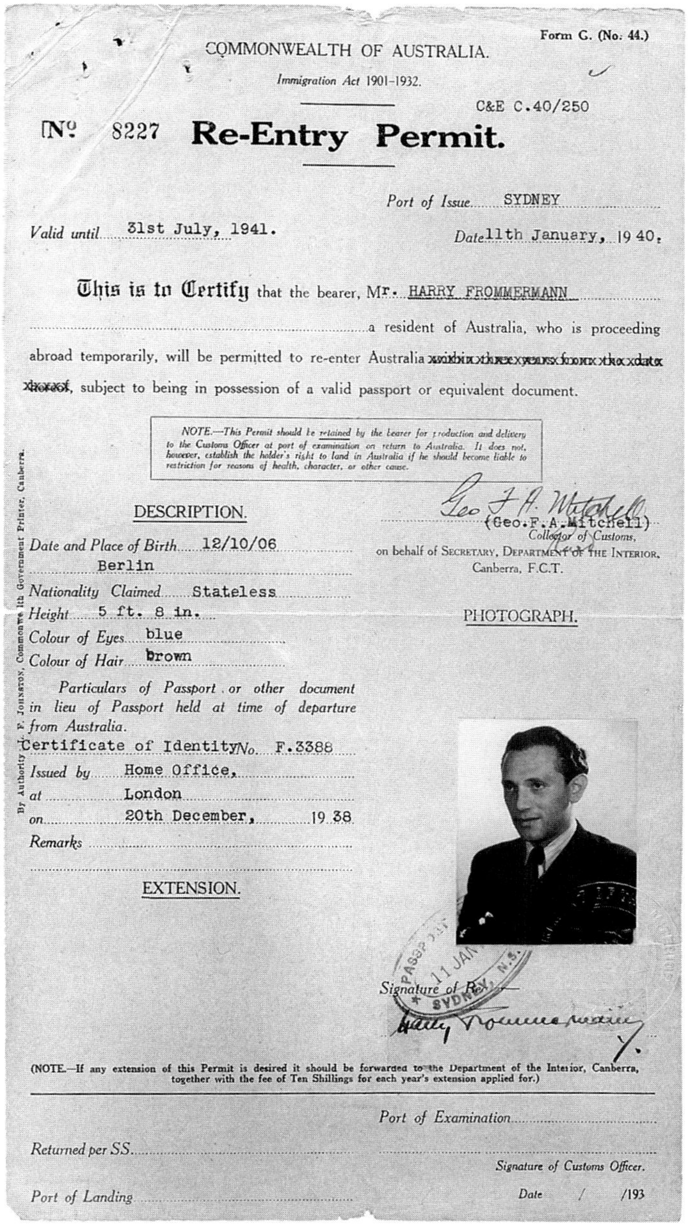

Form C. (No. 44.)

COMMONWEALTH OF AUSTRALIA.

Immigration Act 1901–1932.

C&E C.40/250

No 8227 **Re-Entry Permit.**

Port of Issue SYDNEY

Valid until 31st July, 1941. Date 11th January, 1940.

This is to Certify that the bearer, Mr. HARRY FROMMERMANN a resident of Australia, who is proceeding abroad temporarily, will be permitted to re-enter Australia ~~within three years from the date hereof~~, subject to being in possession of a valid passport or equivalent document.

NOTE.—This Permit should be retained by the bearer for production and delivery to the Customs Officer at port of examination on return to Australia. It does not, however, establish the holder's right to land in Australia if he should become liable to restriction for reasons of health, character, or other cause.

(Geo. F. A. Mitchell)
Collector of Customs,
on behalf of SECRETARY, DEPARTMENT OF THE INTERIOR,
Canberra, F.C.T.

DESCRIPTION.

Date and Place of Birth 12/10/06 Berlin

Nationality Claimed Stateless

Height 5 ft. 8 in.

Colour of Eyes blue

Colour of Hair brown

Particulars of Passport or other document in lieu of Passport held at time of departure from Australia.

Certificate of Identity No. F.3388

Issued by Home Office,

at London

on 20th December, 1938

Remarks

EXTENSION.

PHOTOGRAPH.

Signature of Rex

By Authority: F. Johnston, Commonwealth Government Printer, Canberra.

(NOTE.—If any extension of this Permit is desired it should be forwarded to the Department of the Interior, Canberra, together with the fee of Ten Shillings for each year's extension applied for.)

Port of Examination

Returned per SS

Signature of Customs Officer.

Port of Landing

Date / /193

Wieder-Einreise-Erlaubnis für Australien vom Juli 1941

ich mußte unter Studenten suchen und fand auch einige Bereitwillige. Aber dann hatte der eine plötzlich ein Chorsingen in der Kirche und wollte sich die fünf Dollar nicht entgehen lassen. Der Pianist hatte woanders zu tun usw. Der Pianist war übrigens hervorragend, studierte bei Professor Rosenthal. Ich traf auch Rosenthal, und es stellte sich heraus, daß er wie auch seine Frau begeistert waren von den Comedian Harmonists. Wir mußten ihm Platten vorspielen und auch vorsingen – aber was nutzte es, die Gruppe wurde niemals etwas.[4]

So endete 1941 nahezu gleichzeitig die Geschichte der Nachfolgegruppen, die aus den beiden Hälften der 1935 zerbrochenen Comedian Harmonists hervorgegangen waren. Von der großen Zahl ihrer Schallplatten sind im Gegensatz zu den Aufnahmen der Originalgruppe heute nur wenige Titel in Neuauflagen wieder verfügbar. Zu sehr stehen sie im Schatten der großen Erfolgsnummern aus der Blütezeit des 1927 gegründeten Ensembles. Dadurch bleibt vor allem die künstlerische Leistung der Emigrantengruppe zu Unrecht im Verborgenen. Im Gegensatz zum Meistersextett mußten sich die Comedy Harmonists dem harten internationalen Wettbewerb stellen und ihr Repertoire an den Wünschen und dem sich ändernden Geschmack eines äußerst heterogenen Publikums orientieren. In unermüdlicher Arbeit gelang es dem Arrangeur Harry Frommermann, das musikalische Spektrum zu erweitern und mit immer wieder neuen Möglichkeiten der Stimmführung erfolgreich zu experimentieren. So entstand teilweise ein durchaus anderes Klangbild bei einer erheblich größeren Spannweite der gesungenen Titel. Harry Frommermann blieb seiner Idee des „Vocal Orchestra" weiterhin unbeirrbar verbunden. Sie ließ ihn auch in den nun folgenden Jahren nicht los, in denen er immer wieder zu neuen Versuchen aufbrach, um sein Lebenswerk fortzuführen.

Die „amerikanische Gruppe“ (v. l. n. r.: oben: Harry M. Frohman, Murray Pollack, Arthur Atkins. Unten: Jack Cathcart, Fred Bixler, Erich A. Collin)

Die amerikanische und italienische Gruppe

Nach der Auflösung der Comedy Harmonists geriet Harry Frommermann in New York bald in eine verzweifelte Lage. *Meine Ersparnisse der letzten australischen und amerikanischen Tournee waren zuende. Ich mußte mich und meine Frau, so gut es ging, durch Gelegenheitsarbeiten in Fabriken ernähren.*[5] An dieser Situation war seine Frau nicht unbeteiligt. Sie hatte sich mit den veränderten Lebensverhältnissen nicht zurechtfinden können und immer noch wie in den Tagen des großen Geldes gelebt, so daß es rasch verbraucht war. Roman Cycowski, dem es ab 1942 als Kantor in Los Angeles bald wirtschaftlich wieder gut ging, borgte Frommermann Geld, und später gewährte auch eine jüdische Hilfsorganisation gelegentliche finanzielle Unterstützung. Das alles änderte aber nur wenig an der grundsätzlichen Misere, in der Harry weiter über Möglichkeiten nachdachte und nach Wegen suchte, um eine neue Gruppe zu bilden.

Zufällig traf er in New York Ernö Rapée, der in der Radio City Hall als Kapellmeister und musikalischer Leiter tätig war. Frommermann hatte ihn in Berlin kennengelernt, als der gebürtige Ungar Rapée (1891–1945) das Filmorchester im Ufa-Palast am Zoo leitete. Auch als Komponist war er sehr erfolgreich. Vor allem einer seiner Titel wurde zum Weltschlager und Evergreen: der langsame Walzer „Charmaine", den Rapée 1927 mit Lew Pollack geschrieben hatte. Frommermann schilderte seine Lage und fand persönliche Unterstützung sowie finanzielle Hilfe für den Aufbau eines neuen Ensembles. Über dessen Zusammensetzung ist nichts bekannt. Fest steht nur, daß es im Februar 1943 zu einem ersten und zugleich letzten Auftritt dieser Gruppe im Rahmen einer großen Wohltätigkeitsveranstaltung im New Yorker Waldorf Astoria kam.

Mit Gelegenheitsarbeiten, als Taxifahrer und als ungelernter Arbeiter am Fließband versuchte Frommermann, sich weiter durchzuschlagen. Schließlich trat er am 15. Mai 1943 in die US-Army ein, zumal ihm auf diese Weise die Einbürgerung in Aussicht gestellt wurde. Einen entsprechenden Antrag hatte er mit seiner Frau bereits im Februar 1940 in Honolulu gestellt, dem aber erst am 13. Februar 1944 entsprochen wurde. Als Soldat wurde Frommermann zunächst einem Infanterie-Regiment zugeteilt, erlitt jedoch bereits während der Ausbildung einen Unfall, infolgedessen er als „dienstuntauglich für Übersee" erklärt wurde. Schließlich landete er im Range eines „Entertainment Specialist" in einer Betreuungskompanie für Verwundete. Mit dieser gänzlich unmilitärischen Aufgabe, Darbietungen von Künstlern und Laien für Lazarette zu organisieren, kam er natürlich gut zurecht, ganz abgesehen davon, daß ihm auf diese Weise Kampfeinsätze und Verwundungen erspart blieben. Ende August 1945 wurde er aus dem Militärdienst entlassen, gnädig mit einer „Good Conduct Medal" dekoriert, wie den Entlassungspapieren zu entnehmen ist. Vom Oktober 1945 bis zum März 1946 war Harry M. Frohman, wie er sich nun als US-Bürger nannte, nach einer entsprechenden Ausbildung zum Dolmetscher bei den Nürnberger Prozessen tätig, um anschließend nach Berlin versetzt zu werden, das er als Trümmerwüste wiederfand, nachdem er es elf Jahre zuvor als blühende Metropole verlassen mußte.

Berlin war nach der Kapitulation im Mai 1945 zunächst allein von der Sowjetarmee besetzt und befehligt worden, ehe im Juli die westlichen Alliierten in ihre Sektoren einrückten. Die Stadt stand nun formell unter gemeinsamer alliierter Verwaltung, der Berliner Rundfunk, der gleich nach Kriegsende seinen Betrieb in der Charlottenburger Masurenallee wieder aufgenommen hatte, unterlag jedoch weiterhin ausschließlich sowjetischer Kontrolle. Dies führte später übrigens dazu, daß das im britischen Sektor gelegene Funkhaus über Jahre hinweg eine stacheldrahtbewehrte Exklave bildete. Als Gegengewicht zu diesem prokommunistischen Sender hatten die US-Streitkräfte bereits am 6. Februar 1946 einen eigenen Drahtfunk eingeführt, der ab August als RIAS („Rundfunk im Amerikanischen Sektor") auch eine Sendestation erhielt. Der RIAS startete mit einem Programm von wöchentlich 67 Stunden, besaß ein eigenes Kammerorchester und hatte zunächst das bekannte Tanz-Orchester Kurt Hohenberger unter Kontrakt. Eine Pressemitteilung der amerikanischen Militärregierung bezifferte im August 1946 die Zahl der deutschen Mitarbeitern auf zweihundert, die unter der Aufsicht von vier amerikanischen Kontroll-Offizieren tätig waren: Als Chief Control Officer nennt der Bericht die damals etwa 40jährige, in England geborene Ruth Norden, die vor dem Krieg Sekretärin im Suhrkamp-Verlag war und

Harry Frohman (mit Ruth Norden) als Nachrichtenoffizier beim RIAS 1946/48

dann vor den Nazis emigrierte. Ferner Gustave Mathieu, einen ebenfalls in die USA ausgewanderten Deutschen, der mit Ruth Norden bei der „Stimme Amerikas" gearbeitet hatte. Die beiden übrigen Kontroll-Offiziere waren Fred W. Henschel und, im Range eines Majors, Harry M. Frohman, der diese Stellung am 26. März 1946 antrat. Als deutscher Produktionsleiter fungierte Hanns Korngiebel, als Direktor der frühere Musik- und Theaterkritiker Franz Wallner-Bastée.

Seinen Intentionen gemäß war Harry Frohman vorwiegend dem Bereich der leichten Muse zugeordnet. Es gehört zu den seltsamen Zufällen in der Geschichte der Comedian Harmonists, daß sich in dieser Zeit, als Frohman beim RIAS tätig war, Robert Biberti um eine Anstellung beim Sender bewarb, so daß es zu einem überraschenden Wiedersehen der einstigen Freunde unter nunmehr umgekehrten Vorzeichen kam: Damals bei der Trennung des Ensembles war Biberti in der starken Position, jetzt stand ihm, dem arbeitslosen Deutschen, der schmächtige Harry in der Uniform der Siegermacht gegenüber. Biberti wurde nicht angestellt, denn Frohman erinnerte sich zu gut an die Dominanz und manche Rücksichtslosigkeit aus den letzten gemeinsamen Jahren. Daß Biberti kurze Zeit später vom amerikanischen Nachrichtenkontrollamt mit einem halbjährigen Berufsverbot belegt wurde, hatte damit jedoch vermutlich nichts zu tun. Frohman wußte davon jedenfalls nichts, es gab aber auch keine weiteren Kontakte zwischen ihnen. Nach fast siebzehn Jahren traf auch Fried Walter in Berlin den Gründer der Comedian Harmonists wieder. In einem Brief an Erwin Bootz erzählt er davon:

1947–1972 war ich als Abteilungsleiter für U-Musik am RIAS Berlin. Man wußte nicht nur von meinen Opern, sondern auch von meinen Fähigkeiten, die ich

bei den Comedian Harmonists erlernt hatte. Bald war ich auch der Dirigent der großen Orchester und Arrangeur, der alles machte, was gebraucht wurde. U- und leichte E-Musik. Gleich im 1. RIAS-Jahr kam mir unerwartet Harry Frommermann als Mister Frohman in amerikanischer Militär-Uniform entgegen. Er war einer der ersten Amis, die den RIAS ... kontrollieren sollten. Ich fand das sehr komisch, Harrys Lebensgeschichte war aber dann eher tragisch. Er hat mich auch später in seinen letzten Lebensjahren in Berlin besucht.

Im Januar 1948 wurde Frohmans Tätigkeit beim RIAS aus nicht ganz geklärten politischen Gründen abrupt beendet. Vorangegangen war eine Kampagne gegen Frau Norden, Mathieu und Wallner-Bastée, denen in der Zeit des nun eskalierenden kalten Krieges „Linkslastigkeit" vorgeworfen wurde. Der „Spiegel" vom 10. Januar 1948 übernahm diese Vorwürfe, um sich in der nächsten Ausgabe dafür zu entschuldigen, Verleumdungen ungeprüft kolportiert zu haben. Jedenfalls bat Ruth Norden um ihre Entlassung, der sich, wie die Zeitung „Sozialdemokrat" am 6. Januar 1948 meldete, auch Harry Frohman anschloß. Daß dies nicht freiwillig geschah, geht aus Briefen hervor, die Harry im April 1948 an seine Frau schrieb, von der er sich nicht nur räumlich zunehmend entfernt hatte. Demnach war sein jeweils auf ein halbes Jahr befristeter Vertrag bereits im November 1947 nicht mehr verlängert worden. Als Grund wurde auf seine erst dreijährige US-Staatsbürgerschaft verwiesen, die nicht ausreichend sei, um die Vereinigten Staaten im Ausland überzeugend zu repräsentieren. Zugleich spielte aber offenbar auch seine jüdische Abstammung eine Rolle, wie er in dem Brief andeutet, in dem es abschließend heißt: *Die Sache betreffend meinen Job („Jude") bekam ich von streng*

AARHUSHALLEN

Tirsdag den 12. Oktober Kl. 20

COMEDIAN HARMONISTS

FRED BIXLER
1. Tenor

MURRAY POLLACK
2. Tenor

ERICH A. COLLIN
Baryton

HARRY M. FROHMAN
Buffo

ARTHUR ATKINS
Bas

Ved Flygelet:
Kapelmester og Arrangør
JACK CATHCART

1.

W. R. Heymann:	Voila les gars de la marine
Dave Rose:	Holiday for strings
Eden Anbez:	Nature Boy
Rossini:	La Danza

2.

C. Trenet:	Y'a d'la joie
A. Schwartz:	You and the night and the music
Gammel engelsk Folkesang:	Young Tom O'Devou
Ketelby:	In a Persian Market

Pause

3.

E. Lalo:	Aubade af Operaen »Le roi d'Ys«
Folkesang:	In einem kühlen Grunde
Chopin:	Reviens mon amour (Etude Nr. 10)
Gammel russisk Folkesang:	The Birch Tree

4.

Cole Porter:	Begin the Beguine
Augustin Lara:	Granada
Folkesange:	Potpourri over Negro-Spirituals
D. Oliveri:	J'attendrai

Flygel: HORNUNG & MØLLER

WILHELM HANSENS
ETABL. KØBENHAVN

Konzertprogramm der „amerikanischen Gruppe" in Aarhus, 12. 10. 1948 vertraulicher Seite vor zwei Wochen bestätigt. Diese Mitteilung kann natürlich nicht ausgewertet werden, ist aber so erschütternd, daß man sich fragt, warum dieser Krieg eigentlich ausgefochten, Menschenleben und Material einer Idee geopfert wurden, ohne daß die Menschen auch nur ein wenig Lehre aus dem geschichtlichen Geschehen gezogen hätten. Wohin das führt, weiß der liebe Herrgott allein.

Während Ruth Norden in die USA zurückkehrte und dort später als Verfasserin psychologischer Bücher bekannt wurde, blieb Harrry Frohman in Europa. Er reiste in die Schweiz, kam in Zürich bei Bekannten unter und versuchte, sich zunächst als Immobilienmakler und dann im Export/Import-Geschäft selbständig zu machen. Beides scheiterte, denn im Gegensatz zu seinen musikalischen Fähigkeiten fehlten ihm die notwendigen kommerziellen Talente, ganz abgesehen davon, daß er natürlich auch nicht über die dazu erforderlichen Mittel, Erfahrungen und Beziehungen verfügte. In dieser schwierigen Situation erreichten ihn im Frühjahr 1948 Berichte über ein neuformiertes Ensemble Comedian Harmonists. Organisiert wurde das Ganze von Erich Collin, der ebenso wie Frohman nie von dem Gedanken losgekommen war, noch einmal durch einen Neubeginn die frühere Karriere fortzusetzen.

Auch Collin war es nach der Auflösung der Comedy Harmonists im Jahre 1941 nur mit größten Schwierigkeiten und unter vielen Rückschlägen und Enttäuschungen gelungen, in den USA Fuß zu fassen. In Los Angeles hatte er zunächst eine Anstellung in einer Weinhandlung gefunden, wurde wieder arbeitslos, betrieb von Kanada aus seine Einbürgerung und arbeitete dann in den verschiedensten Berufen, zum Schluß mehrere Jahre in einer Plexiglasfabrik. Erst Anfang 1947 waren seine Frau und Tochter aus Frankreich nach Los Angeles gekommen, die er 1938 zum letzten Mal gesehen hatte. Fernande arbeitete als Verkäuferin in einem Warenhaus und ernährte schließlich die Familie, als ihr Mann Ende 1947 erneut arbeitslos wurde. In dieser Situation begann er, seine Pläne für ein neues Ensemble in die Tat umzusetzen. Er wandte sich zunächst an Frohman und Cycowski, der in San Francisco als Kantor wirkte, erhielt aber von beiden eine Absage, so daß er die neue Gruppe ausschließlich aus jungen Amerikanern zusammenstellte, von denen die meisten zuvor in der Army gedient hatten. Für die erforderlichen neuen Arrangements fand er die Unterstützung eines alten Freundes der Comedian Harmonists: Bert Reisfeld, der damals für die Gruppe den „Kleinen grünen Kaktus“ und „Lebewohl, gute Reise“ komponiert hatte, war gerade noch vor den deutschen Truppen aus Paris geflohen und in die USA emigriert. Nun half er Collin, stellte aber die jungen Männer vor fast unlösbare künstlerische Aufgaben, so daß das Unternehmen frühzeitig zu scheitern drohte. Erst als Collin einen jungen begabten Pianisten und Arrangeur fand, der nun regelmäßig und intensiv probte, fand das Ensemble allmählich zusammen und studierte ein Programm „From Classics to Jazz“ ein, das die damals aktuellen Swing-Elemente deutlich stärker berücksichtigte als die „Traditionals“ der alten Comedian Harmonists.

Collin war es gelungen, die guten Kontakte der früheren Comedian Harmonists zu nutzen und eine Europa-Tournee zu organisieren, die im Sommer 1948 in Skandinavien ihren Anfang nahm und später u. a. über Paris in die Schweiz und nach Italien führen sollte. Nach einem erfolgreichen Start in Schweden erkrankte jedoch der Buffo des Ensembles schwer und starb kurz darauf an einem Magendurchbruch. In seiner Not telegraphierte Collin aus Oslo und bat Frohman dringend, für die noch zu absolvierenden fünf Monate einzuspringen, um die Tournee zu retten. Harry sagte ohne zu zögern zu und reiste am 29. September 1948 aus Zürich mit seinen letzten Ersparnissen an, die gerade noch die Flugkosten deckten. Die Begegnung mit den „amerikanischen“ Comedian Harmonists, die nach dem Tod des Tenor-Buffos noch aus

Jack Cathcart, Klavier;
Fred Bixler, 1. Tenor;
Murray Pollack, 2. Tenor;
Arthur Atkins, Baß und
Erich A. Collin, der jetzt als Bariton sang,

bestanden, war für Frommermann ziemlich schockierend und enttäuschend, denn obwohl oder vielleicht auch weil sie beachtliche Anfangserfolge hatten, fehlten den Sängern jene Disziplin und Probenbereitschaft, die er erwartet hatte und von den früheren Gruppen gewohnt war. Von seinen Eindrücken berichtete er im April 1949 rückblickend in einem langen Brief an seine Frau, aus dem hier nur einige Auszüge zitiert werden sollen.

Die „amerikanische Gruppe" in der Schweiz, Februar 1949

Eins der letzten Programme der Gruppe kurz vor der Auflösung

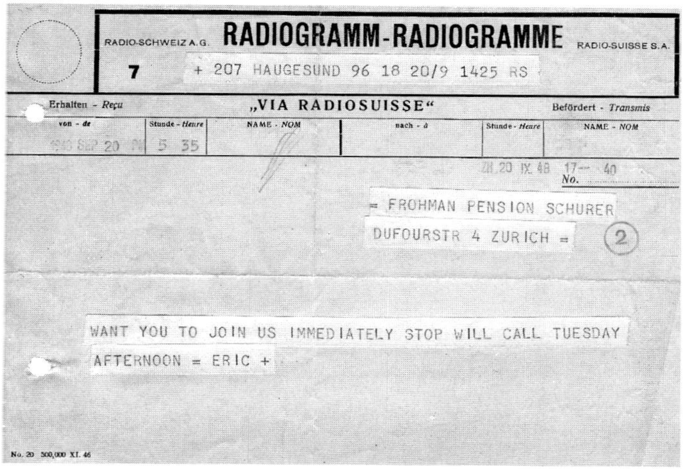

RADIO-SCHWEIZ A.G. **RADIOGRAMM-RADIOGRAMME** RADIO-SUISSE S.A.

7 + 207 HAUGESUND 96 18 20/9 1425 RS

„VIA RADIOSUISSE"

Erhalten - Reçu | Befördert - Transmis

= FROHMAN PENSION SCHURER
DUFOURSTR 4 ZURICH =

WANT YOU TO JOIN US IMMEDIATELY STOP WILL CALL TUESDAY
AFTERNOON = ERIC +

Collins telegrafischer Hilferuf

CIRCOLO MUSICALE - LECCO

Società fondata nel 1945

STAGIONE CONCERTISTICA 1948-1949

VI CONCERTO

in abbonamento

COMŒDIAN HARMONIST'S

FRED BIXLER	1° tenore
MURRAY POLLOCK	2° tenore
ERIC A. COLLIN	1° baritono
HARRY M. FROHMAN	buffo
ARTHUR ATKINS	basso

Pianista JACK CATHCART

TEATRO SOCIALE

Lunedì 21 febbraio 1949, alle ore 21

Consiglieri di turno: Dott. P. Gaetani - Sig. B. Negrini

Die Gruppe hatte natürlich aufgrund des Renommees großen Erfolg, der den Jungens leider zu Kopf stieg. Resultat: In acht Monaten Europa-Tournee haben sie nicht mehr als drei neue Nummern gelernt. In Paris kam ein amerikanischer Schallplattenproduzent, der die Jungens aus Los Angeles kannte, ... in die Eröffnungsvorstellung im Club des Champs Elysées, und die Burschen sangen so unrein, daß einem die Socken runterrutschten. Der Mann hatte natürlich nachher nur ein paar lauwarme Worte wie „Rufen Sie mich doch mal an", ohne seine Hoteladresse in Paris anzugeben! Das spricht für sich. Ich konnte beim besten Willen nichts ausrichten, da ich keinen Vertrag mit den Leuten hatte, sondern Erich. Er war der Manager, hatte aber weder künstlerisch genug Ahnung noch als Persönlichkeit genug Einfluß, um schon während der Proben in USA Zucht und Disziplin zu halten. Harry berichtet sodann, daß sich einige Mitglieder reichlichem Alkoholkonsum und dem Vergnügen mit Autogrammjägerinnen hingaben. *Als ich dazukam, und sie mich als Gründer und ehemaligen künstlerischen Leiter um meine Meinung fragten, waren sie bereits so eingebildet auf ihren Erfolg, daß sie mich wahrscheinlich für einen Idioten hielten, als ich sagte, es könnte diese Gruppe zu etwas ganz Großem gemacht werden, wenn sie arbeiten wollten wie besessen. ... In unserer alten Gruppe hatten wir wenigstens Stimmen. Selbst Roman und Rexeis ... hatten Ehrfurcht vor einem Crescendo, einer Fermate. Heute singen diese Cowboys so, wie sie es gerade am Abend empfinden, ohne sich darum zu scheren, ob der Rest der Gruppe mit dem Einsatz auf sie wartet.*

Dieses sehr harsche Urteil war zweifellos auch von der Enttäuschung geprägt, daß die Gruppe für Frohman nicht zur Basis eines dauerhaften Neubeginns wurde, sondern im Winter 1948/49 auseinanderbrach. Die Pressekritiken waren durchweg positiv, ja enthusiastisch, und auch Frohman erinnert sich an viele umjubelte Auftritte, vor allem auch an sein Debut mit dem Ensemble am 6. Oktober 1948 in dem kleinen dänischen Ort Slagelse: *Acht Jahre hatte ich nicht mehr auf dem Podium gestanden. Das ungewohnte Gefühl, neue Kollegen, neues Repertoire, frisch gelernt, Unsicherheit – all dies war wie eine bedrückende Glocke, die sich auf alle unversehens, deprimierend fast, herabsenkte. Ich hatte das Selbstvertrauen verloren, und dieser Funke ging wortlos auf die Kollegen über. Sie standen wie Zement-*

Werbeplakat für die „amerikanische Gruppe" in Lüttich, Januar 1949

* Hier wurden drei Schallplatten aufgenommen, von denen die „Donkey Serenade" und „You and the Night and the Music" auch in Deutschland erschienen.

blöcke auf dem Podium, Gesang wie Bewegungen waren hölzern, und das erste Lied ging zuende. Klapp! Klapp! Klapp! – Kalte Stimmung unten. Keiner wagte, den anderen anzusehen. Das zweite Lied wurde angesagt. Ich dachte, so kann es nicht weitergehen, und improvisierte ein komisches „Juhu“ in eine musikalische Pause hinein. Der Bann war gebrochen. Im Nu war die Tuchfühlung wieder da, der Kontakt zum Publikum gewonnen. Und so verlief der erste Abend wie auch die restlichen mit großem Erfolg.[7]

Die Tournee führte im Dezember 1948 nach Brüssel und Paris, im Januar gab es für die Holländer in Den Haag und Rotterdam ein Wiedersehen mit den Comedian Harmonists, und im Februar bereiste das Ensemble die Schweiz.* ~~Hier wurde auch die einzige Schallplatte dieser Gruppe mit „You and the Night and the Music“ und der „Donkey-Serenade“ aufgenommen~~. Die „Baseler Nachrichten“ sind am 2. Februar 1949 voll des Lobes: *... Die Comedian Harmonists sind sechs Stars, einer am Flügel und fünf Crooner. Im Programm segelten sie diesmal, im Gegensatz zur Vorkriegszeit, unter amerikanischer Flagge. „In einem kühlen Grunde“ sangen sie aber so echt, daß im Publikum bald eine allgemeine „recherche de la nationalité“ einsetzte. ... Uns scheint das Meisterlichste an den Comedian Harmonists ihre raffinierte Geräusch-Imitation zu sein. Das über das Wiedersehen begeisterte Publikum tyrannisierte sie denn auch regelrecht mit einem nicht aufhören wollenden Applaus, und die sechs Mann sind nach dem allerletzten Vorhang bestimmt als Stimmbänderleichen auf der Bühne liegengeblieben.* Das Lob der Geräusch-Imitation ging dabei vor allem an Harry Frohman, der mit dieser seiner Spezialität immer mehr hervortrat. Auch die Zürcher „Tat“ widmete dem Ensemble eine lange Rezension, aus der nur noch einige Passagen herausgegriffen werden sollen:

Oh, es war ein Abend, an dem man ebenso gut hätte weinen wie lachen können. Wenn sie „In einem kühlen Grunde“ sangen, da mochten einem die Tränen kommen. Aber wenn es an die Grenze der Sentimentalität kommt, machen sie sich in einer reizend-frivolen Weise lustig über den Ernst des Lebens und der Kunst ...

Und sogar zwei von der ursprünglichen Formation sind noch dabei, der Bariton Eric A Collin, der dieses Mal die Conférence besorgte, und der buffonische Stimmenimitator Harry Frohman, dessen abstehende Ohren und bekümmert-dümmliches Aussehen Goldes wert sind ... Glanzstückchen Frohmans sind der „kleine Faun“ von Pierné und der zungen- und halsbrecherische „Hummelflug“. Bei allem Ulk, welches Können! Auch die übrigen Mitglieder des Ensembles werden einzeln hervorgehoben. Der Hummelflug von Rimski-Korsakow war übrigens eine der Zutaten, die Frohman für sich und das Ensemble im Stile des „Vocal-Orchestra“ neu arrangiert hatte.

Trotz dieser insgesamt vielversprechenden Erfolge kam es schließlich nach acht Monaten in Mailand am Ende der Tournee nicht zu einer Einigung über eine weitere Zusammenarbeit. Folgt man Harry Frohmans Berichten, so war es letztlich der schnelle Erfolg, der den jungen Amerikanern nicht bekam. Frohman wollte sie nach seinen Vorstellungen nun erst einmal richtig formen und „schleifen“, sie wollten lieber etwas erleben und genießen. Man trennte sich. Erich Collin kehrte in die USA zu seiner Familie zurück, während Frohman durch Vermittlung des Mailänder Konzertagenten zum italienischen Rundfunk (R.A.I.), „Radio Roma“ ging, um hier die Unterhaltungs-Abteilung zu betreuen und zu reorganisieren, die in der Zeit des Faschismus vernachlässigt worden und ziemlich heruntergekommen war. Frohman suchte sich in der Pension Spada in der Via Caposile 10 eine bescheidene Unterkunft. Als sein Vertrag im März 1950 nach einem Jahr auslief, unterbreitete ihm die Direktion der Rundfunkgesellschaft das Angebot, für den Sender eine den Comedian Harmonists ähnliche Gesangsgruppe aufzustellen und künstlerisch zu betreuen.

Noch einmal eröffnete sich damit für Harry die Chance, mit einem Neuanfang sein Lebenswerk fortzusetzen. Es kennzeichnet seine Experimentierfreude und seine Bereitschaft, nicht im Bewährten zu verharren, daß er diese „römische“ Gruppe auch stimmlich erweiterte. Sieben Mitglieder waren es schließlich, darunter zwei Frauen, die nun unter dem Namen „Harry Frohman and his Harmonists“ nach intensiver Arbeit in relativ kurzer Zeit „auf Sendung gingen“. Mit welcher Begeisterung er ans Werk ging, lassen die über fünfzig neuen Partituren erkennen, die er für das Ensemble schrieb, das den Hörern stets als „Sei voci e un pianoforte“ angekündigt wurde. Aus den geplanten dreißig Sendungen wurden schließlich sechzig, von denen leider keine einzige Aufnahme erhalten oder bekannt ist, so daß

Harry Frohmans „römische Gruppe“ 1950

lediglich die Kritiken einen nachträglichen Eindruck vermitteln können. Am 7. Mai 1950 berichten die römischen Blätter „Momento Sera“ und „Radiocorriere“ u. a.:

Haben Sie sie gehört? Mit höchster Sicherheit und Leichtigkeit bieten sie sowohl Klassik als auch Schlager. In verschiedenen Sprachen ... singend und sich durch ungewöhnlich geschickte Arrangements auszeichnend, die reich an gutem Geschmack und Tönen sind, bereiten sie ihren Zuhörern einen unvergleichlichen Genuß von beidem – dem Alten und dem Neuen. / Mehr als eine ungewöhnliche Gruppe, ist das ein echtes Vokalorchester mit einem farbenreichen Klang – dicht, jedoch außergewöhnlich flexibel. / Zu diesen Besonderheiten addiere man Frohman, einen äußerst fähigen und begabten „Musikkomödianten“, der, entsprechend dem gewünschten Effekt, seine Stimme in eine Klarinette, Tuba, Waldhorn oder in eine Trommel verwandelt – kurz: der kleine, musikalische, verrückte Bursche, der „Kobold der Harmonists“, der ihr musikalisches Ballspiel ständig mit seiner vollblütigen Lebendigkeit und seinem außergewöhnlich gutem Geschmack unterstreicht.

Kein Wunder, daß Harry Frohman bei solchem Echo und Erfolg nach Ablauf der Kontrakte mit der R.A.I. im Oktober 1950 eine Konzertreise mit seinen „Harmonists“ plante, zu der es jedoch nicht mehr kommen sollte. In einem Brief, den er am 13. Mai 1951 an Robert Biberti schickte, schildert Frohman die Ursachen, die nun auch zur Auflösung dieses Ensembles führten: *Eine meiner Sängerinnen verlobte sich, und der Verlobte wollte nicht, „daß sie die Welt vor ihrer Heirat kennenlernte“. Ich konnte nicht rasch genug einen Ersatz finden, da das Mädchen stinkmusikalisch war. Außerdem protestierten die Eltern beider Mädchen gegen das Reisen ohne „Anstandsdame“ in einer Gesellschaft von Männern, von denen einige unverheiratet waren. Kurz, endlose Aufregungen unterminierten meine Widerstandskraft. Ich legte mich mit Magengeschwüren nieder und mußte alle weiteren Pläne mit dem italienischen Personal aufgeben.* Die „römische“ Gruppe war damit der letzte „Ableger“ bzw. die letzte Formation, in der noch ein Mitglied der legendären Comedian Harmonists mitwirkte. Für den Gründer schloß sich der Kreis. Er stand nun wieder allein am Ende, mittellos, wie er einst begonnen hatte. Ein halbes Jahr blieb er noch in der Schweiz, um seine Krankheit zu bessern und sich zu erholen, ehe er im Juli 1952 nach New York zurückfuhr.

Werbe-Montage für die geplante und geplatzte Tournee mit der „römischen Gruppe“

Mit Erich Collin blieb er in Kontakt, und aus den erhaltenen Briefen ergibt sich, daß Collin im Jahr 1955 noch einmal einen vergeblichen Versuch unternahm, die Vergangenheit in die Gegenwart zurückzuholen. In seinem Auftrag wandte sich Frohman an alle ihm bekannten europäischen Konzertdirektionen, um für ein vermutlich nur in Bruchstücken vorhandenes Ensemble Verträge abzuschließen. Das Echo war niederschmetternd, zumal Collin nicht einmal eine angeforderte Platten- oder Bandaufnahme als Referenz zustandebrachte und schicken konnte. Die Konzertagenturen machten kein Hehl daraus, daß sie die Ära der Comedian Harmonists für passé, ihren Gesangsstil und Klang für überholt ansahen. Alle Bemühungen verliefen im Sande.

Damit endet die eigentliche Geschichte der Comedian Harmonists, die erst zwanzig Jahre später über die Schallplatten, durch den Film und in vielen jungen Nachfolgegruppen ein bemerkenswertes Comeback erfuhren, das einige der Gründungs-Mitglieder noch miterlebten.

Das letzte Foto des Gründers der Comedian Harmonists, Bremen, Oktober 1975

Biographischer Ausklang

Die Comedian Harmonists wurden von den meisten ihrer Bewunderer und Anhänger als musikalische Einheit gesehen und empfunden. Die Individualität der fünf Sänger und ihres Pianisten trat demgegenüber in den Hintergrund, und es hätte sich auch durchaus zum Nachteil ihrer künstlerischen Bedeutung und Qualität ausgewirkt, wenn sie die gleichsam orchestrale Unterordnung und Anonymität zugunsten solistischer Profilierung aufgegeben hätten. Diese Zurücknahme fiel den Mitgliedern keineswegs leicht, sie gelang auch nicht immer, und das war dann oft ein Grund für interne Differenzen, von denen das Publikum natürlich nichts erfuhr. Als sechs strahlende Sänger in tadellosen Fräkken, als die erfolgreichen und fröhlichen Jungen blieben sie im Gedächtnis, und viele ihrer Konzertbesucher werden ohne Programmhinweis gewiß nicht bemerkt haben, welche der geschilderten Formationen gerade vor ihnen auftrat. Blieb sogar das Schicksal der Gruppe den meisten ihrer Anhänger unbekannt, so erst recht der weitere Lebensweg der Mitglieder, die sich selbst allmählich aus den Augen verloren. Als Eberhard Fechner in den 70er Jahren ihre Spur aufnahm und sie interviewte, erblickten viele von ihnen nach Jahrzehnten der Trennung die anderen erstmals im Film wieder. So auch Roman Cycowski, der die Aufzeichnung des Fernsehfilms in Berlin sah. Nun selbst bereits 76 Jahre alt, verfolgte er gespannt die Äußerungen seiner früheren Kollegen, um sich dann deutlich verblüfft an seine Frau zu wenden: „Mein Gott, Mary, sind die alle alt geworden!"

Erst der Film brachte vielen ins Bewußtsein, daß die Comedian Harmonists nicht nur einen über ihre Zeit hinausreichenden Part in der Musikgeschichte gespielt oder besser: „gesungen" hatten, sondern daß auch ihre persönlichen Schicksale die Wirren und Umbrüche dieses Jahrhunderts beispielhaft widerspiegelten. Vieles ist auf diese Weise über sie bekanntgeworden, wovon hier nur in Stichworten und mit ergänzenden Hinweisen zusammenfassend berichtet werden soll.

Harry Frommermann war 45 Jahre alt, als er nach dem Ende seiner italienischen Harmonists von Lausanne in die Vereinigten Staaten zurückfuhr. Er, der ausgesprochen klein und zerbrechlich wirkte, hatte bis zuletzt mit unglaublicher Zähigkeit an seinem Werk weitergearbeitet, ohne es schließlich bewahren und am Leben halten zu können. Nun erwartete ihn in New York die bitterste Zeit seines Lebens. Seine Ehe wurde am 12. Januar 1952 geschieden. Beide Partner hatten sich in den Jahren der Trennung einander entfremdet, ohne sich deswegen gram zu werden. Harry versuchte, immer wieder von Krankheiten und Mißerfolgen begleitet, mit verschiedensten Tätigkeiten und durch berufliche Weiterbildung wenigstens das Lebensnotwendige zu verdienen. Er war zunächst bis 1958 als ungelernter Arbeiter in einer Fabrik für Alarmanlagen beschäftigt, besuchte nebenbei einen Buchhaltungskurs in einer Abendschule, verlor dann aber bald wieder die neue Stelle als Hilfsbuchhalter und verdingte sich sogar als Packer im Hafen. Mit ähnlichen Jobs setzte sich die berufliche Misere fort, und auch im privaten Bereich blieben die Jahre in New York ohne Gewinn. Zwar heiratete er am 25. Februar 1956 noch einmal. Das gemeinsame Leben mit Paula Wolff, die als Kind deutscher Auswanderer 1925 in New York geboren war, dauerte jedoch nur vier Jahre, dann trennte sich Frohman von seiner Frau, die 1964 an Leukämie starb. Alle gelegentlichen Versuche, im künstlerischen Bereich noch einmal Fuß zu fassen, blieben erfolglos. Dennoch ist in dieser Zeit eine bemerkenswerte Aufnahme entstanden, die zugleich seine Experimentierlust, aber auch seine Einsamkeit und Isolation dokumentiert. In einem New Yorker Studio sang er alle Stimmen des von ihm arrangierten „Hummelflugs" von Rimski-Korsakow exakt plaziert in fünfzehnfacher Synchronisation übereinander: ein ebenso gelungener wie tragischer letzter Versuch, die nie ganz aufgegebene Idee vom „Vocal Orchestra" notfalls sogar allein zu realisieren. Seine späteren Bemühungen, mit diesem „Ein-Mann-Ensemble" im Rundfunk oder bei der Schallplatte Fuß zu fassen, blieben allerdings erfolglos.

Die Wende zu einem glücklichen letzten Lebensabschnitt brachte seine Rückkehr nach Deutschland zu Beginn der 60er Jahre. Den Anlaß bildeten Entschädigungsansprüche, um die er sich erst spät kümmerte. In Bremen fand er bei Erika von Späth, mit der er seit 1948 in brieflichem Kontakt stand, eine neue familiäre Heimat und jene Geborgenheit, die in seinem bisherigen Leben keinen Platz hatte. In einem Brief an Roman

Cycowski äußerte er später: *Ich danke Gott für jede Minute, die ich mit dieser Frau zusammen bin.* Die schließlich bewilligte Rente ermöglichte Harry Frohman ein sicheres, wenn auch bescheidenes Leben, das ihm dank seiner New Yorker Jahre nicht schwerfiel. Unerwartete und rasch wachsende Einnahmen bescherten dann die Neuauflagen der alten Platten, die in den 70er Jahren dank des engagierten Einsatzes von Leo M. Schloesser bei der EMI-Electrola in rascher Folge erschienen. Plötzlich waren seine Comedian Harmonists wieder populär, ihre Musik und sein Wirken fanden ein wachsendes Interesse, so daß ihm nun auch wieder Dank und Aufmerksamkeit zuteil wurden, auf die er so lange Jahre verzichten mußte.

All dies vollzog sich nicht ohne Spannungen und zum Teil bittere Auseinandersetzungen mit Robert Biberti, der ihm zwar bei der Entschädigungsfrage mit Unterlagen half, im übrigen aber mehr als vorteilsbedacht handelte. Dies zeigte sich vor allem bei den neuen Platten und in der Frage der Aufteilung der Tantiemen. Das Cover der ersten und erfolgreichsten Wiederveröffentlichung nannte zunächst Robert Biberti als den Gründer des Ensembles. Erst Frohmans Einspruch bewirkte eine Neufassung des Textes, und es kam auch in der Folgezeit immer wieder wegen dieser objektiv nie strittigen Urheberschaft zu Differenzen. Gravierender war der Umstand, daß die Electrola bereits früher an Biberti Tantiemen ausgezahlt hatte, die eigentlich den Emigranten zustanden. Ein Rechtsstreit endete aber ohne harte Auseinandersetzungen, denn die Schallplattengesellschaft sah sich als mitverantwortlich und zahlte noch einmal an die Berechtigten. Das Verhältnis der beiden bereits in ihrer Statur so gegensätzlichen früheren Freunde blieb kühl und distanziert, obwohl Biberti schließlich im „Gründerstreit" einlenkte, wozu ihm freilich angesichts der Fakten ohnehin keine Alternative blieb.

Frommermanns letzter, glücklicher Lebensabschnitt war von schwerer Krankheit überschattet. Die entbehrungsreichen Jahre hatten ihre unheilbaren Spuren hinterlassen. Am 26. Oktober 1975 kehrte er aus einer Kur nach Bremen zurück. Für den November hatte sich Eberhard Fechner für das Interview zum Fernsehfilm angesagt, um mit den Erinnerungen des Gründers seine Arbeit abzuschließen. Dazu kam es nicht mehr. Harry M. Frohman starb am Abend des 29. Oktober im Alter von 69 Jahren.

Erich Collin war nach der Tournee mit der „amerikanischen Gruppe" nach Los Angeles zurückgekehrt. Auch er gab den Traum eines Comeback der Comedian Harmonists nie ganz auf, wie die geschilderten Versuche aus dem Jahr 1955 zeigen, über die sich weder Frohman noch Collin später geäußert haben. In diese Zeit fiel auch ein erfolgloser Versuch, sich beruflich selbständig zu machen. Schließlich fand er aber eine gut bezahlte Tätigkeit als Designer für Kunststoffprodukte. Auch er erhielt die mit Frohman gemeinsam beantragte Entschädigungsleistung. Sein Leben verlief nun in ruhigen Bahnen. Ende 1960 kam es nach 21 Jahren zu einem Wiedersehen mit seiner Schwester Annemarie, die in Australien geblieben war und dort als Rentnerin lebte. Stolz präsentierte er seine beiden Enkel Debbi und Mark. Annemarie Collin kehrte nach Australien zurück und erhielt dort vier Monate später die Nachricht, das ihr ein Jahr älterer Bruder am 29. April 1961 während einer harmlos erscheinenden Blinddarmoperation gestorben war.

Mit **Roman Cycowski,** zu dem er zeitlebens Kontakt hielt, war Collin nach dem Ende der Comedy Harmonists 1941 an die Westküste der USA gegangen. Die Kantoratspläne, die Cycowski in Los Angeles zu realisieren hoffte, zerschlugen sich zunächst. Statt dessen ließ er sich von seinem dort lebenden Vetter zu einer äußerst konträren Unternehmung überreden: Mit den nicht unerheblichen Mitteln, die er sich durch seine bescheidene Lebensführung von den Einnahmen bei den Comedy Harmonists erspart hatte, eröffnete er in der Nähe von Palm Springs, seinem späteren letzten Wohnsitz, einen Night Club, den er leitete und in dem er selbst als Sänger auftrat. Das Ganze wurde ein grandioser Fehlschlag und mußte es wohl auch werden, denn die zurückhaltende Künstlernatur Cycowskis bot keine Voraussetzungen für die notwendigen Qualitäten eines Nachtclub-Besitzers. Als er das Unternehmen im April 1942 verkaufte, hatte er den größten Teil seiner etwa 50.000 $ betragenden Ersparnisse in den Wüstensand gesetzt.

Im Mai 1942 erhielt er dann an der orthodoxen Synagoge von Los Angeles eine Kantorenstelle, in der er die nächsten sechs Jahre blieb und damit den Grundstein für eine zweite Karriere legte, die ihn seine erste bei den Comedian Harmonists bald nahezu vergessen ließ.

Roman Cykowski mit seiner Frau Mary in Palm Springs, 1976

Die sehr vielfältigen Aufgaben eines jüdischen Kantors in großen amerikanischen Gemeinden forderten und erfüllten ihn ganz. Als Sänger, Chorleiter und mit eigenem Gesangsunterricht war er überaus erfolgreich, so daß ihm 1947 gleichzeitig in Los Angeles und in San Francisco lukrative und angesehene Posten angeboten wurden. Er entschied sich für den Ortswechsel und ging zum Beth-Israel-Temple, wo er bis zum Ende seiner 25jährigen Kantoratstätigkeit wirkte und weit über die Grenzen der Gemeinde hinaus bekannt wurde. Mit 70 Jahren beschloß er dort, hochgeehrt, seine berufliche Tätigkeit, die ihm zur Berufung geworden war. Von San Rafael zog er mit seiner ihn treu begleitenden und umsorgenden Frau Mary in ein eigenes Haus nach Palm Springs, um hier im Ruhestand zu leben. Daraus wurde jedoch zunächst noch lange nichts. Der ehemals recht unbedeutende Wüsten-Ort war mittlerweile zum Luxusdomizil für reiche und erfolgreiche Amerikaner avanciert. Die wohlhabende jüdische Gemeinde bat Cycowski um seine Mitwirkung, und so folgten weitere fünfzehn Jahre eines musikalischen Gottesdienstes, der ihm das wohl erfüllteste Leben aller ehemaligen Mitglieder der Comedian Harmonists brachte. Seine tiefe religiöse Bindung half ihm auch, mit der nie endenden Trauer um die Ermordung seiner polnischen Familie weiterzuleben.

, den 2. Juli 1945

Ko/Kd

A u s w e i s

Der Künstler Herr Erwin B o o t z ist sowohl beim Berliner Rundfunk als auch beim Varieté "Barbarina" des Bezirksamts Lichtenberg tätig und muß dort täglich auftreten. Zur Erreichung dieser Ziele ist er bei allen Verkehrsunternehmungen dringend b e v o r z u g t zu befördern.

Der Bürgermeister:

Die Dauerreisegenehmigung ist an der Sperre und bei der Kontrolle im Zuge unaufgefordert vorzuzeigen

Dauerreisegenehmigung Nr 38557

~~Gültig für 3 Monate vom Tage der Ausfertigung~~

Der in nebenstehendem Lichtbild Dargestellte

Herr Erwin Bootz

geb. am 3. 6. 07

(Wohnort, Wohnung)

ist berechtigt für die russische Besatzungszone

(Verkehrsverbindung

oder Umkreis in km)

eine Fahrkarte zu lösen.

(Unterschrift des Inhabers)

Deutsche Reichsbahn, Reichsbahndirektion Berlin

(Stempel)

Berlin, den 3. Nov. 1947

(Unterschrift)

7000. 9. 47.

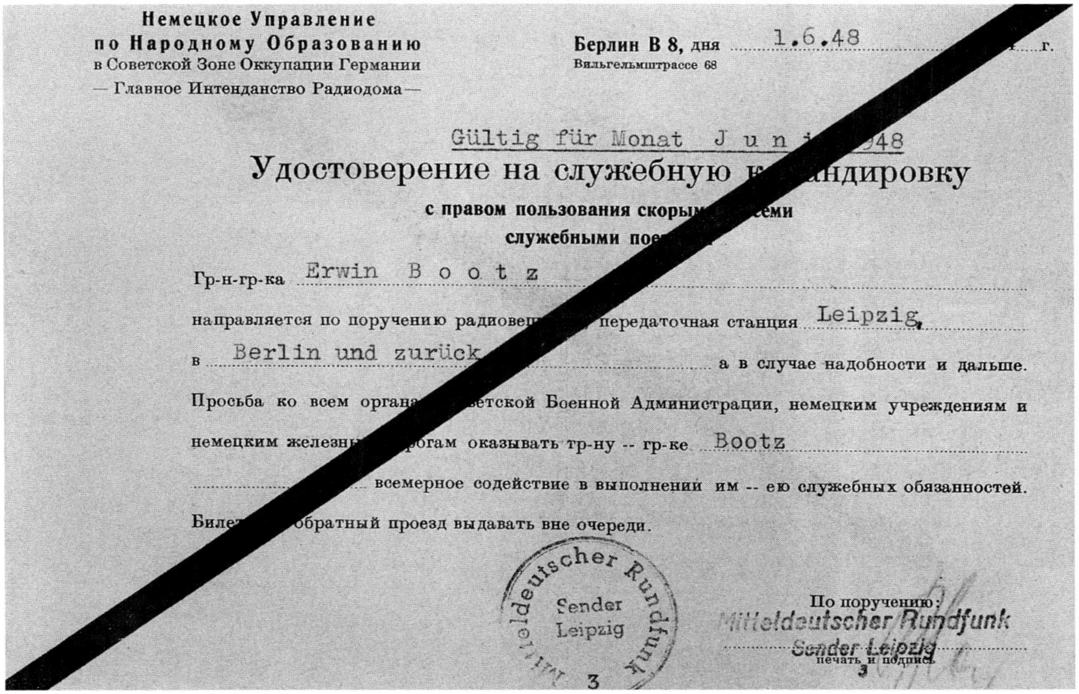

Немецкое Управление
по Народному Образованию
в Советской Зоне Оккупации Германии
— Главное Интенданство Радиодома —

Берлин В 8, дня 1.6.48 [redacted] г.
Вильгельмштрассе 68

Gültig für Monat J u n [redacted]48

Удостоверение на служебную [redacted]ндировку
с правом пользования скоры[redacted]еми
служебными пое[redacted]

Гр-н-гр-ка Erwin B o o t z
направляется по поручению радиове[redacted] передаточная станция Leipzig,
в Berlin und zurück [redacted] а в случае надобности и дальше.
Просьба ко всем орган[redacted]етской Военной Администрации, немецким учреждениям и
немецким железн[redacted]рогам оказывать тр-ну -- гр-ке Bootz
[redacted] всемерное содействие в выполнении им -- ею служебных обязанностей.
Биле[redacted]братный проезд выдавать вне очереди.

Mitteldeutscher Rundfunk Sender Leipzig 3

По поручению: Mitteldeutscher Rundfunk Sender Leipzig
печать и подпись 3

„Erlaubnisse und Genehmigungen" für Erwin Bootz im Berlin der Nachkriegszeit, 1945

Von den in Deutschland gebliebenen „arischen" Mitgliedern der Comedian Harmonists hatte **Erwin Bootz** das Meistersextett 1938 verlassen, um im Kabarett der Komiker bei Willi Schaeffers zu arbeiten. Von seiner jüdischen Frau, der Tochter des Bildhauers Benno Elkan, hatte er sich 1935 scheiden lassen. Sie emigrierte später ebenso wie bereits zuvor ihr Vater, dessen Skulpturen in Deutschland von den Nazis zum großen Teil zerstört wurden. Bootz heiratete erneut und wurde 1944 Vater eines Sohnes. 1942 war er zum Militär einberufen worden, hatte aber das Glück, nicht an die Front zu müssen, sondern bei der Truppenbetreuung zu landen, die im Auftrag des Propagandaministeriums im Rahmen sogenannter Berliner Künstlerfahrten Unterhaltungsprogramme für die Wehrmacht veranstaltete. Schließlich arbeitete er beim Berliner Rundfunk und moderierte Sendungen für Soldaten, ehe er im April 1945 mit Hitlers letztem Aufgebot, dem „Volkssturm", doch noch zu einem allerdings kampflosen Einsatz kam.

Nach dem Krieg musizierte und konferierte Erwin Bootz sogleich wieder im neueröffneten KadeKo und „tingelte" zugleich mit verschiedensten Kleinkunstaktivitäten beim Berliner Rundfunk, in einem Varaieté in Lichtenberg und in der „Neuen Scala", wo er 1946 mit acht jungen Damen ein Gesangsensemble „The Singing Stars" zusammenstellte, das sich aber bald wieder auflöste. Wie viele Berliner Künstler profitierte auch Bootz von der bewußten Kulturförderung der Sowjetischen Besatzungsmacht gleich nach Kriegsende. Seine Tätigkeit bei Schaeffers brachte ihm sogar die begehrte Lebensmittelkarte Eins mit den höchsten Rationen. Im Juni 1948 war er beim Sender Leipzig, dann ging er nach München und erhielt von der Bavaria-Filmgesellschaft das Angebot, als Synchronsprecher zu arbeiten. In diesem Metier war er auch danach für die MGM in Berlin und Hamburg bis zum Jahr 1959 tätig, führte Dialog-Regie und schrieb für ca. 180 Filme die deutschen Textbücher.

Sein plötzlicher und überraschender Entschluß, 1959 nach Kanada auszuwandern, hatte finanzielle Hintergründe: Seine Steuerschulden hatten gefährliche Ausmaße erreicht, so daß die Ausreise eher einer Flucht glich. In künstlerischer Hinsicht waren die elf kanadischen Jahre, in denen er sich zunächst als Versiche-

Erwin Bootz 1955

rungsvertreter und dann als Pianist durchschlug, wie er selbst äußerte, „als verloren anzusehen“. 1971 kehrte er mit seiner dritten Frau Helli nach Hamburg zurück. Hier lernte er den gerade zum Intendanten des Bochumer Schauspielhauses ernannten Peter Zadek kennen, der ihn als musikalischen Leiter für seine Aufführungen engagierte. Gleich die erste Inszenierung, die Revue „Kleiner Mann, was nun?“, zu der Bootz die Musik arrangierte, wurde ein voller Erfolg. Über sieben Spielzeiten blieb er bei Zadek und schrieb u. a. die Bühnenmusiken zu „Professor Unrat“ und „Donna Rosita bleibt ledig“. Das Repertoire seiner eigenen Kompositionen hatte inzwischen einen beachtlichen Umfang erreicht.

Vom Erfolg der Comedian-Harmonists-Platten, von denen zwei sogar mit dem Deutschen Schallplattenpreis ausgezeichnet wurden, profitierte nun auch Erwin Bootz, dem es wirtschaftlich trotz seiner vielen Aktivitäten nie wieder glänzend ging. Natürlich brachten die Tantiemen in Höhe von 1000 bis 2000 DM pro Jahr nur ein Zubrot, aber Bootz machte nun gelegentlich Rundfunksendungen zur Geschichte des Ensembles und reiste 1976 auch in die DDR, wo ebenfalls eine Platte der Comedian Harmonists in Lizenz herausgekommen war, auf der aber fürsorglich mit Blick auf die „sowjetischen Freunde“ der unverfängliche „Blumentopp“ an die Stelle des Liedes „Wenn die Sonja russisch tanzt“ plaziert wurde. In Dresden trat Bootz am 5. Juli 1976 im Saal des Kabaretts „Herkuleskeule“ zu einer Art Podiumsgespräch auf, von dem die „Sächsischen Neuesten Nachrichten“ anderntags schrieben: *Der bald 70jährige ließ ein Feuerwerk von Unterhaltungskunst los, gewürzt mit Episoden aus seinem von harten Zeiten und erfolgreichen Jahren geprägten Künstlerleben, das zu wahrem Beifallssturm hinriß. ... Erwin Bootz setzte sich immer wieder an den Flügel und gab Kostproben seiner großen Musikalität und Vortragskunst. So hörten wir von der „Schönen Isabella aus Kastilien“, er zitierte Ringelnatz „Es waren einmal zwei Ameisen“, parodierte Blandine Ebinger mit dem „Zirkuswunderkind“ und die unvergessene Claire Waldoff mit „Wejen Dir habe ick meine jute Stellung bei Tietz uffjejeben“.* So blieb Erwin Bootz der einzige von den Comedian Harmonists, der in diesem Metier der leichten Muse bis an sein Lebensende aktiv war. Am 27. Dezember 1982 starb er mit 75 Jahren in Hamburg an den Folgen eines Herzinfarkts.

Ari Leschnikoff mit den Noten seiner Romanze „Bitterer Kaffee", Sofia 1968

Ari Leschnikoff hatte nach dem Zerwürfnis mit Robert Biberti und seinem Ausscheiden aus dem „Meistersextett" 1941 zunächst noch erfolglos in Berlin versucht, Verträge als Solosänger zu erhalten. Schließlich kehrte er nach Sofia zu seiner Frau zurück, die hier seit dem Sommerurlaub 1939 mit ihrem kleinen Sohn lebte. Seine Ersparnisse hatte er in ein Mietshaus investiert. Dies sicherte ihm zunächst den Lebensunterhalt. Außerdem nahm er bis zum August 1942 bei der Schallplattenfirma „Mikrophon" in Sofia eine Reihe von Liedern seiner Heimat und einige weitere Titel auf, in denen noch einmal die ganze Süße und der besondere Reiz seiner vielgerühmten Tenorstimme zur Geltung kamen. Als Hauptmann der Reserve wurde er im August 1942 zwar wieder zur bulgarischen Armee eingezogen, blieb aber als Adjutant des Bahnhofskommandanten von Sofia vom Krieg unberührt, bis am 10. Januar 1944 sein Haus bei einem Luftangriff völlig zerstört wurde. In den folgenden Jahren lebte die Familie nahezu mittellos bei Bekannten, und ihre Lage wurde nach dem Einmarsch der Sowjetarmee noch trostloser. Ari trat zwar hier und da noch als Sänger auf, seine in England geborene Frau Delphine gab privaten Sprachunterricht, aber das alles brachte kaum etwas ein. Als ihr Vater 1947 in London starb, fuhr seine Frau mit dem Kind nach England zur Beerdigung und kehrte nicht mehr zurück. Er behauptete lange Zeit, sie sei in England gestorben, und gab erst später zu, daß sie sich damals von ihm scheiden ließ. Seinen Sohn Simon sah er erst 1970 wieder, als dieser den Vater in Sofia besuchte.

Ari Leschnikoff beim Interview zum Fernsehfilm, Dezember 1975, in Sofia

Von 1947 bis 1956 war Ari Leschnikoff dann in einem staatlichen Kulturensemble gelegentlich im Rundfunk und auf Veranstaltungen mit Gesangsnummern zu hören, ehe er seine künstlerische Tätigkeit ganz aufgab. Inzwischen hatte er 1952 noch einmal eine sehr viel jüngere Frau geheiratet. Drei Jahre später wurde sein Sohn Ari geboren. Leschnikoff war inzwischen 58 Jahre alt und arbeitete als Gärtnergehilfe in den Städtischen Parkanlagen. Mit 65 bekam er schließlich eine so geringe Rente, daß er diese Arbeit auch nach 1962 nicht aufgeben konnte.

Als er Ende der 50er Jahre durch Zufall von den ersten Schallplatten-Neuauflagen der Electrola erfuhr, wandte er sich hoffnungsvoll an die Gesellschaft, wurde von dieser aber an Biberti verwiesen, der auf einen ergreifenden Brief Leschnikoffs gar nicht reagierte. Der Electrola teilte Biberti auf deren Anfrage am 10. Mai 1959 mit: *Herr Leschnikoff hat in keiner wie auch immer gearteten Beziehung irgendwelche Rechte an den Erträgen aus der Wirksamkeit der „Comedian Harmonists“ oder deren Nachfolger, das „Meistersextett“. Er schied vor fast 20 Jahren aus der Truppe aus, wobei Umstände obwalteten, welche gegebenenfalls an anderer Stelle zur Sprache kommen werden.* Auch durch die Bitten seiner Frau Hilde, Leschnikoff doch zu helfen, ließ sich Biberti nicht erweichen. 1973 schrieb Leschnikoff auch an Erwin Bootz einen langen Brief, in dem er um Unterstützung in der Auseinandersetzung mit Biberti bat.

Anfang Januar 1965 kam Ari Leschnikoff auf Betreiben des Dresdner Lehrers Hellmuth Näther in die DDR. Über das Zustandekommen dieses Besuchs gibt es zwei verschiedene Berichte. Leschnikoff glaubt sich zu erinnern, daß Näther, ein begeisterter Anhänger und Sammler der Comedian Harmonists, ihn bei einer Reise nach Sofia im Park erkannt habe und dann die Reise arrangiert hätte. Hellmuth Näther, der übrigens auch den Bootz-Besuch in Leipzig initiierte, erzählte 1967 eine andere, wahrscheinlichere Version: *Der Dresdner Bergsteigerchor „Kurt Schlosser“ war 1964 auf einer Konzertreise in Bulgarien. Als einige der Mitglieder des Chors im Stadtpark von Sofia spazierengingen, kam sehr aufgeregt ein älterer Mann, der einen Laubrechen in der Hand hielt, auf sie zu und sprach sie an: „Oh, Sie kommen aus Deutschland. Das kenne ich, da war ich auch lange Zeit. Ich war der Erste Tenor bei Comedian Harmonists!“ Die Leute vom Chor erzählten mir von dieser Begegnung sofort nach ihrer Rückkehr nach Dresden. Es grenzte für mich an ein Wunder, glaubte ich doch, wie allgemein angenommen wurde, auch, daß Leschnikoff seit dem Krieg verschollen sei. Sofort unternahm ich alles, um dieses Mitglied der Comedian Harmonists, die ich verehre, seit ich sie als junger Bursche zum ersten Mal in Dresden erlebte, kennenzulernen. Ich bemühte die bulgarische Botschaft in Berlin und wurde in meinem Vorhaben von unserem Volkskammerpräsidenten Dr. Johannes Dieckmann – ebenfalls ein großer Verehrer der Comedian Harmonists – tatkräftig unterstützt. So kam es zuwege, daß mich Ari Leschnikoff im Januar 1965 besuchen konnte.*

Ari Leschnikoff war für einundfünfzig Tage Gast in der Dresdner Wohnung Naethers, der sich so intensiv

~~Ari Leschnikoff mit seinen Dresdner Gastgebern~~ im Foyer des Friedrichstadt-Palastes, 1965

Ari Leschnikoff mit Hellmuth Näther und eine Nichte Ari Leschnikoffs um Auftritte und Kontakte für ihn bemühte, daß er sich wegen Vernachlässigung seiner Schulpflichten Maßregelungen einhandelte, andererseits aber so erfolgreich war, daß Leschnikoff in dieser Zeit wie auf einer Tournee weitergereicht wurde. Neben einer Reihe von Veranstaltungen mit früheren Plattenaufnahmen gab es ihm zu Ehren eine Sendung im Rundfunk und einen Empfang im Friedrichstadtpalast. Hier traf Leschnikoff auch den Musikalischen Leiter Karl Stäcker wieder, der bereits 1928 beim ersten Auftreten in Charells „Casanova“ als Korepetitor mit den Comedian Harmonists gearbeitet hatte. Drei Jahre später erhielt Ari Leschnikoff bei einem zweiten DDR-Aufenthalt die goldene Ehrennadel des Hauses, was ihn überaus stolz und glücklich machte.

Nach diesen Auslandsreisen nahmen plötzlich auch die heimischen Behörden Notiz von ihm. Er erhielt einige Auszeichnungen, und es erschienen zwei Schallplatten mit Soloaufnahmen aus den 40er Jahren, eine davon in einer Kopplung mit alten Aufnahmen der Comedian Harmonists. Dies war übrigens die erste historische Langspielplatte, die überhaupt in Bulgarien herausgebracht wurde. Wirtschaftlich blieb jedoch alles wie zuvor. Als Eberhard Fechners Fernsehteam Leschnikoff in Sofia aufsuchte, waren alle von seiner Armut erschüttert. Ein spontan entstandener Freundeskreis sandte ihm Geld und sorgte dann auch für seinen Grabstein, als er am 31. Juli 1978 im Alter von 81 Jahren in Sofia starb.

Robert Biberti blieb als einziges Mitglied der ursprünglichen Comedian Harmonists zeit seines Lebens in Berlin. Bis zu seinem Tode war sein Name im Telefonbuch mit dem Zusatz Comedian Harmonists versehen, und er sah sich selbst nicht nur als den ehemaligen Baß, sondern auch als den Leiter des Ensembles. Von bemerkenswerter Gesundheit und auffälliger Statur, verkörperte er in vielen Bezügen den Gegentyp zum eher schmächtigen Gründer des Ensembles, Harry Frommermann. Wenn er später immer wieder darauf hinwies, daß ohne seine Härte und Energie das Ensemble nicht über die Durststrecke der ersten Versuche hinausgekommen wäre, so spricht manches für diese Auffassung. Seine Härte wurde freilich von vielen auch als bittere Kälte empfunden.

Ebenso wie Erwin Bootz wurde er zu Beginn der 40er Jahre zur Wehrmacht eingezogen, aber auch ihm gelang es, vom Fronteinsatz verschont zu bleiben. Zunächst war er beim Luftschutz tätig als einer derjenigen, die bei Bomberangriffen das Heulen der Sirenen auslösten, das wohl niemand je vergessen wird, der damals in den bedrohten Städten die Luftschutzkeller aufsuchen mußte. Später nützten ihm seine ausgeprägten handwerklichen und technischen Fähigkeiten. Er blieb in der Waffenmeisterei und in Wehrmachtslaboratorien. Erst während des Krieges, im Juni 1944, heiratete er seine langjährige Gefährtin Hilde Longino, wurde nach Zoppot versetzt und kam dann nach Waida in Thüringen, wo er von den einmarschierenden Amerikanern nach kurzer Zeit wieder aus der Gefangenschaft entlassen wurde. Seine Frau war ihm noch im März 1945 nachgereist, nun schlugen sich beide nach Berlin durch.

Robert Biberti als Soldat in Berlin-Ruhleben, 1942

Robert Biberti im etwas eng gewordenen Original-Frack seiner Comedian-Harmonists–Zeit

Dank seiner Energie gelang es ihm, die schweren Nachkriegsjahre anfangs auch mit Schwarzmarktgeschäften, später dann durch Reparaturarbeiten und gelegentlichen Antiquitätenhandel zu bewältigen. In zähen Bemühungen erlangte Biberti die Anerkennung als vom Nationalsozialismus Geschädigter, und er erhielt neben einer Rente in Anerkennung seiner künstlerischen Verdienste einen geringen „Ehrensold" vom Berliner Senat. Eine reguläre Berufstätigkeit nahm er nicht mehr auf, und auch künstlerisch war er nach einem episodenhaften Versuch der Neugründung eines Vokalensembles nicht mehr aktiv. Die finanzielle Lage besserte sich durch die Schallplatten-Einnahmen, zumal er hier über lange Zeit Empfänger mehrerer Tantiemenanteile war. Schließlich fiel ihm Ende 1969 nach dem plötzlichen Tod seines Bruders Leopold, der als Theater- und Filmschauspieler überaus erfolgreich gewesen war, ein nicht unbeträchtliches Vermögen zu, das er sparsam verwaltete und anlegte.

Seine Frau, mit der er vierunddreißig Jahre sehr glücklich gelebt hatte, war ein Jahr zuvor gestorben, so daß er nun in seiner großen Berliner Wohnung in der Charlottenburger Schlüterstraße 55 allein lebte, zugleich aber viele Kontakte und Beziehungen zu einem großen Kreis ehemaliger und jüngerer Künstlerkollegen unterhielt, mit denen er sich in geradezu fahrplanmäßiger Regelmäßigkeit im Künstlerlokal „Bei Diener" traf. Die Comedian Harmonists blieben für ihn der Mittelpunkt seines Lebens, sein ganzer Stolz. Trotz seiner physischen Robustheit waren die letzten Jahre von Altersleiden überschattet, die er ohne Wehleidigkeit ertrug. Robert Biberti starb am 2. 11. 1985 im Alter von 83 Jahren.

Das Schicksal derjenigen, die in den **Nachfolgegruppen** der Comedian Harmonists mitwirkten, ist nur teilweise und bruchstückhaft bekannt. Über die Mitwirkenden der Emigrantengruppe wurde bereits das Wenige erwähnt. Nachzutragen bleibt, daß der Bassist Rudolf Mayreder am 28. Oktober 1978 in seinem Heimatort Mariazell starb. Fred Kassen, der Tenor-Buffo des Meistersextetts, kaufte sich nach dem Krieg die Münchner Künstlerkneipe „Das Stachelschwein" in Schwabing, in der er selbst als Barpianist und Sänger auftrat. Am 12. Dezember 1956 fand in seinem Lokal die Premiere der von ihm mitgegründeten Münchner Lach- und Schießgesellschaft statt, bei der Fred Kassen dann bis 1959 als musikalischer Leiter und Pianist tätig war. Im März 1959 eröffnete er in Köln das „Senftöpfchen", eine Kleinkunstbühne, die seit seinem Tod am 7. April 1972 von seiner Witwe Alexandra sehr erfolgreich weitergeführt wird.

Der Bariton Herbert Imlau starb 79jährig am 23. Oktober 1983. Er hatte nach seiner Rückkehr aus der Kriegsgefangenschaft im Jahr 1947 das „Comedian-Quartett" gegründet, das auf vielen Schallplatten der Nachkriegsjahre auch unter dem Namen „Die sieben Raben" in Erscheinung trat und als Begleitgruppe für Schlagerstars wie René Carol, Lonny Kellner u. a. zu hören ist. Es existierte bis zum Ende der 50er Jahre. Dabei handelte es sich jedoch trotz der Namensanleihe weder im Stil noch im Anspruch um eine an den Comedian Harmonists orientierte Gruppe. Solche Vokalensembles traten erst seit den 70er Jahren, angeregt durch die Neuauflagen der alten Schallplatten, wieder in wachsender Zahl in Erscheinung.

Kleine Feier zum „Deutschen Schallplattenpreis" für die Comedian Harmonists Story, 1979 (v. l. n. r.: der Jazz-Kolumnist Horst H. Lange, Leo M. Schloesser von der EMI-Electrola, Dr. Peter Czada, Robert Biberti)

EMI
DIGITAL
A Tribute to the
COMEDIAN HARMONISTS
Night and day · Tea for two · Stormy weather
Wochenend und Sonnenschein
Das ist die Liebe der Matrosen · Veronika etc.
THE KING'S SINGERS

Die Renaissance eines Ensembles

Viele Ereignisse in der Geschichte, aber auch im individuellen Lebenslauf der Menschen zeigen einen zyklischen Verlauf, scheinen einer gewissen gesetzmäßigen Wiederkehr zu folgen, die freilich umstritten und nicht zwingend beweisbar ist. In der Ökonomie sind es die „langen Wellen" des Wachstums, die sich in 50- bis 60jährigen Perioden bemerkbar machen sollen, und manche Geschichts- und Kulturphilosophie operiert mit wiederkehrenden Kreisläufen, die in einer Fülle von „Neo-Ismen" an Vergangenes anknüpfen.

So ambitioniert muß man vermutlich nicht ansetzen, um die Tatsache zu erklären, daß ein halbes Jahrhundert nach dem Erfolg und nach einer langen Periode des Vergessens plötzlich wieder der Klang, die Interpretation und die Stücke eines Vokalensembles in einer Zeit populär werden, in deren gängiger Unterhaltungsmusik das krasse Gegenteil der Comedian Harmonists dominiert. Man stelle sich sechs junge Männer im Frack, ohne Mikrophon, nur mit ihren Stimmen ausgerüstet bei einem Auftritt in einer „Disko" vor, die vom „Onkel Bumba aus Kalumba" singen, nachdem soeben die Hard-Rock-Band in Schwaden künstlichen Nebels von der Bühne gewankt ist. Davon liegen in der Tat bisher noch keine Berichte vor, und dennoch vollzieht sich ähnlich Erstaunliches, wenn etwa die „Tailed Comedians" nach ihren umjubelten Anfängen in Kalles verräucherter „Museumskneipe" im Ku-Damm-Karree den Berliner Kammermusiksaal mit einem Publikum aller Altersklassen füllen, wenn die „H'Monists" im Berliner „Flöz" oder in der Neuköllner Oper den begeisterten Beifall junger Zuhörer erhalten, oder die Gruppe „Cantabile" in England das singt, womit auch die „Dresdner Vokalisten" ihre Zuhörer in der DDR beglückten: Lauter alte Titel und Evergreens der Comedian Harmonists! „Die Vielharmoniker", sechs reifere Herren mit Zylindern, profitierten in den 70 Jahren mit etlichen Platten vom Comeback der Comedian-Harmonists-Aufnahmen, die Münchner „Singphoniker" brachten in ihrem weitgespannten Repertoire Titel der Gruppe; und selbst in der „Provinz" entstanden Nachfolger, wie z. B. die „Bielefelder Harmonists", ein von sechs Gymnasiasten gegründetes Ensemble, oder „Die Grammophoniker" aus Saulgau. Die weltberühmten King's Singers, deren Repertoire vom Madrigal bis zur Moderne reicht, traten mit einem „Tribute to the Comedian Harmonists" vor ihr Konzertpublikum, sangen deren Titel nach oder variierten sie in ihrem Stil. Wie populär die Comedian Harmonists wieder wurden, zeigt sich auch daran, daß nicht nur Loriot in einem seiner Fernseh-Sketche ein knubbelnasiges Zeichentrick-Ensemble „So ein Kuß kommt von allein" interpretieren ließ, auch Otto Waalkes versuchte sich mit dem „Kleinen grünen Kaktus", der schließlich ebenfalls für die „Mini-Playback-Show" herhalten durfte und dort prompt zum ersten Preis führte.

Mit Larry Fullers Revue „Jazz-Leggs" im Berliner Friedrichstadtpalast, 65 Jahre nach dem ersten öffentlichen Auftreten der Comedian Harmonists an gleicher Stelle, schließt sich der Kreis: Wie 1928 in Charells „Casanova" werden auch hier die einzelnen Darbietungen von einem Vokalensemble überbrückt, von dem es in der Premierenkritik des Berliner „Tagesspiegel" heißt: *Denn natürlich ist auch das „Barbershop-Quartet", mit dem die Show ihren Fortgang nimmt, nicht denkbar ohne die legendären Comedian Harmonists und ihr virtuoses A-capella. Sie fungieren hier als gesungene Kapitelüberschriften, geben mit ihren Songs den Einstieg in den jeweils neuen Musik-Komplex und vermeiden dabei erfreulicherweise den bei „Jazz-Leggs" sonst so störenden Volkshochschul-Effekt, weil sie mit jenem ironischen Augenzwinkern daherkommen, das für einen Moment alle Anstrengungen und alles Angestrengte vergessen läßt und auch endlich jene Verbindung mit dem Publikum herstellt, die – zumindest in Berlin – für die Revue immer kennzeichnend war...*

Natürlich ließe sich dies alles dem Begriff Nostalgie zuordnen und damit als wehmütige Reminiszenz an eine vorgeblich „gute alte Zeit" abtun, wenn es sich lediglich um ein vorübergehendes, kurzlebiges Phänomen handeln würde. Alles spricht jedoch gegen eine solche Interpretation, denn offenkundig haben die Comedian Harmonists, ohne es geahnt oder gar geplant zu haben, etwas im Wortsinn „Unbeschreibliches" zuwegegebracht, was beim Hören ihrer „Hits" mühelos ankommt und in musikwissenschaftlicher Terminologie darauf zurückgeführt wird, daß es sich „um einfache, faßbare Melodik, klaren und eindeutigen Rhythmus sowie um unproblematische und gefällige Harmonik" handelt[8]. So einfach erscheint ihre Musik, wenn man sie

Tailed Comedians

Sonnabend, 29. Dezember, 20 Uhr, Kammermusiksaal

THE TAILED COMEDIANS

Das Vocalensemble mit den Original-Arrangements der

"Comedian Harmonists"

"Ich wollt', ich wär ein Huhn", "Ali Baba", "Ein Freund, ein guter Freund" und andere unvergessene Schlager

ICC BERLIN

Silvester, 31. Dezember, 19 Uhr, ICC

Festliche Aufführung zum Jahreswechsel

Die Königin der Operette:

Die Fledermaus

von Johann Strauß - Es spielt das

WIENER OPERETTEN-THEATER

Mit den Star-Solisten, Ballett, Chor und Orchester

Vorverkauf: KARTEN-SERVICE Hardenbergstr. 6, 1/12

☎ 313 70 07 (Mo.- Fr. 8-16 Uhr) sowie Theaterkasse in der TU-Mensa und alle Theaterkassen.

DIE GRAMMOPHONIKER

in Seminaren theoretisch erklärt! Erschließen läßt sich dadurch jedoch weder die Faszination der Stimmführung, noch der besondere Reiz der vokalen Instrumentation und schon gar nicht der musikalisch pointierte Witz der Stücke, die vielfach erst durch die Interpretation der Comedian Harmonists zu Evergreens wurden. Ihren neuen Langspielplatten und CD's ist es zu verdanken, daß heute mehr Menschen von dieser Musik erreicht und angesprochen werden, als es in der Blütezeit des Ensembles rein technisch möglich war. Und dennoch sind diese Aufnahmen natürlich nur Konserven einer musikalischen Delikatesse, die sich aber immer wieder neu entfaltet, wenn etwa die King's Singers oder andere junge Sänger in verschiedensten Ländern ihren Vorbildern „live" nacheifern, indem sie deren Arrangements von den Platten übernehmen und dann in verschiedensten Varianten interpretieren. Man muß sie auch auf der Bühne neu erleben, um jene Begeisterung ganz teilen zu können, die von den Comedian Harmonists vor mehr als sechzig Jahren in allen Teilen der Welt ausgelöst wurde.

Ihre „Kleinkunst" bleibt große Kunst!

Plakatwerbung, Rom 1934

Plakate, Programmzettel, Photos

Litfaßsäulenreklame, Kassel, Oktober 1931

COMEDIAN
HARMONISTS
SINGEN NUR FÜR ODEON
ODEON

Leipzig, 1930

Comedian Harmonists

Ein Doppelterzett. Kurzum Ein Sextett. Bei diesem Wort denkt man unwillkürlich an Mozart-Opern, an schön oder pittoresk geschwungene Melodien, mit denen uns die alten Meister beglückt haben. Melodien, in denen etwa versichert wurde: „Herr Graf, Herr Graf, Herr Graf, Herr Graf, Herr Graf, Herr Graf, die Pferde sind gesattelt, gesattelt, sie sind gesattelt, jawohl, gesattelt, gesattelt, gesattelt sind sie . . ." Heute haben sich die Sextetts unabhängig von der Oper gemacht. Sie stehen auf der Bühne des Varietés und beschäftigen sich eher mit der vielgeküßten Hand von Madame, als mit den Sätteln von Vierfüßern. Die Zeit fordert ihren Tribut von der Kunst. Das Sextett hat sich ein wenig amerikanisiert, nimmt Rhythmus und Melodie unserer Epoche auf. Man soll dabei aber nicht glauben, daß die Comedian Harmonists etwa keine Sänger der alten, guten Schule wären. Sie würden einen Canon mit der gleichen Bravour vortragen können, wie einen modernen Refrain. Daß sie beides können, ist ihre Stärke. Und daß sie innerhalb ihrer Gruppe die Stimmverteilung, das Zuwerfen der Melodie artistisch beherrschen, ist ihre Amusance.

Jeden Mittwoch, Sonnabend, Sonntag 4 Uhr
Volles Programm — Kleine Preise

Hamburg, März 1929

Apollo-Theater vom 10. bis 14. April abendl. 8 ¼ Uhr **Nur diese 5 Tage**

ein Erlebnis:

die deutschen

Revellers

(Comedian Harmonists)

◆ **Europas beste Schallplattensänger**

in ihrer Vorstellung

Tempo-Variete

mit

Blandine Ebinger
Curt v. Wolowsky

von den Reinhardt-Bühnen Berlin

Revellers sind Gesang!
Revellers sind Satyre!
Revellers sind Tanz!
Revellers sind Parodie!

8 Uhr Abendblatt, Berlin:

Den größten, einen **stürmischen** Erfolg hatten wiederum die deutschen Revellers, weltbekannt aus Reinhardts Artisten

Felix Holländer

Karten 50 Pfg. bis 5 Mk.

Theaterkasse, Warenhaus Wronker A.-G., Sammelkasse K. F. Heckel, Mannheimer Musikhaus.

Revellers nur auf Elektrolaplatten!

Mannheim, April 1930

Tempo-Varieté

im „Neuen Theater".

Tempo-Varieté: Blandine Ebinger, die Comedian Harmonists und Curt v. Wolowski haben gemeinsam dies eine: ein unerschöpfliches Register schwebender Töne, eine Fülle von Lauten zwischen Singen und Sprechen, vom Grunzen bis zum Jauchzen —, ein Musik-Parfüm sozusagen, das die Ohren betört.

Curt v. Wolowsky ist kurz, hat ein gepflegtes Bäuchlein unter der grauen Etonhose, und in seiner Conference knisterts nicht gerade von Einfällen. Dafür aber stehen die Zwischentöne, seine „hm-hms" und seine „äähs" geschickt aufmunternd zwischen Blandine und den Sängern.

Die Comedian Harmonists: „Deutsche Revellers" heißt die berühmte Truppe zu Unrecht. Wo die Harmonists revellern, sind sie meisterhaft und erstaunlich virtuos, nicht aber original. So rhythmisch sie sind, so stubenrein in dem Kreuz und Quer der verzwicktesten Stimmen —, die amerikanischen Jazzpiècen sind nicht der „Clou". Die vergangenen „Geschichten aus dem Wiener Wald" muß man hören: Da schlägt das alt-europäische Herz dieser sechs Burschen ganz ohne Schmachten, graziös und beglückend vergnügt. Melodie ist ihre Stärke, Freude an sich selbst und am Lied —, sanftes Ineinander —, weiche Uebergänge.

Und dann Blandine: biegsam, spindeldürr, keß und verzweifelt: große Augen, große Klappe. Sie hat ein für alle Mal die Berliner „Göre" kreiert, dieses gottserbärmliche, weinerliche Wesen. Sie brachte noch mehr Berliner Typen mit: aus einem andern, gleich unseligen Berlin. Man lacht gezwungen über „die hysterische Ziege", und ist gepeinigt. Doch die Ebinger fasziniert, dies grausam klare Persönchen ohne Gewicht und Dichte.

*

Die lange Nacht ist schnell verflogen: kein Moment der Langeweile: Frankfurt war entzückt von den anmutigen Sprüngen der kapriziösen Kleinkunst-Musen. Ein Abend ohne Anspruch, voll Musik, voll Laune und Spritzern von Geist. Die großen Schlager waren Blandines „Kitsch", Wolowskys „Schauspielerimitationen" und immer wieder die sanften Comedian Harmonists. rb.

Frankf. General Anz. 22. 4. 30
No 93.

Frankfurter Generalanzeiger v. 22. 4. 1930

auch für Sie, wenn Sie sich
rechtzeitig an das Sekretariat

Comedian Harmonists

Berlin-Charlottenburg 2
Carmer-Straße 11
C1 Steinplatz 2741 J2 Oliva 3752

wenden!

Einige Presse-Urteile:

BERLIN

Berliner Tageblatt
Eine Glanznummer: Die Kunst der Comedian Harmonists, die ganz große.

Deutsche Tageszeitung
Das halbe Dutzend Comedian Harmonists - Mitte und Höhepunkt des Programms - reißt hin.

8 Uhr - Abendblatt
Den größten Beifall des Abends heimsten .. die Comedian Harmonists ein.

LEIPZIG

Neue Leipziger Zeitung
Lawinenartiger Beifall des ausverkauften Hauses.

Leipziger Neueste Nachrichten
Sie sind ein Labsal; in ihren Kehlen verwandelt sich Kitsch in lauterste Kunst.

BRESLAU

Ein Caruso könnte nicht stürmischer gefeiert werden!

FRANKFURT a. M.

Frankfurter Zeitung

Wie sie singen, das ist hervorragend.

DRESDEN

Dresdner Volkszeitung

. . . hinreißend - packend - modern - lustig mit Keckheit und Keßheit . . .

KÖNIGSBERG

Königsberger Hartungsche Zeitung

„Jedes Stück der Comedian Harmonists ist ein Volltreffer".

Königsberger Allgemeine Zeitung

Diese 5 Sänger mit ihrem Pianisten feierten in der bis auf den letzten Stehplatz gepreßt vollen Stadthalle einen leichten stürmischen Sieg.

Volkszeitung Königsberg

Ein im ersten Augenblick gar nicht abschätzbares technisches Können, sowie eine hohe Musikalität vereinen sich zu einer meisterlichen Leistung.

DARMSTADT

Darmstädter Tageblatt

Die sechs sind einmalig.

HANNOVER

Hannoverscher Kurier

. . . Orgie des Beifalls . . .

Hannoverscher Anzeiger

. . . Doch wenn die Comedian Harmonists singen, schmelzen alle Einwände dahin wie der Schnee unter der Sonne. Ihnen allen gebührt das gleiche Lob . . .

BREMEN

Bremer Nachrichten

. . . eine Leistung, die bei den Zuhörern einen seltenen Grad der Begeisterung entfachte und . . helles Entzücken hervorrief.

HÖREN . . .

Sie sich folgende Electrola-Platten aus dem Repertoire an!

Veronika, der Lenz ist da
(E G 2033)

Wochenend und Sonnenschein
(E G 2033)

Liebling, mein Herz läßt Dich grüßen
(E G 2032)

Bei der Feuerwehr
(E G 2149)

Heut fahr' ich mit Dir in die Natur
(E G 2149)

G'schichten aus dem Wiener Wald
(E H 432)

Ich hab für Dich 'nen Blumentopf bestellt
(E G 1911)

Wir sind von Kopf bis Fuß auf Liebe eingestellt
(E G 1911)

Baby
(E G 2238)

Puppenhochzeit
(E G 1647)

Halt Dich an mich
(E G 2245)

Du bist nicht die Erste
(E G 2238)

Marie, Marie
(E G 2204)

Serenade der Hofsänger
(E G 2204)

HOBOKEN-PRESSE BERLIN

Die Comedian Harmonists im Kreis des Revue-Ensembles, Leipzig, September 1930

COMEDIAN HARMONISTS
die sechs lustigen Gesangsvirtuosen
auf
ELECTROLA

März
1933
Der Schlager des Monates
Die
COMEDIAN HARMONISTS
singen
„Die Dorfmusik“
Siehe Seite 6
“HIS MASTER’S VOICE”
His Master's Voice
Hören Sie auch die Aufnahme von
MAREK WEBER und seinem Orchester:
„CHOPINATA“
Siehe Seite 3

Die
Comedian Harmonists
singen, und Ihr Herz singt mit!
Hier sind ihre beglückenden Lieder.
Jedes einzelne in vielen Auflagen in aller Welt verbreitet.
Die Liebe kommt, die Liebe geht
Menuett .... EG 2856
Mein Herz ruft immer nur nach dir
Der alte Cowboy .... EG 3038
Das alte Spinnrad ......
Komm im Traum .... EG 3047
Wenn die Sonja russisch tanzt .
Ein bißchen Leichtsinn kann nicht schaden .... EG 3110
In der Bar zum Krokodil ...
Wie wär's mit Lissabon .... EG 3117
ELECTROLA

Das neue
"His Master's Voice"
Reisemodell 102
am Lande sowie zu Hause das ganze Jahr hindurch leistet Unterhaltung
Zu Hause, im Freien, beim Sport, auf der Reise — jederzeit bereit — frohe Laune und gute Stimmung um sich zu verbreiten.
Auf Grund genauer wissenschaftlicher Berechnungen und Versuche wurde eine bisher nie gehörte lebenswahre Wiedergabe erreicht. Auch die solide und zweckmässige Einrichtung sowie äussere Aufmachung beweisen die hohe Qualitätsstufe dieses Modelles.
Um die hervorragenden Eigenschaften des Modelles 102 richtig beurteilen zu können, muss man dieses einzigartige Musikinstrument sehen und hören. Jeder "His Master's Voice" Händler wird es Ihnen unverbindlich vorführen.
Der "His Master's Voice" Reiseapparat Modell 102
Geringes Gewicht geringe Grösse
Bequem beim Tragen
DER SCHLAGER
DES MONATES
DIE COMEDIAN
HARMONISTS
SINGEN:
„EIN LIED GEHT UM DIE WELT“
Siehe Seite 3
"His Master's Voice"
Musikplatten Oktober 1933

Potsdam, 1932

Die Comedian Harmonists mit Gitta Alpar

Comedian Harmonists nennen sich die fünf ausgezeichneten Sänger, die im Konzertsaal und auf Schallplatten seltene Triumphe feiern. Man sah sie im Film zunächst im Rahmen vieler Spitzenwerke, ohne daß ihr Name auf dem Programm genannt wurde. Hörte sie in Lupu Picks letztem Werk „Gassenhauer", wo sie das Leitmotiv „Marie, Marie" zu besonderen Ehren brachten. Ihre große Wirkung erzielten sie vor allem durch die eigenartige glänzende Bearbeitung ausgewählter musikalischer Motive. Sie sind heute als musikalische Stars genau so wichtig und ebenso populär wie die flimmernden Helden und Heldinnen der Leinwand, die in der ersten Reihe stehen. (Unser Bild zeigt die Comedian Harmonists in dem „Fratellini"-Tonfilm der Zelnik-Produktion.)

Le Grand Music-Hall
Artistique

4. III. 34.

Brüssel
Palais des Beaux arts

Les Comedian Harmonists

Das Meistersextett
früher Comedian Harmonists
auf
ELECTROLA
Musikplatten

Programm der Berliner Scala (Mai 1937) und Leuchtreklame (1938)

Erste Australien-Tournee der Emigrantengruppe 1937 und Pressebericht aus „The Sun", Melbourne, 11. 9. 1937

The Sun News-Pictorial

ROMAN CYCOWSKI (baritone), ERICH COLLIN (second tenor), HANS REXEIS (first tenor), FRITZ KRAMER (pianist), HARRY FROMMERMANN (buffo and musical arranger), RUDOLF MAYREDER (bass).

When A Duck Conducted The Comedy Harmonists

By Alan Moyle

"AND we rehearsed for eight months," said Harry Frommermann.

"And did not gif one concert in that time," Fritz Kramer agreed.

"And zo — all that time we earn no money," added Erich Collin. . . .

Hans Rexeis, Roman Cycowski and Rudolf Mayreder, they said nothing. They just nodded, while their hands talked. Words would have come, too, no doubt, if they had been able immediately to transmute into English the soft German of Wien that sprang unspoken to their tongues . . .

"Oh," I said. "That was very—er—brave of you"; feeling rather bewildered myself, and not at all courageous. For there before me, the morning after the night of their first Town Hall concert in Melbourne, sat the full battery of the Comedy Harmonists—probably the most famous quintet ever.

"But, I hope, you didn't starve, then?" I asked.

"But no—nein, nein," chorussed the Comedy Harmonists.

There were six of them, really—five singers and the pianist. But so used have they grown to singing, acting, almost living in concert that I was not interviewing six vital and robust Comedy Harmonists but one very dynamic Comedy Harmonist who was them all . . .

Co-operative Basis

The story you interrupted when I began to write this shows the thoroughness and science with which these six Austrians get their extraordinary effects. The quintet began just 10 years ago. Harry Frommermann was in Berlin, studying dramatic art. He had been a student of the Academy of Art, indeed. But student days were over and he had begun to plan a career.

One day he heard the singing of an American quartet well known at that time, that gave the young Frommermann an idea. Next morning an advertisement appeared in the Berlin and Vienna newspapers calling for volunteers to join a co-operative harmony group.

"That is the point," Harry Frommermann paused to explain. "We are co-operatives. Share and share. There is no leader, not one. Because I am the founder that does not matter. Whoever has a new idea gives it to us all. That is how we work . . .

"And imagine my great shock, my surprise," he went on, "when the first to answer my advertisement was my old friend at the academy, whom I had forgotten, Erich Collin. So then we collected the rest of the voices, and I have told you, for eight months we rehearsed before we felt we were enough perfected to appear on the stage. Then we got work, and we have been working and rehearsing, rehearsing and working, ever since.

"We all have homes in Vienna, but—I have counted it—we have had only 12 days in our homes in this year . . .

"But you must have some hobbies, something apart from your work?" I asked.

Rehearse 6 Hours Daily

"No," said Fritz Kramer. "No, we haven't time for hobbies. We've only got weaknesses . . . Mine is to ski. I heard of Kosciusko. But I just had to pass Kosciusko by. Oh, it's bad to have a weakness, like ski-ing, when you want to make it a hobby . . ."

"Mr. Collin, he plays tennis—if he could have time," explained Fritz Kramer. "Und Mr. Frommermann swims, also Mr. Rexeis, on similar terms."

"I—I hunt, I shoot," explained Rudolf Mayreder, in deep bass tones . . .

"Yes. He has a friend," interpreted Harry Frommermann. "This friend collects stamps. So Rudolf sends him stamps from all parts of the world he visits. And when Rudolf returns to Austria, he says to his friend: 'Now let's go hunting.'"

"Fair exchange," rumbled the towering bass, with a happy grin . . .

The collective Comedy Harmonist told me that rehearsal is the biggest factor in all his work. The six of him rehearse six hours a day. Rehearsals go on even when travelling. Extraordinary precautions are taken to prevent chills or other illness.

It is only the consummate art of the six that gives that air of utter spontaneity on the stage, for every song has its routine, and there is never any departure from it . . .

Harry Frommermann is the buffo and musical arranger of the troupe—for that really is what this is. Everything they sing is specially harmonised by Frommermann. The Rumba Tambah arrangement, for instance, was written during a concert tour of Austria. Given the song, the arranger decides on the chief point to be stressed. In this case it was the refusal of a girl to accept her lover. He is disappointed.

It must, therefore, be parodied . . . "said in a funny way," explained Harry Frommermann, "because it is our function to see the comedy in life as well as the tenderness that some of the old lieder show. Having settled the main idea of the song, then we add counterpart and harmony to stress the comedy idea and so a song is built up, even before it is written down . . ."

"We are well-named, you know," Fritz Kramer said. "We have had some very funny experiences. You remember the railway song, Harry? . . ."

Fireman Who Would "Sing"

"Ah, that was in Berne," Harry Frommermann said. The Harmonists were engaged to sing in an operetta of Spoliansky. Their song began with the bom-bom-bom, brrrump-brrrump-brrrump, brssh-brssh-brssh of a railway train starting to move—an imitation that needed full man-power. The song was sung on a dark stage.

The singers were called not by a call boy but by a bell ringing in their dressing room. One day the bell rang, and although four of the six were in the dressing room none heard it.

In the meantime down on the stage two lonely harmonists were waiting in the pitch darkness. The signal to begin was given . . .

"What shall we do?" was how Harry Frommermann told the story. "All we can do is to start to sing in the darkness . . . Oh, it was so funny; two poor men trying to make that railway train start with all the steam of the full quintet. When the others of us arrived late on the stage and saw the two lonely ones nearly—bursting their boilers, do you say?—they, the truants, could not start because they must laugh and laugh, it was so funny . . .

"Then I must tell you of a concert once in Scandinavia. I don't know why, but one of us started to laugh, in the middle of a song. The laugh goes over to another man, and then more and more, until not one of us could sing, but must break up. It was terrible, but it was funny. We had to make our excuse, of course, and start all over again."

"Tell him about the fireman," Rudolf Mayreder urged . . .

Notenausgabe eines Erfolgstitels der Comedy Harmonists, Sydney 1937

Diskographie

Die nachstehende Diskographie aller Formationen der Comedian Harmonists enthält sämtliche Aufnahmen, so weit sie als Schallplatten im Handel erschienen oder als Test- bzw. Musterplatten in Sammlungen bzw. Archiven nachweisbar sind. Es handelt sich durchweg um „Schellack-Schallplatten" mit 78 Umdrehungen pro Minute. Die Platten sind nach fortlaufenden Matritzen-Nummern geordnet, wobei die durch einen Bindestrich angefügte letzte Ziffer den „Take" bezeichnet, also die fortlaufende Numerierung der jeweiligen Aufnahmen, die von einem Titel gemacht wurden. Die veröffentlichten Platten sind in der vorletzten Spalte mit ihren Bestellnummern gekennzeichnet (O. = Odeon / EG, EH = Electrola / Col. = Columbia / HMV = His Master's Voice / DG = Disque Gramophone / Tel. = Telefunken). Bei mehreren Bestellnummern für die gleiche Platte wurde die des Aufnahmelandes ausgewählt.

Aufnahmedatum und -ort sind der „Diskographie der deutschen Kleinkunst" von Manfred Weihermüller entnommen, die für die Comedian Harmonists in Zusammenarbeit mit Peter Czada erarbeitet wurde. So weit nicht anders angegeben, ist der Aufnahmeort Berlin. Die letzte Spalte enthält die Bestellnummer der Langspielplatten mit der wiederveröffentlichten Aufnahme.

Comedian Harmonists (Berliner Gruppe)

(Kursiv gesetzte Titel und Takes = unveröffentlicht)

Matritzen-Nummer und Take	Aufnahme-Datum	Titel (Komponist / Texter)	Best.-Nr. oder Test- bzw. Musterplatte	Wiederveröffentlicht auf EMI 1C 148-....
1080 LT	10.5.1928	*So blue (De Sylva / Brown / Henderson)*	*Testaufnahme*	
1081 LT	10.5.1928	*Jig Walk (Ellington)*	*Testaufnahme*	
Be 7120	18.8.1928	Ein bißchen Seligkeit (= "Souvenirs") (Nicholls / F. Rotter)	O.-2586 a	
Be 7121	18.8.1928	Ich hab' ein Zimmer, goldige Frau (J. Cowler / F. Rotter)	O.-2585 b	46 078/9
Be 7122-2	18.8.1928	Ninon, Du süße Frau (= "So blue") (De Sylva / Brown / Henderson)	O.-2586 b	
Be 7123	18.8.1928	Du hast mich betrogen (E. Bootz / F. Rotter)	O.-11451 b	46 078/9
Be 7123-3	6.11.1928	Du hast mich betrogen (E. Bootz / F. Rotter)	Musterplatte	
BL 4432-1	22.8.1928	"Italienisches Intermezzo" aus "Casanova" (J. Strauß / R. Benatzky / Schanzer u. Welisch / arr.: E. Bootz)	EG 960	32 255/6
BL 4433-1	22.8.1928	"Spanisches Intermezzo" aus "Casanova" (J. Strauß / R. Benatzky / Schanzer u. Welisch arr.: H. Frommermann)	EG 960	32 255/6
Be 7246	14.9.1928	Ich küsse Ihre Hand, Madame (R. Erwin / F. Rotter)	O.-2585 a	32 255/6
Be 7246-4	20.11.1928	Ich küsse Ihre Hand, Madame (R. Erwin / F. Rotter)	Musterplatte	
Be 7346	9.10.1928	Wir flüstern (Teil 1) (Das Lied der Liebe / Sündig und süß / ich steh' mit Ruth gut)	O.-2658 a	
Be 7347	9.10.1928	Wir flüstern (Teil 2) (Ja, ja, die Frauen / Blau / Ich küsse Ihre Hand, Madame)	O.-2658 b	
Be 7570	6.11.1928	Mein blauer Himmel (= "My blue Heaven") (W.Donaldson / Whiting / F. Löhner-Beda)	Musterplatte	
Be 7570-2	6.11.1928	Mein blauer Himmel (= "My blue Heaven") (W.Donaldson / Whiting / F. Löhner-Beda)	O.-2737 a	
Be 7571	6.11.1928	Süßes Baby (A. Egen / F. Rotter)	Musterplatte	
Be 7571-2	6.11.1928	Süßes Baby (A.Egen / F. Rotter)	O.-2737 b	
Be 7715	6.12.1928	Toselli-Serenade (E. Toselli / C. Böhm)	O.-11296 a	
Be 7716	6.12.1928	Legende d'amour (G. Becce / H. Knorr)	O.-11296 b	
Be 7797	17.12.1928	Ausgerechnet Donnerstag (W. Jurmann / F. Rotter)	O.-2745 b	
Be 7798	17.12.1928	Wenn der weiße Flieder wieder blüht (F. Doelle / F. Rotter)	O.-2745 a	
Be 7798-2	22.1.1929	Wenn der weiße Flieder wieder blüht (F. Doelle / F. Rotter)	Musterplatte	
Be 7892	22.1.1929	Anno dazumal (Teil 1) (Als der Großvater die Großmutter nahm / Komm in meine Liebeslaube / Und dann schleich' ich still und leise / Schaukellied) (C.Morena)	O.-2860 a	
D-93-O 1543/3. 7. / 346	22.1.1929	Anno dazumal (Teil 1) (Als der Großvater die Großmutter nahm / Komm in meine Liebeslaube / Und dann schleich' ich still und leise / Schaukellied) (C. Morena)	Musterplatte	
Be 7893	22.1.1929	Anno dazumal (Teil 2) (Siehst Du wohl, da kimmt er / Auf dem Baume, da hängt 'ne Pflaume / Wir brauchen keine Schwiegermama / Ha'm Se nicht den kleinen Cohn geseh'n? / Hallelujah (C. Morena)	O.-2860 b	
Be 7894	22.1.1929	Hallo, Hallo! Hier Wien! (Teil 1) (Grüß Euch Gott, alle miteinander / Wenn zwei sich lieben / Vogerl, fliegst in die Welt hinaus / O komm mit mir, ich tanz mit Dir) (C. Morena)	O.-2809 a Col. G-5195-F	
Be 7895	22.1.1929	Hallo, Hallo! Hier Wien! (Teil 2) (Lieber Himmelsvater sei nicht bös' / Noch amal, noch amal, noch amal / Wien, Wien, nur du allein) (C. Morena)	O.-2809 a Col. G-5195-F	

Be 7896	22.1.1929	*Ausgerechnet Du gehst an mir vorbei (= "Sunshine") (I. Berlin / Rosay)*	*Musterplatte*	
Be 7983	21.2.1929	Bitte recht freundlich! (Teil 1) (Wenn der weiße Flieder wieder blüht / Ich will von der Lilli nicht ´wissen / Baby, hast du kein' Bubi? / Leila, heute Nacht muß ich Dich wiedersehen) (F. Ralph)	O.-2861 a	
Be 7984	21.2.1929	Bitte recht freundlich! (Teil 2) (Ich bin die Marie von der Haller-Revue / Noch 'ne Lage Cognac her / Ich habe Ihnen viel zu sagen, sehr verehrte gnädige Frau / Eilali, Eilali, Eilala) (F. Ralph)	O.-2861 b	
Be 7985-2	21.2.1929	Was Euch gefällt (Teil 1) (Benjamin, ich hab' nichts anzuzieh'n / Es ist eine tiefe Sehnsucht in mir / Denk an mich, oh Creola) (W. Borchert)	O.-2862 a (= Od. A 45771)	
Be 7986	21.2.1929	Was Euch gefällt (Teil 2) (Kennst Du das kleine Haus am Michigansee? / Heut' gehn wir morgen erst ins Bett / Was weißt denn Du, was ahnst denn Du?) (W. Borchert)	O.-2862 b (= Od. A 45771)	
Be 7987	21.2.1929	Gib mir Deine Hände (= "The Vagabond King") (R. Friml)	O.-11451 a	
Be 8012	21.2.1929	Baby, Du hast mich verändert (H. Ralton / F. Rotter) m. Orchester Dajos Béla	O.-2870 a	
Be 8016	21.2.1929	Ich habe Ihnen viel zu sagen, sehr verehrte gnädige Frau (J. Kern / F. Rotter) m. Orchester Dajos Béla	O.-2826 b	46 078/9
Be 8026	23.2.1929	Eilali, Eilali, Eilala (H. May / H. Pflanzer)	O.-2826 a	46 078/9
Be 8027	23.2.1929	Ol' Man River (J. Kern / O. Hammerstein II)	O.-2870 b	
Be 8200-2	22.8.1929	Scheinbar liebst Du mich (= "That's my Weakness now") (B. Green / Stept / Roxy)	O.-11404 b	
Be 8201	13.5.1929	*Wie wundervoll küßt Annemarie (= "Miss Annabelle Lee") (Clare / Pollack / F. Rotter)*	*Musterplatte*	
Be 8202	13.5.1929	*Spiel mir mein Lieblingslied (= "Roses of Yesterday") (I. Berlin / Roxy)*	*Musterplatte*	
Be 8203	13.5.1929	Chiquita (M. Wayne / F. Rotter)	O.-11404 a	
Be 8203-2	13.5.1929	Chiquita (M. Wayne / F. Rotter)	Musterplatte	
Be 8204	13.5.1929	*Es gibt eine Frau, die Dich niemals vergißt (J. Cowler / K. Schwabach)*	Musterplatte	
Be 8204-2	13.5.1929	*Es gibt eine Frau, die Dich niemals vergißt (J. Cowler / K. Schwabach)*	Musterplatte	
Be 8205	13.5.1929	Bimbambulla (C. M. May / Ch. Amberg)	Musterplatte	
Be 8205-2	22.8.1929	Bimbambulla (C. M. May / Ch. Amberg)	O.-11099 a	
Be 8205-5	22.8.1929	Bimbambulla (C. M. May / Ch. Amberg)	Musterplatte	
Be 8430	22.8.1929	Ich hab' eine kleine braune Mandoline (C. M. May / P. Herz - E. Wengraf)	O.-11099 b	
Be 8431	22.8.1929	*Anna hat Geld (= "The Varsity Drag") (de Sylva / Brown / Henderson / R. Gilbert)*	*Musterplatte*	
(Be 9860-4)		Kabarett-Revue. (darin singen die Comedian Harmonists "Wenn zwei sich lieben") (= Be 7894)	O.-11634 a	
BLR 5770-2	11.11.1929	Puppenhochzeit (N. H. Brown / A. Robinson / F. Rotter)	EG 1647 / 2751	31 094/5
BLR 5771-2	11.11.1929	Musketier-Marsch (Riesenfeld / R. Benatzky / Schanzer u. Welisch)	EG 1647	31 468/9
CLR 5845-2	3.12.1929	Geschichten aus dem Wienerwald (J. Strauß / Herzer)	EH 432	
CLR 5846-2	3.12.1929	Ich hol' Dir vom Himmel das Blau (F. Lehár / Schanzer u. Welisch)	EH 432	
BLR 5885-2	12.12.1929	Halloh 1930! (Teil 1) (Armes kleines Mädel vom Chor / Schöner Gigolo / Einmal im Leben erblüht uns die Liebe / Ich hab' kein Auto) (W. Borchert)	EG 1685	
BLR 5886-2	12.12.1929	Halloh 1930! (Teil 2) (Drei Musketiere / Leutnant warst Du einst bei den Husaren / Puppenhochzeit) (W. Borchert)	EG 1685	

BLR 6108-2	16.2.1930	Du armes Girl vom Chor (Dougharty / Y. Ager / A. Rebner / A. Robinson)	EG 1807	31 094/5
BLR 6109-1	16.2.1930	Bin kein Hauptmann, bin kein großes Tier (P. Abraham / H. Szekely)	EG 1807	31 094/5
BLR 6394-1	23.5.1930	Ich hab' für Dich 'nen Blumentopf bestellt (E. Bootz / G. Karlick)	EG 1911 EG 2751	31 468/9
BLR 6395-1	23.5.1930	Wir sind von Kopf bis Fuß auf Liebe eingestellt (F. Hollaender)	EG 1911	31 468/9
BLR 6469-1	4.6.1930	Wie werde ich glücklich? (M. Spoliansky / F. Joachimson)	EG 1935	
BLR 6470-1	4.6.1930	So ist das Leben (M. Spoliansky / F. Joachimson)	EG 1935	
BDR 8945-2	22.8.1930	Ein Freund, ein guter Freund (W. R. Heymann / R. Gilbert)	EG 2032	31 094/5
BDR 8946-2	22.8.1930	Liebling, mein Herz läßt Dich grüßen (W. R. Heymann / R. Gilbert)	EG 2032	31 468/9 32 973/4
BDR 8947-1	22.8.1930	Veronika, der Lenz ist da (W. Jurmann / F. Rotter)	EG 2033	31 094/5
BDR 8948-2	22.8.1930	Wochenend und Sonnenschein (M. Ager / Ch. Amberg)	EG 2033	31 094/5
BD 9212-1	30.10.1930	Ich träum' von einer Märchennacht (F. W. Rust / G. Karlick) m Marcel Wittrisch	EG 2125	46 078/9
BD 9213-1	30.10.1930	Träume, die nur um Deine Liebe sich dreh'n (F. W. Rust / Marcel Lion) m. Marcel Wittrisch	EG 2125	32 973/4
BD 9214-2	30.10.1930	Guten Tag, gnädige Frau (E. Bootz / G. Karlick)	EG 2127	32 973/4
BD 9215-2	30.10.1930	Heut' Nacht hab' ich geträumt von Dir (E. Kálmán / A. Grünwald)	EG 2127	32 255/6
BD 9295-1	25.11.1930	Heut' fahr' ich mit Dir in die Natur (Sarony / E. Bootz / G. Karlick)	EG 2149 EG 2752	46 078/9
BD 9296-2	25.11.1930	Bei der Feuerwehr (E. Golden / G. Karlick / E. Collin)	EG 2149	46 078/9
OD 36-2	19.1.1931	Marie, Marie (a. d. Film "Gassenhauer") (M. Roland / J. Brandt)	EG 2204	31 468/9
OD 37-2	19.1.1931	Hofsänger-Serenade (a. d. Film "Gassenhauer") (M. Roland / Comedian Harmonists)	EG 2204	31 468/9
OD 94-2	30.1.1931	Fünf-Uhr-Tee bei Familie Kraus (= "The Woman in the Shoe") (N. H. Brown / A. Rebner / A. Robinson)	EG 2245	32 255/6
OD 95-2	30.1.1931	Halt Dich an mich (J. Greer / A. Rebner)	EG 2245	46 078/9
OD 170-5	13.2.1931	Baby (a. d. Film "Das Lied vom Leben") (F. Hollaender / W. Mehring) Klavier: Walter Joseph	EG 2238	31 094/5
OD 171-2	13.2.1931	Du bist nicht die Erste (W. Jurmann / L. Bernauer / Österreicher) Klavier : Walter Joseph	EG 2238	31 094/5
OD 467-1	11.6.1931	Leichte Kavallerie (N. Gay / H Graham / Ch. Amberg)	EG 2238	32 255/6
OD 468-1	11.6.1931	Was schenkst Du mir dann? (F. Grothe / K. Schwabach)	EG 2238	46 078/9
OD 488-2	14.8.1931	Blume von Hawaii (P. Abraham / Grünwald / F. Löhner-Beda) m. Orchester Lewis Ruth	EG 2381	32 255/6
OD 489-2	14.8.1931	Das ist die Liebe der Matrosen (W. R. Heymann / R. Gilbert)	EG 2382	31 094/5
OD 490-1	14.8.1931	Wenn der Wind weht über das Meer (W. R. Heymann / R. Gilbert)	EG 2382	31 094/5
OD 490-2	14.8.1931	Wenn der Wind weht über das Meer (W. R. Heymann / R. Gilbert)	EG 2382	
OD 502-2	21.8.1931	The Way with every Sailor (= "Das ist die Liebe der Matrosen") (W. R. Heymann / Leigh) engl. gesungen	HMV B 3972	32 255/6
OD 503-1	21.8.1931	Over the Blue (= "Wenn der Wind weht über das Meer") (W. R. Heymann / Leigh) engl. gesungen	Musterplatte	
OD 503-2	21.8.1931	Over the Blue (= "Wenn der Wind weht über das Meer") (W. R. Heymann / Leigh) engl. gesungen	HMV B 3972	
OD 504-1	24.8.1931	Les Gars de la Marine (= "Das ist die Liebe der Matrosen") (W. R. Heymann / J. Boyer) frz. gesungen	DG K 6375	31 468/9

ELECTROLA
COMEDIAN HARMONISTS
die sechs lustigen Gesangsvirtuosen
singen
Tanz-, Tonfilm- und Operettenschlager, Volkslieder etc.
Wie die Presse urteilt:
VOSSISCHE ZEITUNG:
...Ergebnis: die Comedian Harmonists halten ungefährdet vor allen weiblichen und männlichen, deutschen und undeutschen, kleinen und großen Jazzsängern die Spitze.
VORSPIEL HIER UNVERBINDLICH

ELECTROLA
DINAH
THE REVELLERS
E.G. 111
ODEON
Ninon, du süße Frau
(So Blue)
Gesangsquintett Comedian Harmonists
vom Großen Schauspielhaus, Berlin
O-2586 b
Columbia
Viva-tonal Recording
ODEON RECORDING
HALLO! HALLO! HIER WIEN!
COMEDIAN HARMONISTS
G-5195-F
ODEON
Legende d'amour
(G. Becce)
Text: Hedy Knorr
Comedian Harmonists
gen. „Die Deutschen Revellers"
O-11296 b
ELECTROLA
Musikhaus Czada Cottbus Marktplatz 28
SPANISCHES INTERMEZZO
COMEDIAN HARMONISTS
E.G. 960
ELECTROLA
Musikhaus Czada Cottbus Marktplatz 28
ITALIENISCHES INTERMEZZO
aus der Operette „Casanova" von Schanzer u. Welisch
Musik von Johann Strauß, bearb. von Erwin Bootz
THE COMEDIAN HARMONISTS
Rundfunk-Uebertragung verboten
ELECTROLA
MORGEN MUSS ICH FORT VON HIER
Volkslied
ODEON
Scheinbar liebst du mich
(That's my weakness now)
Comedian Harmonists
gen. „Die deutschen Revellers"
O-11404 b
ELECTROLA
WIR SIND VON KOPF BIS FUSS AUF LIEBE EINGESTELLT
(FRIEDRICH HOLLÄNDER)
COMEDIAN HARMONISTS
Aufgenommen im Beethoven-Saal zu Berlin
E.G. 1911
Electrola Gesellschaft m.b.H., Nowawes und Berlin
ELECTROLA
EIN NEUER FRÜHLING WIRD IN DIE HEIMAT KOMMEN
Musik: Engelberger u. Will Meisel Text: Schaeffers
COMEDIAN HARMONISTS
E.G. 2874
Electrola Gesellschaft m.b.H., Berlin
"GRAMOPHONE"
VÉRONIQUE, LE PRINTEMPS EST LA
K-7113
ELECTROLA
SCHÖNE ISABELLA AUS CASTILIEN
Paso doble (Erwin Bootz)
Text von Gerd Karlick
COMEDIAN HARMONISTS
E.G. 2554
His Master's Voice
Victor
Quand La Brise Vagabonde
150024-B
Les Comédiens Harmonistes
ELECTROLA
BEI DER FEUERWEHR
(ERNIE GOLDEN) Text: Karlick-Collin
COMEDIAN HARMONISTS
E.G. 2149
Electrola Gesellschaft m.b.H., Nowawes und Berlin
ELECTROLA
EINE KLEINE FRÜHLINGSWEISE
Musik: Anton Dvořak Text: H. Lengsfelder
COMEDIAN HARMONISTS
E.G. 2874
"LA VOIX DE SON MAITRE"
LES GARS DE LA MARINE
SG. 76

ELECTROLA
MEIN KLEINER GRÜNER KAKTUS
COMEDIAN HARMONISTS
Electrola Gesellschaft
ELECTROLA
WENN DER WIND WEHT ÜBER DAS MEER
COMEDIAN HARMONISTS
E.G. 2382
Electrola Gesellschaft m.b.H. Nowawes
ELECTROLA
WOCHENEND UND SONNENSCHEIN
COMEDIAN HARMONISTS
E.G. 2033
HIS MASTER'S VOICE
B.8882
LITTLE SANDMAN
COMEDY HARMONISTS
B.I.E.M.
ELECTROLA
ICH HAB' FÜR DICH 'NEN BLUMENTOPF BESTELLT
COMEDIAN HARMONISTS
E.G. 1911
ELECTROLA
COMEDIAN HARMONISTS
E.G. 2033
ELECTROLA
SCHREIT ALLE HURRA!
COMEDIAN HARMONISTS
ELECTROLA
WAS MIT DIR HEUTE BLOSS LOS IST!
DAS MEISTERSEXTETT früher COMEDIAN HARMONISTS
E.G. 3462
COMEDIAN HARMONISTS
E.G. 2856
Elektrische Aufnahme
Caspar Blume
Kundendienst
„Das Meistersextett singt"
Text und Musik: A. Limberg
To: 2282
Schallplatten für Werbung, Wissenschaft und Unterhaltung
MADE IN ENGLAND
"Magic Notes"
Columbia
DF 1814
SOUS LE CIEL D'AFRIQUE
Mlle. Joséphine BAKER
et les COMEDIAN HARMONISTS
BIEM
ELECTROLA
DAS IST DIE LIEBE DER MATROSEN
COMEDIAN HARMONISTS
Electrola Gesellschaft
MADE IN ENGLAND
"Magic Notes"
Columbia
DF 1814
ESPABILATE—CONGO-RUMBA
Mlle. Joséphine BAKER
et les COMEDIAN HARMONISTS
BIEM
"HIS MASTER'S VOICE"
B.8602
CONGO LULLABY
COMEDY HARMONISTS
B.I.E.M.
ELECTROLA
spielt Benatzky-Melodien
E.G. 7034
Electrola Gesellschaft m.b.H., Berlin

COMEDIAN
HARMONISTS
lehren Sie
wieder Lachen
auf ELECTROLA

OD 505-1	24.8.1931	Quand la brise vagabonde (= "Wenn der Wind weht über das Meer") (W. R. Heymann / J. Boyer) frz. gesungen	Musterplatte	
OD 505-2	24.8.1931	Quand la brise vagabonde (= Wenn der Wind weht über das Meer) (W. R. Heymann / J. Boyer) frz. gesungen	DG K 6375	
2D 523-2	4.9.1931	Großes Potpourri aus: "Blume von Hawaii" (Teil 1) (P. Abraham / A. Grünwald / F. Löhner-Beda) m. Orchester Marek Weber	EH 723	
2D 524-2	4.9.1931	Großes Potpourri aus: "Blume von Hawaii" (Teil 2) (P. Abraham / A. Grünwald / F. Löhner-Beda) m. Orchester Marek Weber	EH 723	
OD 544-2	18.9.1931	Hunderttausendmal (J. W. Green / A. Rebner/ Steiner / arr. Frommermann)	EG 2405	31 468/9
OD 545-1	18.9.1931	Mein lieber Schatz, bist Du aus Spanien? (E. Santeugini / F. Rotter)	EG 2405	31 468/9
OD 607-1	19.10.1931	Hallo, was machst Du heut', Daisy? (= "You're driving me crazy") (W. Donaldson / Ch. Amberg / Till)	EG 2435	31 468/9
OD 608-2	19.10.1931	Ich hab' Dich lieb, braune Madonna (S. Lopez / F. Rotter)	EG 2435	32 255/6
OD 665-1	13.11.1931	Ah Maria Mari (E. di Capua / Rusco)	HMV EG 2458	31 468/9
OD-665-2	13.11.1931	Ah Maria Mari (E. di Capua / Rusco)	EG 2458	
OD 666-1	13.11.1931	Tarantella Sincera (V. de Crescenco / E. Migliaccio)	EG 2458	31 468/9
OD 739-1	7.1.1932	In einem kühlen Grunde (F. Glück / J. v. Eichendorff)	EG 2483	
OD 739-5	7.1.1932	In einem kühlen Grunde (F. Glück / J. v. Eichendorff)	EG 2483	31 468/9
OD 740-2	7.1.1932	Sah ein Knab ein Röslein steh'n (H. Werner / Goethe)	EG 2483	
OD 740-3	7.1.1932	Sah ein Knab ein Röslein steh'n (H. Werner / Goethe)	EG 2483	46 078/9
OD-743-1	8.1.1932	Schlaf', mein Liebling (= "Goodnight Sweetheart") (R. Noble / F. Löhner-Beda) m. Orchester Marek Weber	EG 2484	46 078/9
OD 836-1	18.3.1932	Hoppla, jetzt komm ich (W. R. Heymann / R. Gilbert)	EG 2516	
OD 836-2	18.3.1932	Hoppla, jetzt komm ich (W. R. Heymann / R. Gilbert)	EG 2516	32 255/6
OD 837-1	18.3.1932	Es führt kein and'rer Weg zur Seligkeit (W. R. Heymann / R. Gilbert)	EG 2516	
OD 837-2	18.3.1932	Es führt kein and'rer Weg zur Seligkeit (W. R. Heymann / R. Gilbert)	EG 2516	32 255/6
OD 940-1	25.5.1932	La Route du Bonheur (= "Es führt kein and'rer Weg zur Seligkeit") (W. R. Heymann / J. Boyer) frz. gesungen	DG K-6586	
OD 941-2	25.5.1932	Voila, l'travail (= "Hoppla, jetzt komm ich") (W. R. Heymann / Boyer) frz. gesungen	DG K-6586	
OD 952-3	1.6.1932	Schöne Isabella aus Kastilien (E. Bootz / G. Karlick)	EG 2554	31 094/5
OD 953-3	1.6.1932	Der Onkel Bumba aus Kalumba tanzt nur Rumba (= "When Yuba plays the Rumba on the Tuba") (Hupfeld / F. Rotter / A. Robinson)	EG 2554	31 094/5
OD 1081-1	6.9.1932	Heute Nacht oder nie (M. Spoliansky / M. Schiffer)	EG 2606	32 255/6
OD 1082-1	6.9.1932	Auf Wiederseh'n, my Dear (M. Ager / Ch. Amberg)	EG 2606	32 255/6
OD 1085-3	8.9.1932	Einmal schafft's jeder (W. R. Heymann / W. Reisch)	EG 2607	32 255/6
OD 1086-1	8.9.1932	Irgendwo auf der Welt (W. R. Heymann / R. Gilbert)	Musterplatte	
OD 1086-2	8.9.1932	Irgendwo auf der Welt (W. R. Heymann / R. Gilbert)	EG 2607	31 468/9
OD 1093-1	12.9.1932	Schlaf' wohl, Du Himmelsknabe (K. Nenner / Ch. D. Schubart) m. Orchester	EG 2613	
OD 1094-1	12.9.1932	Stille Nacht, Heilige Nacht (F. Gruber / J. Mohr) m. Orchester u. Glocken	EG 2613	
OD 1184-2	17.9.1932	Maskenball im Gänsestall (H. May / K. Schwabach)	EG 2642	31 094/5
OD 1185-2	17.9.1932	Eins, zwei, drei und vier, glücklich bin ich nur mit Dir (P. Abraham / R. Gilbert)	EG 2642	
OD 1375-2	9.1.1933	Ach, wie ist's möglich dann (Volkslied)	EG 2724	31 468/9
OD 1376-1	9.1.1933	Muß i denn, muß i denn zum Städtele hinaus (Volkslied)	EG 2724	31 468/9

OD 1427-2	7.2.1933	Jetzt trinken wir noch eins (W. Rosen)	EG 2744	32 255/6
OD 1428-1	7.2.1933	Die Dorfmusik (Fryberg / Donop / Kirsten)	EG 2744	31 468/9
OD 1512-1	8.5.1933	Kleiner Mann, was nun ? (H. Böhmelt / Busch)	EG 2830	32 255/6
OD 1523-2	8.5.1933	Was Dein roter Mund im Frühling sagt (H. Böhmelt / Busch)	EG 2830	32 255/6
OD 1679-2	31.8.1933	Ein Lied geht um die Welt (H. May / E. Neubach)	EG 2847	32 255/6 46 078/79
OD 1680-2	31.8.1933	Allein kann man nicht glücklich sein (W. Engel-Berger)	EG 2847	46 078/9
OD 1681-2	4.9.1933	Ohne Dich (= "Stormy Weather") (H. Arlen / Reinhardt)	EG 2848	31 468/9
OD 1682-2	4.9.1933	Tag und Nacht (= "Night and Day") (C. Porter / Busch)	EG 2848	31 468/9
OD 1687-2	7.9.1933	Quand il pleut (= "Stormy Weather") (H. Arlen / de Badet) frz. gesungen	DG K 7048	31 094/5
OD 1688-1	7.9.1933	Tout le jour, toute la nuit (= "Night and Day") (C. Porter / Hennevé) frz gesungen	DG K 7048 DG K 7113	31 094/5
OD 1699-2	12.9.1933	Liebesleid (F. Kreisler / Marischka / Arr.:E. Bootz)	EG 2856	31 094/5
OD 1700-3	12.9.1933	Menuett (L. Boccherini)	EG 2856	46 078/9
OD 1712-2	15.9.1933	Creole Love Call (Ellington / Miley - Jackson)	EG 2929	31 094/5
OD 1713-1	15.9.1933	Night and Day (C. Porter) engl. gesungen	EG 2929	32 255/6
OD 1713-2	15.9.1933	Night and Day (C. Porter) engl. gesungen	Musterplatte	
TEST 25524-1	ohne Datum	*Night and Day (C. Porter) (Musterplatte der Electrola GmbH Nowawes-Potsdam)*	*Testaufnahme*	
OD 1724-1	21.9.1933	Guter Mond, du gehst so stille (Volkslied)	EG 2865	32 255/6
OD 1725-2	21.9.1933	Schlafe, mein Prinzchen, schlaf ein (W. A. Mozart)	EG 2865	46 078/9
OD 1735-2	26.9.1933	An der schönen blauen Donau (J. Strauß / H. v. Gernerth)	EG 2870	46 078/9
OD 1736-1	26.9.1933	Perpetuum mobile (J. Strauß / Comedian Harmonists))	EG 2870	31 468/9
OD 1749-3	29.9.1933	Ein neuer Frühling wird in die Heimat kommen (W. Engel-Berger / W. Meisel / P. Schaeffers)	EG 2874	31 468/9
OD 1750-2	29.9.1933	Eine kleine Frühlingsweise (Humoreske) (A. Dvorak / Lengsfelder)	EG 2874	31 468/9
OD 1754-2	5.10.1933	Das Wirtshaus an der Lahn (Volksweise / Steiniger, Comedian Harmonists)	EG 2875	31 468/9
OD 1759-3	5.10.1933	So ein Kuß kommt von allein (F. Grothe / W. Dehmel)	EG 2875	31 468/9
OPG 1144-1	28.10.1933 Paris	Veronique, le Printemps est la (W. Jurmann / Manupret) frz. gesungen	DG K 7113	32 255/6
OPG 1145-1	28.10.1933 Paris	Ali Baba (Leusner / Chamfleury / E. Lecuona / Ch. Tabet) frz. gesungen	Disque Gr. K 7093	31 094/5
OPG 1146-1	28.10.1933 Paris	Perpetuum mobile (J. Strauß / Comedian Harmonists)	DG K 7145	
OPG 1147-1	28.10.1933 Paris	Creole Love Call (Ellington / Miley-Jackson)	DG K 7093	
OD 2051-1	12.4.1934	Spanische Moritat (M. Roland / Comedian Harmonists)	EG 3032	
OD 2051-2	12.4.1934	Spanische Moritat (M. Roland / Comedian Harmonists)	EG 3032	32 973/4
OD 2052-2	12.4.1934	Kannst Du pfeifen, Johanna? (S. Axelson / H. J. Bach)	EG 3032	32 973/4
OD-2060-3	19.4.1934	Mein Herz ruft immer nur nach Dir, o Marita (R. Stolz / E. Marischka)	EG 3038	32 255/6
OD 2061-2	19.4.1934	Der alte Cowboy (B. Hill / Walter)	EG 3038	31 468/9
OD 2078-1	5.5.1934	Komm im Traum (Petkere / Comedian Harmonists)	Musterplatte	
OD 2078-3	5.5.1934	Komm im Traum (Petkere / Comedian Harmonists)	EG 3047	
OD 2079-1	5.5.1934	Das alte Spinnrad (B Hill / Franz L. Berthold)	EG 3047	32 973/4
ORA 21-3	21.8.1934	Wenn die Sonja russisch tanzt (E. Plessow / E. Kötscher / G. Karlick)	EG 3110	32 255/6
ORA 22-3	21.8.1934	Ein bißchen Leichtsinn kann nicht schaden (F. W. Rust)	EG 3110	32 255/6
ORA 35-3	28.8.1934	Wie wär's mit Lissabon? (W. Bochmann / E. Lehnow)	EG 3117	31 094/5
ORA 36-2	28.8.1934	In der Bar zum Krokodil (W. Engel-Berger / F. Löhner - Beda)	EG 3117	31 094/5

ORA 66-3	10.9.1934	Schade, kleine Frau, ich hätte Dich geliebt (B. Uher / R. Bertram / A. Kaps)	EG 3180	46 078/9
ORA 67-3	10.9.1934	Auf dem Heuboden (P. Palm / Petermann)	EG 3132	46 078/9
OLA 20-2	4.10.1934 Paris	Amusez vous ("Florestan der Erste, Prinz v. Monaco") (W. R. Heymann / Willemetz) frz. gesungen	DG K 7341	46 078/9
OLA 21-2	4.10.1934 Paris	Avec les Pompiers (H. Himmel / Charlys u. Couvé) frz. gesungen	DG K 7341	32 255/6
ORA 146-2	10.10.1934	Sonia (="Wenn die Sonja russisch tanzt") (E. Plessow / Kötscher / Chamfleury) frz. gesungen	DG K 7398	46 078/9
ORA 147-1	10.10.1934	Natacha (B. Kaper / Jurmann / Badet) frz. gesungen	DG K 7398	46 078/9
ORA 164-1	25.10.1934	Alles für Dich (H. M. Kirchstein / R. M. Siegel)	EG 3180	
ORA 165-5	25.10.1934	Hein spielt abends so schön auf dem Schifferklavier (W. Richartz / P. Kirsten)	EG 3132 EG 3274	31 468/9
ORA 196-1	9.11.1934	J'aime une Tyrolienne (= "Mein kleiner grüner Kaktus") (B. Reisfeld / R. Marbot) frz. gesungen	DG K 7433	46 078/9
ORA 197-1	9.11.1934	Au Revoir, bon voyage (= "Lebe wohl, gute Reise") (B. Reisfeld / R. Marbot / Poterat) frz. gesungen	DG K 7433	
ORA 214-3	15.11.1934	Mein kleiner grüner Kaktus (Herda / Dorian = Pseudonym für B. Reisfeld / R.Marbot)	EG 3204	31 094/5
ORA 215-2	15.11.1934	Lebe wohl, gute Reise (B. Reisfeld / R. Marbot)	EG 3204	31 094/5
ORA 259-2	10.12.1934	Guitarren spielt auf (L. Schmidseder / R. M. Siegel)	EG 3224	31 094/5
ORA 260-3	10.12.1934	Schöne Lisa (F. Raymond / G. Schwenn)	EG 3224	31 468/9
ORA 274-2	17.12.1934	Tea for Two (V. Youmans / Caesar) engl. gesungen	HMV B 8274	32 255/6
ORA 275-1	17.12.1934	Whispering (Schonberger) engl. gesungen	HMV B 8274	32 255/6
ORA 360-1	6.2.1935	Holzhackerlied (G. Becce / H. Knorr)	EG 3273 / 3274	31 468/9
ORA 360-3	6.2.1935	Holzhackerlied (G. Becce / H. Knorr)	Musterplatte	
ORA 360-4	6.2.1935	Holzhackerlied (G. Becce / H. Knorr)	Musterplatte	
ORA 361-2	6.2.1935	Tante bleib hier (P. Kirsten)	EG 3273	46 078/9
ORA 377-2	13.2.1935	Am Brunnen vor dem Tore (F. Schubert / W. Müller)	EG 3282	
ORA 378-2	13.2.1935	Morgen muß ich fort von hier (Volkslied)	EG 3282	32 973/4
ORA 432-2	1.3.1935	Ungarischer Tanz (J. Brahms / Comedian Harmonists)	EG 3303	46 078/9
ORA 433-2	1.3.1935	Barcarole (J. Offenbach / Comedian Harmonists)	EG 3303	32 255/6

Das Meistersextett (vormals Comedian Harmonists)

(Kursiv gesetzte Titel und Takes = unveröffentlicht)

Matritzen-Nummer und Take	Aufnahme-Datum	Titel (Komponist / Texter)	Best.-Nr. oder Test- bzw. Musterplatte	Wiederveröffentlicht auf EMI 1C 148-....
ORA 661-5	20.8.1935	Tausendmal war ich im Traum bei Dir (F. Doelle / Ch. Amberg)	EG 3417	32 973/4
ORA 662-4	20.8.1935	Drüben in der Heimat (Ed. Künneke / Bertuch / K. Schwabach)	EG 3417	32 973/4
ORA 751-2	22.9.1935	Was mit Dir heute bloß los ist (E. Bootz / R. Biberti)	EG 3462	
ORA 752-3	22.9.1935	Solimah (E. Bootz / R. M. Siegel)	EG 3462	
ORA 874-5	8.11.1935	Wenn wir beide Hochzeit machen (F. Raymond / G. Schwenn)	EG 3502	
ORA 875-2	8.11.1935	Jeden Tag, jede Nacht (H. Warren / Dubin)	Musterplatte	
ORA 875-5	8.11.1935	Jeden Tag, jede Nacht (H. Warren / Dubin)	EG 3502	
ORA 1027-2	23.1.1936	Sie trägt ein kleines Jäckchen in Blau (Fisher / McConnell / Heuser)	Musterplatte	
ORA 1027-3	23.1.1936	Sie trägt ein kleines Jäckchen in Blau (Fisher / McConnell / Heuser)	EG 3555	
ORA 1028-2	23.1.1936	Regentropfen (P. Palm / J. Hochleitner)	EG 3555	
ORA 1028-3	23.1.1936	Regentropfen (P. Palm / J. Hochleitner)	Musterplatte	

ORA 1328-2	29.5.1936	In meinem Herzen, Schatz (W. Gronostay / H. F. Beckmann)	EG 3666	
ORA 1329-1	29.5.1936	Wenn die Vergißmeinnicht blühen (Corzilius / Perak)	EG 3666	
ORA 1418-1	28.8.1936	In Mexico (P. Igelhoff / E. Meder)	Musterplatte	
ORA 1418-2	28.8.1936	In Mexico (P. Igelhoff / E. Meder)	EG 3723 / 3745	
ORA 1419-1	28.8.1936	Ich wollt', ich wär' ein Huhn (P. Kreuder / H. F. Beckmann)	Musterplatte	
ORA 1419-2	28.8.1936	Ich wollt', ich wär' ein Huhn (P. Kreuder / H. F. Beckmann)	EG 3723 EG 3743	
ORA 1471-2	21.9.1936	Ja, der Ozean ist groß (F. Doelle / Ch. Amberg)	EG 3743	
ORA 1472-1	21.9.1936	Schreit alle Hurra! (Nicholls / R. Biberti)	Musterplatte	
ORA 1472-2	21.9.1936	Schreit alle Hurra! (Nicholls / R. Biberti)	Musterplatte	
ORA 1472-3	21.9.1936	Schreit alle Hurra! (Nicholls / R. Biberti)	EG 3745	
ORA 1504-1	9.10.1936	Der Piccolino (I. Berlin / Honer)	EG 3763	
ORA 1504-2	9.10.1936	Der Piccolino (I. Berlin / Honer)	Musterplatte	
ORA 1504-3	9.10.1936	Der Piccolino (I. Berlin / Honer)	Musterplatte	
ORA 1505-1	9.10.1936	Hand in Hand (= Cheek to Cheek) (I. Berlin / Honer)	EG 3763	
TO 2282	Oktober 1936	Caspar Blume Kundendienst: "Das Meistersextett singt" (A. Limberg)	Tonographie-Werbeplatte	
ORA 1524-1	15.10.1936	Ich sing' mein Lied heut' nur für Dich (R. Stolz / E. Marischka)	Musterplatte	
ORA 1524-2	15.10.1936	Ich sing' mein Lied heut' nur für Dich (R. Stolz / E. Marischka)	Musterplatte	
ORA 1524-4	15.10.1936	Ich sing' mein Lied heut' nur für Dich (R. Stolz / E. Marischka)	Musterplatte	
ORA 1524-5	15.10.1936	Ich sing' mein Lied heut' nur für Dich (R. Stolz / E. Marischka)	EG 3768	
ORA 1525-1	15.10.1936	Drunt' in der Lobau (Strecker /Eckardt /Löhner-Beda)	Musterplatte	
ORA 1525-3	15.10.1936	Drunt' in der Lobau (Strecker /Eckardt /Löhner-Beda)	Musterplatte	
ORA 1525-4	15.10.1936	Drunt' in der Lobau (Strecker /Eckardt /Löhner-Beda)	EG 3768	
2RA 1571-1	2.11.1936	Csardas (F. Lehár / arr.: E. Bootz))	Musterplatte	
2RA 1571-2	2.11.1936	Csardas (F. Lehár / arr.: E. Bootz))	Musterplatte	
2RA 1571-3	2.11.1936	Csardas (F. Lehár / arr.: E. Bootz))	EH 998	
2RA 1572-1	2.11.1936	Künstlerleben (J. Strauß / arr.: E. Bootz))	Musterplatte	
2RA 1572-2	2.11.1936	Künstlerleben (J. Strauß / arr.: E. Bootz))	Musterplatte	
2RA 1572-3	2.11.1936	Künstlerleben (J. Strauß / arr.: E. Bootz))	EH 998	
2RA 1572-4	2.11.1936	Künstlerleben (J. Strauß / arr.: E. Bootz))	Musterplatte	
2RA 1572-5	2.11.1936	Künstlerleben (J. Strauß / arr.: E. Bootz))	Musterplatte	
2RA 1572-6	2.11.1936	Künstlerleben (J. Strauß / arr.: E. Bootz))	EH 998	
ORA 1577-1	6.11.1936	Wenn ich vergnügt bin, muß ich singen (P. Igelhoff / H. F. Beckmann / arr.: E. Bootz)	Musterplatte	
ORA 1577-3	6.11.1936	Wenn ich vergnügt bin, muß ich singen (P. Igelhoff / H. F. Beckmann / arr.: E. Bootz)	Musterplatte	
ORA 1577-4	6.11.1936	Wenn ich vergnügt bin, muß ich singen (P. Igelhoff / H. F. Beckmann / arr.: E. Bootz)	EG 3866	32 973/4
ORA 1577-5	6.11.1936	Wenn ich vergnügt bin, muß ich singen (P. Igelhoff / H. F. Beckmann / arr.: E. Bootz)	Musterplatte	
ORA 1578-1	6.11.1936	Der kleine Finkenhahn (W. Kollo / Steidl / Hardt-Waren)	Musterplatte	
ORA 1578-3	6.11.1936	Der kleine Finkenhahn (W. Kollo / Steidl / Hardt-Waren)	EG 3806	
ORA 1600-1	17.11.1936	Öffne Dein Herz der Musik (I. Berlin / H. Honer)	Musterplatte	
ORA 1600-2	17.11.1936	Öffne Dein Herz der Musik (I. Berlin / H. Honer)	Musterplatte	
ORA 1600-3	17.11.1936	Öffne Dein Herz der Musik (I. Berlin / H. Honer)	Musterplatte	
ORA 1600-4	17.11.1936	Öffne Dein Herz der Musik (I. Berlin / H. Honer)	Musterplatte	
ORA 1600-5	17.11.1936	Öffne Dein Herz der Musik (I. Berlin / H. Honer)	EG 3796	
ORA 1601-1	17.11.1936	Immer an der Wand lang (W. Kollo / H. Frey)	Musterplatten	
ORA 1601-2	17.11.1936	Immer an der Wand lang (W. Kollo / H. Frey)	EG 3806	

ORA 1612-1	26.11.1936	Volkslieder-Potpourri (Teil 1) (Morgen muß ich fort von hier / Rosenstock, Holderblüh' / Ach, wie ist's möglich dann / Muß i denn zum Städtele hinaus)	Musterplatte	
ORA 1612-2	26.11.1936	Volkslieder Potpourri (Teil 1)	EG 3954	
ORA 1613-1	26.11.1936	Volkslieder Potpourri (Teil 2) (Das Lieben bringt groß' Freud' / Jetzt gang i ans Brünnele / Am Brunnen vor dem Tore)	EG 3954	
ORA 1613-2	26.11.1936	Volkslieder Potpourri (Teil 2)	Musterplatte	
ORA 1671-1	15.12.1936	Studentenlieder-Potpourri (Teil 2) (O alte Burschenherrlichkeit / Wohlauf noch getrunken / Als wir jüngst in Regensburg waren) (Robrecht / arr.:E. Bootz)	EG 3973	
ORA 1672-1	15.12.1936	Studentenlieder-Potpourri (Teil 1) (Im Krug zum grünen Kranze / Im tiefen Keller sitz' ich hier / Bier her! / Es steht ein Wirtshaus an der Lahn) (Robrecht / arr.: E. Bootz)	Musterplatte	
ORA 1672-2	15.12.1936	Studentenlieder-Potpourri (Teil 1)	EG 3973	
ORA 1694-1	22.12.1936	Du, du bist so wundervoll (Donaldson - Berthold)	Musterplatte	
ORA 1694-3	22.12.1936	Du, du bist so wundervoll (Donaldson - Berthold)	EG 3796	
ORA 1695-1	22.12.1936	Und so weiter (Barring / Krug)	Musterplatte	
ORA 1695-2	22.12.1936	Und so weiter (Barring / Krug)	Musterplatte	
ORA 1695-3	22.12.1936	Und so weiter (Barring / Krug)	EG 3866	
ORA 2022-1	13.5.1937	O Sole mio (E. di Capua)	Musterplatte	
ORA 2022-4	13.5.1937	O Sole mio (E. di Capua)	EG 3965	
ORA 2023-1	13.5.1937	Rhythmus der Freude (Kennedy / Carr / Richter / Feltz)	Musterplatte	
ORA 2023-3	13.5.1937	Rhythmus der Freude (Kennedy / Carr / Richter / Feltz)	Musterplatte	
ORA 2023-4	13.5.1937	Rhythmus der Freude (Kennedy / Carr / Richter / Feltz)	EG 6117	
ORA 2051-1	24.5.1937	Marecchiare (P. Tosti / bearb.: E. Bootz) ital. gesungen	EG 3965	32 973/4
ORA 2152-1	28.7.1937	Wenn Matrosen mal an Land geh'n (A. Profes / H. F. Beckmann)	EG 6117	
ORA 2152-2	28.7.1937	Wenn Matrosen mal an Land geh'n (A. Profes / H. F. Beckmann)	Musterplatte	
ORA 2233-1	6.9.1937	Ich hab' eine tiefe Sehnsucht in mir (R. Benatzky)	Musterplatte	
ORA 2233-2	6.9.1937	Ich hab' eine tiefe Sehnsucht in mir (R. Benatzky)	Musterplatte	
ORA 2233-3	6.9.1937	Ich hab' eine tiefe Sehnsucht in mir (R. Benatzky)	EG 6074	
ORA 2271-1	15.9.1937	Jede Stunde ohne Dich ist eine Ewigkeit für mich (E. Bootz / G. Karlick)	Musterplatte	
ORA 2271-2	15.9.1937	Jede Stunde ohne Dich ist eine Ewigkeit für mich (E. Bootz / G. Karlick)	EG 6074	
ORA 2272-1	15.9.1937	Was nicht ist, kann noch werden (F. Raymond / G. Schwenn)	Musterplatte	
ORA 2272-2	15.9.1937	Was nicht ist, kann noch werden (F. Raymond / G. Schwenn)	EG 6072	
ORA 2273-1	15.9.1937	Die Juliska aus Budapest (F. Raymond / G. Schwenn)	Musterplatte	
ORA 2273-2	15.9.1937	Die Juliska aus Budapest (F. Raymond / G. Schwenn)	EG 6072	
ORA 2273-3	15.9.1937	Die Juliska aus Budapest (F. Raymond / G. Schwenn)	Musterplatte	
ORA 2299-2	22.9.1937	Das Lieben bringt groß' Freud (Volkslied)	EG 6103	
ORA 2344-1	12.10.1937	Argentinisches Intermezzo (F. Kassen)	Musterplatte	
ORA 2344-2	12.10.1937	Argentinisches Intermezzo (F. Kassen)	Musterplatte	
ORA 2344-3	12.10.1937	Argentinisches Intermezzo (F. Kassen)	EG 6206	
ORA 2359-1	14.10.1937	Ich freu' mich so (P. Igelhoff / K. S. Richter)	EG 6206	
ORA 2360-1	14.10.1937	Liebesträume (F. Liszt / E. Bootz)	EG 6683	
ORA 2360-2	14.10.1937	Liebesträume (F. Liszt / E. Bootz)	Musterplatte	
ORA 2360-3	14.10.1937	Liebesträume (F. Liszt / E. Bootz)	Musterplatte	
2RA 2381-1	21.10.1937	*Ouvertüre zum Barbier von Sevilla (G. Rossini) 1. Teil*	*Musterplatte*	
2RA 2381-3	21.10.1937	*Ouvertüre zum Barbier von Sevilla (G. Rossini) 1. Teil*	*Musterplatte*	
2RA 2382-1	21.10.1937	*Ouvertüre zum Barbier von Sevilla (G. Rossini) 2. Teil*	*Musterplatte*	
2RA 2382-3	21.10.1937	*Ouvertüre zum Barbier von Sevilla (G. Rossini) 2. Teil*	*Musterplatte*	
ORA 2411-1	4.11.1937	Auch ein Liebeslied (Brasch)	EG 6143	

ORA 2412-1	4.11.1937	Die Pojaukenhochzeit (Volksweise / Rees)	EG 6143	
ORA 2888-1	2.5.1938	Ernste und heitere Variationen über "Ein Männlein steht im Walde" (Teil 1) (Volkslied / bearb: E. Bootz)	EG 6350	
ORA 2889-1	2.5.1938	Ernste und heitere Variationen über "Ein Männlein steht im Walde" (Teil 2) (Volkslied / bearb: E. Bootz)	EG 6350	
ORA 2902-2	4.5.1938	Oh, ich glaub', ich hab' mich verliebt (E. Bootz / H. F. Beckmann)	EG 6431	32 973/4
ORA 2903-1	4.5.1938	An der schönen blauen Donau (J.Strauß / arr: E. Bootz)	Musterplatte	
ORA 2903-2	4.5.1938	An der schönen blauen Donau (J.Strauß / arr: E. Bootz)	EG 6683	
ORA 2904-1	4.5.1938	Ich hab' für Dich 'nen Blumentopf bestellt (E. Bootz / G. Karlick)	EG 6431	32 973/4
ORA 2929-1	12.5.1938	Muß i denn zum Städtele hinaus (Volkslied)	EG 6684	
ORA 2930-1	12.5.1938	Am Brunnen vor dem Tore (F. Schubert / W. Müller)	EG 6684	
ORA 2931-1	12.5.1938	Morgen muß ich fort von hier (Volkslied)	EG 6682	
ORA 2932-1	12.5.1938	In einem kühlen Grunde (F. Glück / J. v. Eichendorff)	EG 6682	
ORA 2932-2	12.5.1938	In einem kühlen Grunde (F. Glück / J. v. Eichendorff)	Musterplatte	
ORA 2969-1	23.5.1938	Schlafe, mein Prinzchen, schlaf' ein (W. A. Mozart / arr.:E. Bootz)	EG 6509	
ORA 2970-1	23.5.1938	Perpetuum mobile (J. Strauß / arr.: E. Bootz)	EG 6496	
ORA 2971-2	23.5.1938	Ungarischer Tanz Nr. 5 (J. Brahms) (arr.: E. Bootz / Text: R. Biberti)	EG 6496	
ORA 2972-1	23.5.1938	Das Heidenröslein (F. Schubert / Goethe / arr.: Bootz)	Musterplatte	
ORA 2972-2	23.5.1938	Das Heidenröslein (F. Schubert / Goethe / arr.: Bootz)	EG 6509	
ORA 2973-1	23.5.1938	Ach, wie ist's möglich dann (Volkslied, arr.: Bootz)	EG 6487	
ORA 2974-1	23.5.1938	Guter Mond, du gehst so stille (Volkslied, arr.: Bootz)	EG 6487	
ORA 2994-2	30.5.1938	Vieni, vieni (V. Scotto / Nachmann).	EG 6377	
ORA 2995-1	30.5.1938	Der Wind hat mir ein Lied erzählt (Th. Mackeben / B. Balz)	EG 6377	
ORA 2996-1	30.5.1938	Ouvertüre zum "Barbier von Sevilla" (G. Rossini / arr.: E. Bootz) Teil 1	EG 6430	
ORA 2997-1	30.5.1938	Ouvertüre zum "Barbier von Sevilla" (G. Rossini / arr.: E. Bootz) Teil 2	EG 6430	
TEST (priv.)	26.10.1938	*Probenaufnahme zu "Das Fräulein Gerda" (H. Wernicke / E. Walter)*	*20 cm - Folie CONTIPHON*	
TEST (priv.)	27.10.1938	*Probenaufnahme zu "Der Onkel Doktor hat gesagt" (P. Igelhoff / K. S. Richter)*	*20 cm - Folie CONTIPHON*	
ORA 3438-1	23.11.1938	Amapola (E. Lecuona / Lacalle)	Musterplatte	
ORA 3438-2	23.11.1938	Amapola (E. Lecuona / Lacalle)	EG 6585	
ORA 3439-1	23.11.1938	Donkey-Serenade (R. Friml / Baumann)	EG 6585	
ORA 3446-1	28.11.1938	Der Onkel Doktor hat gesagt (P- Igelhoff / K. S. Richter)	Musterplatte	
ORA 3447-1	28.11.1938	Lachfoxtrott (P. Igelhoff / Robinger)	Musterplatte	
ORA 3447-2	28.11.1938	Lachfoxtrott (P. Igelhoff / Robinger)	Musterplatte	
ORA 3459-1	30.11.1938	La Paloma (S. de Yradier / Rupp)	Musterplatte	
ORA 3459-2	30.11.1938	La Paloma (S. de Yradier / Rupp)	Musterplatte	
ORA 3460-1	30.11.1938	Orientalische Suite (Popy / arr.:E. Bootz)	Musterplatte	
ORA 3460-2	30.11.1938	Orientalische Suite (Popy / arr.:E. Bootz)	Musterplatte	
ORA 3546-1	11.1.1939	Eine Insel aus Träumen geboren (P. Kreuder / F. Schröder / H. F. Beckmann)	Musterplatte	
ORA 3546-2	11.1.1939	Eine Insel aus Träumen geboren (P. Kreuder / F. Schröder / H. F. Beckmann)	EG 6662	
ORA 3547-1	11.1.1939	Die Nacht ist nicht allein zum Schlafen da (Th. Mackeben / O. E. Hesse)	Musterpl.	
ORA 3547-2	11.1.1939	Die Nacht ist nicht allein zum Schlafen da (Th. Mackeben / O. E. Hesse)	EG 6662	
ORA 3446-3	11.1.1939	Der Onkel Doktor hat gesagt (P- Igelhoff / K. S. Richter)	EG 6590	

ORA 3446-4	11.1.1939	Der Onkel Doktor hat gesagt (P- Igelhoff / K. S. Richter)	Musterplatte	
ORA 3447-3	11.1.1939	Lachfoxtrott (P. Igelhoff / Robinger)	EG 6590	
ORA 3447-4	11.1.1939	Lachfoxtrott (P. Igelhoff / Robinger)	Musterplatte	
ORA 3736-1	27.2.1939	*Morgenstimmung (E. Grieg / E.Bootz./ R. Biberti))*	*Testaufnahme*	
ORA 3736-2	27.2.1939	*Morgenstimmung (E. Grieg / E.Bootz./ R. Biberti))*	*Testaufnahme*	
ORA 3737-1	27.2.1939	*Eine kleine Frühlingsweise (Humoreske) (A. Dvorak / H. Lengsfelder)*	*Testaufnahme*	
ORA 3737-2	27.2.1939	*Eine kleine Frühlingsweise (Humoreske) (A. Dvorak / H. Lengsfelder)*	*Testaufnahme*	
ORA 3738-1	27.2.1939	Holla Lady (G. Becce / Weidacher / Cremer)	Musterplatte	
ORA 3738-2	27.2.1939	Holla Lady (G. Becce / Weidacher / Cremer)	Musterplatte	
ORA 3738-2	28.2.1939	Holla Lady (G. Becce / Weidacher / Cremer)	Musterplatte	
ORA 3757-2	28.2.1939	Jetzt oder nie (S. Muchow / R. Biberti)	Musterplatte	
ORA 3459-3	8.3.1939	La Paloma (S. de Yradier / Rupp)	EG 6591	
ORA 3460-3	8.3.1939	Orientalische Suite (Popy / arr.:E. Bootz)	EG 6591	
ORA 3460-4	8.3.1939	Orientalische Suite (Popy / arr.:E. Bootz)	Musterplatte	
ORA 3757-3	8.3.1939	Jetzt oder nie!(S. Muchow / R. Biberti)	EG 6785	32 973/4
ORA 3738-4	12.4.1939	Holla Lady!(G. Becce / Weidacher / Cremer)	EG 6785	
ORA 3926-1	3.5.1939	*Penny-Serenade (M. Weersma / G. Schwenn / P. Schaeffers)*	*Testaufnahme*	
ORA 3927-2	3.5.1939	*Bel Ami (Th. Mackeben / H. F. Beckmann)*	*Testaufnahme*	

Comedy Harmonists (Emigrantengruppe)

(Kursiv gesetzte Titel und Takes = unveröffentlicht)

Matritzen-Nummer und Take	Aufnahme-Datum	Titel (Komponist / Texter)	Best.-Nr. oder Test- bzw. Musterplatte	Wiederveröffentlicht auf EMI 1C 148-....
OLA 633-3	1935 Paris	Continental (C. Conrad / Silver)	DG K 7584	
OLA 634-4	1935 Paris	Guitare d'amour (= "Guitarren spielt auf") (L. Schmidseder / L. Poterat) frz. gesungen	DG K 7584	32 973/4
OLA 712-1	1935 Paris	Corsican Boatsong (D'Ajaccio à Bonifacio) (Dumas / Rodor) frz. gesungen	DG K 7602	
OLA 713-2	1935 Paris	Il pleut sur la route (= "It rains on the Road") (H. Himmel / Chamfleury) frz. gesungen	DG K 7602	
L 5462-1	August 1935 Paris	Sous le ciel d'Afrique (J. Dullin / A. de Badet arr.: H. Frommermann) m. Josephine Baker	Col. DF 1814	32 973/4
L 5462-2	August 1935 Paris	Sous le ciel d'Afrique (J. Dullin / A. de Badet arr.: H. Frommermann) m. Josephine Baker	Col. DQ 1946	
L 5463-1	August 1935 Paris	Espabilate (Grenet / Riancho / arr.: H. Frommermann) m. Josephine Baker	Col. DF 1814	
L 5463-2	August 1935 Paris	Espabilate (Grenet / Riancho / arr.: H. Frommermann) m. Josephine Baker	Col. DQ 1946	
OLA 933-1	Ca Sept. 1935 Paris	Rumbah Tambah (Chamfleury / Hernadez) frz. gesungen	DG K 7709	
OLA 934-1	Ca Sept. 1935 Paris	In my Solitude (Ellington / de Long / Mills) engl. gesungen	DG. K 7709	
OLA 1023-1	1936 Paris	Corsican Boatsong (= "D'Ajaccio à Bonifacio") (Dumas / Rodor) frz. gesungen	HMV EA 1917	
OLA 1024-1	1936 Paris	Il pleut sur la route (= It rains on the Road") (H. Himmel / Chamfleury) frz. gesungen	HMV EA 1917	
OCS 328-2	1936 Kopenhagen	Auf Wiederseh'n, mein Fräulein, auf Wiederseh'n, mein Herr (N. Brodzky / F. Rotter)	HMV X 4658	32 973/4
OCS 329-2	1936 Kopenhagen	Du paßt so gut zu mir wie Zucker zum Kaffee (N. Brodzky / F. Rotter)	HMV X 4658	32 973/4

OSB 427-2	1936 Kopenhagen	Ouvertüre zum "Barbier von Sevilla" (Teil 1) (G. Rossini /arr.: H. Frommermann)	HMV X 4758 HMV B 8582	
OSB 428-2	1936 Kopenhagen	Ouvertüre zum "Barbier von Sevilla" (Teil 2) (G. Rossini /arr.: H. Frommermann)	HMV X 4758 HMV B 8582	
OSB 443-2	1936 Kopenhagen	In a Persian Market (A. Ketelby)	HMV X 4766 HMV B 8575	
OSB 444-2	1936 Kopenhagen	Böhmische Musikanten (Pehm) deutsch gesungen	HMV X 4766	
OLA 1733-2	17.4.1937 Paris	The Way you look tonight (J. Kern / Fields)	HMV EA 1988	
OLA 1734-1	17.4.1937 Paris	When the Sun says 'Goodnight' to the Mountain (Vincent / Pease)	HMV EA 1988	
OLA 1735-1	17.4.1937 Paris	Ouvertüre zum "Barbier von Sevilla" (Teil 1) (G. Rossini /arr.: H. Frommermann)	DG K 7925	32 973/4
OLA 1736-1	17.4.1937 Paris	Ouvertüre zum "Barbier von Sevilla" (Teil 2) (G. Rossini /arr.: H. Frommermann)	DG K 7925	32 973/4
OLA 1768-1	1937 Paris	Moment Musical (F. Schubert / arr.: H. Frommermann)	HMV B 8742 HMV EA 1994	
OLA 1770-1	1937 Paris	Tabou (E. Lecuona / arr.: H. Frommermann)	DG K 7908	
OLA 1771-1	1937 Paris	Sur un Marché Persan ("Auf einem persischen Markt") (A. Ketelby / arr.: H. Frommermann)	DG K 7908	
OLA 1796-1	1937 Paris	Ninna - Nanna A Liana (Berceuse) (R. Bellini / Pio Di Flaviis / arr.: H. Frommermann)	HMV EA 1994 HMV X 4964	
OLA 1806-1	1937 Paris	Du bist mein Baby (J. Hajos / G. Karlick / arr.: H. Frommermann) in deutsch gesungen	DG K 8150	
OLA 1829-1	1937 Paris	Ti voglio bene (Fusco / Falvo / arr.: H. Frommermann) italienisch gesungen	HMV X 4964	
OLA 1830-1	1937 Paris	Il ne faut pas briser un Rêve (J. Jak / arr.: H. Frommermann) frz. gesungen	DG K 7974	
OLA 1831-1	1937 Paris	Les Fenetres chantent (="The Windows sing") (B. Reisfeld / R. Marbot / arr.: H. Frommermann) frz. gesungen	DG K 7939	
OLA 1832-1	1937 Paris	Qu' importe si tu pars (= "Raffaela") (J. Rivada / A. de Badet / arr.: H. Frommermann) frz. gesungen	DG K 7939	
OEA 4979-1	1937 London	Ich muß heute singen (= "Les Fenetres chantent") (B. Reisfeld / R. Marbot / arr. H. Frommermann)	DG K 8150	
OEA 4981-1	1937 London	Dans le Jardin de mes Rêves (= "Kleine verträumte Madonna") (B. Reisfeld / R. Marbot) frz. gesungen	(unbek.)	
OEA 4982-1	1937 London	Kleine verträumte Madonna ("Dans le Jardin de mes Rêves") (B. Reisfeld / R. Marbot) deutsch gesungen	Disq. Gr. K 8049	
OEA 4983-1	1937 London	Congo Lullaby (M. Spoliansky / Wimperis) engl. gesungen	HMV B 8602	
OEA 5031-1	1937 London	Heidenröslein (F. Schubert / Goethe / arr.: H. Frommermann)	HMV B 8742	
OEA 5032-1	1937 London	Si vous m'aimez en secret (= "Love me a little today") (N. Brodzky / Perrier) frz. gesungen	DG K 7974	
OEA 5033-1	1937 London	Love me a little today (N. Brodzky / V. Herbert) engl. gesungen	HMV B 8602	
OEA 5034-1	1937 London	Raffaela (J. Rivada / Joachim) deutsch gesungen	DG. K 8049	
OVH 169-2	1938 Wien	In Silent Night (= "In stiller Nacht") (J. Brahms / arr.: Frommermann) deutsch gesungen	HMV B 8882	
OVH 170-2	1938 Wien	Little Sandman (="Sandmännchen) (J. Brahms / arr.: H. Frommermann) deutsch gesungen	HMV B 8882	32 973/4
OEA 7223-1	1938 London	Donkey-Serenade (R. Friml)	Musterplatte	
OEA 7223-4	1938 London	Donkey-Serenade (R. Friml)	HMV B 8835	

OEA 7224-1	1938 London	Whistle while you work (Churchill / Moray)	HMV B 8835	32 973/4
OEA 7250-1	Dez. 1938 London	*Ti - Pi - Tin (Leveen / M. Grever)*	Musterplatte	
OEA 7250-2	Dez. 1938 London	Ti - Pi - Tin (Leveen / M. Grever)	HMV B 8850	
OEA 7401-1	15.12.1938 London	Dwarf's Yodel Song (Churchill / Moray)	HMV B 8850	
OEA 7401-2	15.12.1938 London	Dwarf's Yodel Song (Churchill / Moray)	Musterplatte	
OEA 7411-5	1938/39 London	Mia bella Napoli (Winkler / Poterat / arr.: H. Frommermann)	HMV EA 2348	
OEA 7412-1	1938/39 London	Tango de L'orage (H. Himmel / Suvat / arr.: H. Frommermann)	Musterplatte	
OEA 7412-2	1938/39 London	Tango de L'orage (H. Himmel / Suvat / arr.: H. Frommermann)	HMV EA 2348	
OEA 7413-1	1938/39 London	Guten Abend, gut' Nacht (J. Brahms)	(unbekannt)	
OEA 7414-1	1938/39 London	A little Maytime Song (Humoreske) (A. Dvorak) engl. gesungen	(unbekannt)	

Comedy Harmonists (Amerikanische Gruppe)

(Kursiv gesetzte Titel und Takes = unveröffentlicht)

Matritzen-Nummer und Take	Aufnahme-Datum	Titel (Komponist / Texter)	Best.-Nr. oder Test- bzw. Musterplatte	Wiederveröffent-licht auf EMI 1C 148-....
TR 159	1948/9 Zürich	The Donkey-Serenade (R. Friml)	Tel. Elite A 16018	32 973/4
TR 160	1948/9 Zürich	You and the Night and the Music (Schwartz)	Tel. Elite A 16018	

TR 155 1948-9 Zürich Y'a d'la joie (Trenet) Tell Record S 29023
TR 156 1948-9 Zürich Tout le long des rues (Glanzberg) Tell Record S 29023
TR 157 1948-9 Zürich La Danza (Rossini) Tell Record S 29024
TR 158 1948-9 Zürich The Birch Tree (Russ. Volkslied) Tell Record S 29024

Wiederveröffentlichungen auf Langspielplatten und CDs

Bei der EMI-Electrola, der auch die Odeon-Aufnahmen des früheren Lindström-Konzerns gehören, sind nach dem Kriege in der Serie „Unvergänglich – Unvergessen" zunächst drei „Singles" (45 rpm) erschienen, deren Titel später auf eine Langspielplatte übernommen wurden (E 73 762). Sie kam auch in der DDR bei Amiga (8 45 089) mit leichten Veränderungen in Lizenz heraus.

Ab den 70er Jahren folgten dann rasch hintereinander fünf Doppelalben der EMI-Electrola, deren Bestellnummern in der obigen Diskographie (letzte Spalte) bei den wiederveröffentlichten Titeln angegeben sind.

Comedian Harmonists/Folge 1
EMI-Electrola 1 C 148–31 094/95
Comedian Harmonists/Folge 2
EMI-Electrola 1 C 148–31 468/69
Comedian Harmonists/Folge 3
EMI-Electrola 1 C 148–32 255/56
Comedian Harmonists Story (= Folge 4)
EMI-Electrola 1 C 148–32 973/74
Comedian Harmonists Story (Neue Auflage)
EMI-Electrola 1 C 134–15 6325
Comedian Harmonists/Folge 5
EMI-Electrola 1 C 148–46 078/79

Diese Aufnahmen werden nun allmählich auf mehreren CDs erneut herausgebracht.

DEUTSCHER
SCHALLPLATTENPREIS
1979

Die vom Kuratorium der
Deutschen Phono-Akademie e.V. eingesetzte
unabhängige Jury des Deutschen Schallplattenpreises
hat der Schallplattenaufnahme
Die Comedian Harmonists Story
Comedian Harmonists
EMI-1C 148-32 975/74 M
den Deutschen Schallplattenpreis 1979
in der Kategorie
Historische Aufnahmen-Unterhaltung
zuerkannt.

Hamburg, den 17. Mai 1979

Deutsche Phono-Akademie e.V., Berlin

Der Präsident des Kuratoriums

Der Vorsitzende

Filmographie

Die nachfolgende Aufstellung enthält alle bisher bekannten Filme, in denen die Comedian Harmonists zu hören und/oder zu sehen sind.

Abkürzungen: Re = Regie / Da = Darsteller / M = Musik / Li = Lieder / (K) = Kurztonfilm / (W) = Werbefilm

Jahr	Film
1930	**Die Drei von der Tankstelle** Re: Wilhelm Thiele / M: Werner Richard Heymann Da: Lilian Harvey, Willy Fritsch, Oscar Karlweis, Heinz Rühmann u. a. Die Comedian Harmonists singen mit Leo Monosson, begleitet von der Lewis Ruth Band Li: "Liebling mein Herz läßt Dich grüßen" (Heymann / Gilbert)
1931	**Gassenhauer** Re: Lupu Pick / M: Marc Roland Da: Albert Hoermann / Ernst Busch / Hans Deppe / Wolfgang Staudte / Martin Jacob u. a. Die Comedian Harmonists singen Li: "Hofserenade" / "Marie, Marie" (Roland / Brandt - Comedian Harmonists)
1931	**Bomben auf Monte Carlo** Re: Hanns Schwarz / M: Werner Richard Heymann Da: Hans Albers / Heinz Rühmann / Anna Sten u. a. Die Comedian Harmonists singen Li: "Wenn der Wind weht über das Meer" (Heymann / Gilbert)
1931	**Der falsche Ehemann** Re: Johannes Guter / M: Norbert Glanzberg Da: Maria Paudler / Johannes Riemann / Jessie Viehrog u. a. Die Comedian Harmonists singen Li: "Hasch mich, mein Liebling hasch mich..."(Glanzberg / Gerd Karlick)
1931	**Der ungetreue Eckehart** Re: Carl Boese / M: ? Da: ? Die Comedian Harmonists singen (als Barmixer) Li: ?
1931	**Ihre Hoheit befiehlt** Re: Hanns Schwarz / M: Werner Richard Heymann Da: Willy Fritsch / Käthe von Nagy / Paul Hörbiger u. a. Die Comedian Harmonists singen (als Köche) Li: "Bißchen dies und bißchen das"
1931	**Kreuzworträtsel** (K) Re: Günther Schwenn / Peter Schaeffers / M: Walter Jurmann u. a. Da: Paul Morgan und Hellmuth Krüger (Conférence) Luigi Bernauer / Tanzorchester Billy Battholomew u. a. Die Comedian Harmonists singen Li: "Veronika, der Lenz ist da" (Jurmann / Rotter)
1931	**Der Durchschnittsmann** (K) Re: Günther Schwenn / Peter Schaeffers / M: Gilbert Da: Fritz Grünbaum / Senta Söneland Die Comedian Harmonists singen: Li: "Chiquita" (Gilbert / Wayne - Rotter)

1931	**Kabarettprogramm Nr. 6** (K) Re: Kurt Gerron Da: Max Ehrlich / Genia Nikolajewa Fred Bird u. s. Orchester Die Comedian Harmonists singen (mit Maria Ney) Li: "St. Pauli"
1931	**Zurück zur Natur** (K) (?) Re: Helmut Schreiber Die Comedian Harmonists singen: Li: "Zu Straßburg auf der Schanz" / "Morgen muß ich fort von hier"
1932	**Der Sieger** Re: Hans Hinrich / Paul Martin / M: Werner Richard Heymann Da: Hans Albers / Käthe von Nagy / Adele Sandrock u. a. Die Comedian Harmonists singen: Li: "Es führt kein andrer Weg zur Seligkeit" (Heymann / Gilbert)
1932	**Ich bei Tag und Du bei Nacht** Re: Ludwig Berger / M: Werner Richard Heymann Da: Willy Fritsch / Käthe von Nagy Die Comedian Harmonists singen: Li: "Wenn ich Sonntags in mein Kino geh'"
1932	**Die Galavorstellung der Fratellinis (Spione im Savoy-Hotel)** Re: Friedrich Zelnik / M: Otto Stransky Da: Die Fratellinis / Olga Tschechowa / Alfred Abel Tanzorchester Oscar Joost Die Comedian Harmonists singen: Li: "Mach mir's nicht so schwer" / "Ich bin so furchtbar glücklich"
1933	**Kleiner Mann - was nun ?** Re: F. Wendhausen / M: Harald Böhmelt Da: Hermann Thimig / Hertha Thiele / Victor de Kowa Die Comedian Harmonists singen: Li: "Kleiner Mann, was nun?" / "Was Dein roter Mund im Frühling sagt" (Böhmelt / Busch)
1936	**Caspar Blume** (W) M: A. Limberg Das Meistersextett singt Li: "Caspar Blume" (Werbung für einen Dauerbrandherd)
1937	**Fremdenheim Filoda** Re: Hans Hinrichs / M: Anton Profes Da: Ida Wüst / Richard Romanowsky / Theo Lingen Das Meistersextett singt Li: "Wenn Matrosen mal an Land geh'n" (Profes / Beckmann)
ca 1938	**Auftritt der Comedy Harmonists (Emigrantengruppe)** Privat-Film u. a. mit Aufnahme des "Creole Love Call" (Ellington)
1976	**Die Comedian Harmonists - Sechs Lebensläufe** Zweiteiliger Fernsehfilm Re: Eberhard Fechner / Schnitt: Brigitte Kirsche NDR / Erstsendung 18. / 20. 12. 1976 im III. Programm der ARD

Szenenfolge aus dem Kurztonfilm „Das Kreuzworträtsel“. Die Comedian Harmonists singen, von Hellmuth Krüger und Paul Morgan angesagt, „Veronika, der Lenz ist da!“

Noten-Fragmente

Von den Original-Arrangements der Comedian Harmonists sind nur wenige, z.T. in Bruchstücken, erhalten geblieben. Die in ihrer Nachfolge mit den Erfolgstiteln auftretenden Gruppen sind daher darauf angewiesen, die einzelnen Stimmen und den Klavierpart von den alten Schallplattenaufnahmen abzuhören und zu übertragen oder, wie z. B. die King's Singers, eigene Varianten zu entwickeln. Zwei inzwischen in der Edition Metropol Musikverlage unter dem Titel „Aus dem Repertoire der Comedian Harmonists" erschienene Notenhefte enthalten zwar eine Reihe ihrer bekanntesten Stücke, leider aber nicht die originalen Vokalsätze des Ensembles. Die nachfolgenden Notenhandschriften einzelner Stimmen stammen aus dem Nachlaß Harry Frommermanns und Robert Bibertis.

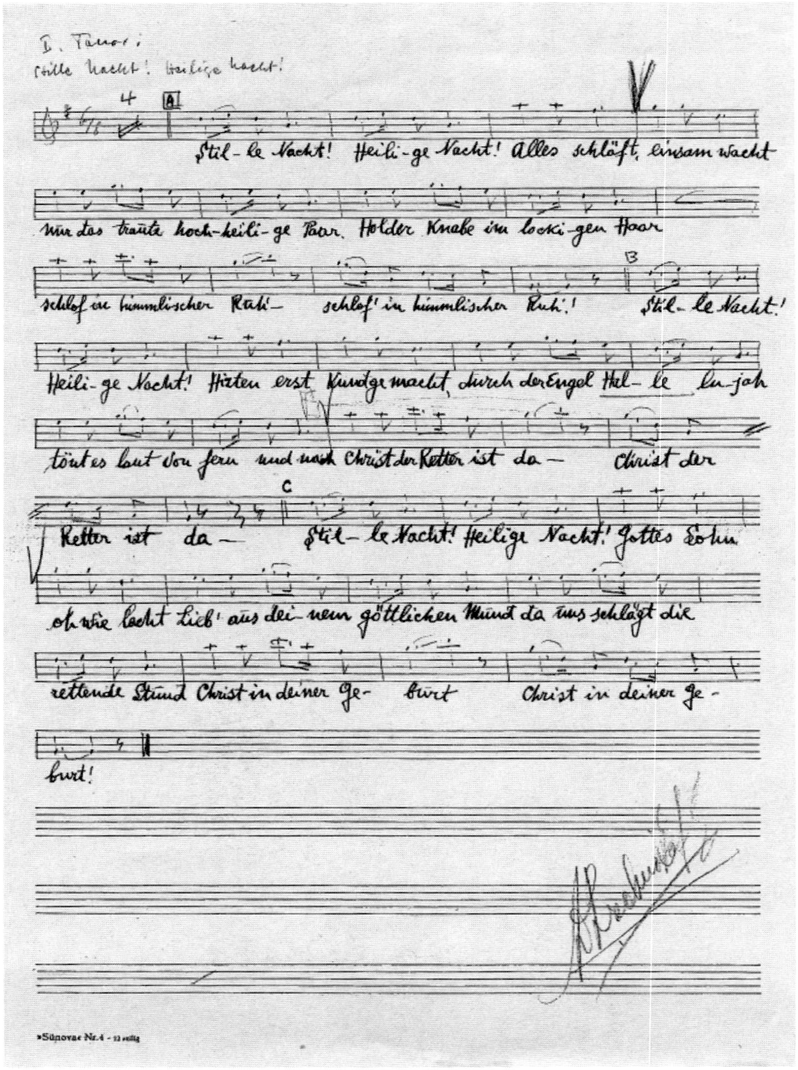

153
Bass
Creole Love Call
Vert. Lawrence Wright
Musik Duke Ellington
Arr. H. Frommermann
(Clar.)
A
(Tromp. i. H)
ah —
oh —
ah —
do — do do
do —
(Gest. Tromp. i. Hut)
B
do do do
(Sopr. Sax.)
C
m —
(Quarr-Pos)

Bass
D
(Tuba)
3

I. Happy Days
59.
Wo chen end Son nen schein brauchst du mehr um
glücklich zu sein ich find' es doppelt so schön
mit dir spa zieren zu geh'n Wochen end und
Son nen Schein und dann mit dir im Wald al lein
wei ter brauch ich nichts zum Glück lich sein Wochen-
end und Sonnen schein ü - ber uns die
Ler che zieht sie singt ge nau wie wir ein Lied
al le Vög lein stim men fröh lich ein Woch en
end und Son nen schein kein Au to keine Chau
ssee und nie mand in uns rer Näh
Gott sei Dank tief im Wald nur ich und du der
Herr gott drückt ein Auge zu denn er schenkt uns ja
zum Glück lich sein Wochen end und Son nen
Schein nur sechs Ta - ge sind
265. 14 Lin.

der Ar beit sollst du ruhn
sprach der Herr - gott doch wir ha ben
auch am siebnten Tag zu tun

CHIQUITA . I. Tenor.
31
Chi- kita wann schenkst Du mir Dein Herz Chi- ki- ta WANN
wann darf ich Dich küs- sen Chi- ki- ta a Ich-bin zu
allem be- reit Wort der Lie- be schenkst
Ich trage Kummer und Leid m
m wann schenkst Du Dein Herz mir Chi-ki- ta wann führst Du mich den
Weg ins Pa- ra- dies ? Ich lieb' Dich bis an mein En- de, drum
rei- che mir Deine Hände und auch Deine roten Lip-pen so
weich und süß Oh, lasse mich wis- sen, Chi-ki- ta wann
darf ich Dich küssen Chi- ki- ta ? m
der Frühling die Liebe und Du a
a Wann schenkst Du Dein Herz mir Chi-
ki- ta wann führst Du mich den Weg ins Pa- ra- dies ? Ich

lieb' Dich bis an mein En- de drum rei- che mir Deine Hände und
auch Dei- ne ro- ten Lip- pen so weich und süß___ Oh, lasse mich
wissen Chi- ki- ta______ wann darf ich Dich küs- sen Chi- ki - ta___
_____ Ich träu- me immer- zu ge- nommen hat mir meine Ruh' der
Frühling die Lie-be und Du a_____________________
a____________

Quellen und Literatur

Die im Text mit einer Ziffer versehenen Zitate stammen aus folgenden Quellen:

1 Harry M. Frohman, Die Comedian Harmonists – Ein Bericht ihres Werdens, Wirkens, ihrer Auflösung und was aus ihnen wurde. Fragment eines unveröff. Manuskripts (Maschinenschrift), Bremen 1965.
2 Die Comedian Harmonists – Sechs Lebensläufe. Zweiteiliger Fernsehfilm von Eberhard Fechner. NDR/1976. Erstsendung am 18. u. 20. 12. 1976 im 3. Programm der ARD.
3 Harry M. Frohman, The Story of the Comedian (Comedy) Harmonists. Unveröff. Manuskript (Maschinenschrift), Bremen 1974.
4 Start 1928 – Die Comedian Harmonists. Harry Frohman erzählt vom Aufstieg und Zerfall seines Ensembles. Gesprächspartner Dr. Ingolf Wachler. Sendung von Radio Bremen v. 13. 1. 1973.
5 Harry M. Frohman, Lebenslauf, Schreibmaschinen-Manuskript 1965.
6 Erinnerungen an Harry Frohman und die Comedian Harmonists. Henning Harmsen im Gespräch mit Erika v. Späth. Hansawelle Bremen, v. 16. 6. 1984.
7 Harry M. Frohman, Die Comedian Harmonists und ihre Geschichte. Unveröff. Manuskript. o. J. (MS).
8 Bernhard Hofmann, Schlager und Arrangements der Comedian Harmonists als Beispiele vokaler Unterhaltungsmusik um 1930. Hausarbeit zum Staatsexamen, München 1982 (MS).

Weitere Quellen:

a) Rundfunk- und Fernseh-Sendungen

Singende Komödianten, Die Comedian Harmonists und ihre Welt. Eine Sendung von und mit Robert Biberti. Hörfunk o. O., o. J. (vermutlich SFB in den 60er Jahren)

Sechs Herren im Frack, Erwin Bootz erzählt von den Comedian Harmonists und ihrer Zeit. Südwestfunk Baden-Baden v. 25. 9. 1958 (Archiv-Nr. 545 0062).

Irgendwo auf der Welt – Ari Leschnikoff plaudert. Radio DDR, Sender Dresden, v. 30. 1. 1965.

Die Comedian Harmonists – Eine Sendung mit Robert Biberti. Westdeutscher Rundfunk, Köln I, v. 20. 4. 1974.

Pop von einst – Die Comedian Harmonists singen ihre Lieder. Dr. Stephan Pflicht interviewt Harry M. Frohman. Bayerischer Rundfunk I, v. 17. 9. 1975.

Interview mit Robert Biberti in: Treffpunkt unterwegs, Sender Freies Berlin II, v. 18. 6. 1982.

Porträt Biberti. Eine Fernsehsendung des Hessischen Rundfunks v. 1. 2. 1985.

Fundgrube. Peter Czada berichtet von seinen Begegnungen mit den Comedian Harmonists. Berliner Rundfunk v. 9. 12. 1990.

b) Archivalien

Comedian Harmonists – Privatarchiv, Dr. Peter Czada, Berlin.

Musikarchiv der Staatsbibliothek Preußischer Kulturbesitz: Comedian Harmonists – Nachlaß Robert Biberti.

Filmarchiv Heinz Zürnstein, Oberlichtenau.

Schallarchiv Günter Große, Regis-Breitingen.

c) Gedruckte Quellen

Wolfgang Carlé/Heinrich Martens, Kinder, wie die Zeit vergeht. Eine Historie des Friedrichstadt-Palastes Berlin. Berlin (Ost) 1987.

Peter Czada, Comedian Harmonists. In: Fox auf 78. Ein Magazin rund um die gute alte Tanzmusik. H. 7, München 1988, S. 48 f.

Eberhard Fechner, Die Comedian Harmonists. Sechs Lebensläufe. Weinheim, Berlin 1988.

Die Funkstunde, Programmzeitschrift, Berlin, Jahrgang 1929.

Jan Grundmann, Vokal Total auf Grammophon. In: Fox auf 78. Ein Magazin rund um die gute alte Tanzmusik. H. 8, München 1990, S. 4 f.

International Biographical Dictionary of Central European Emigrés 1933–1945. Vol. II, The Arts, Sciences and Literature. Hrsg. v. Herbert A. Strauss u. Werner Röder, München u. a. 1983.

Berthold Leimbach, Tondokumente der Kleinkunst und ihre Interpreten. Göttingen 1991.

Maurus Pacher, Sehn Sie, das war Berlin. Weltstadt nach Noten. Berlin 1987.

Quentin Riggs, The Revelers. In: The Talking Machine Review, No. 6, October 1970, p. 158–163.

Habakuk Traber/Elmar Weingarten (Hrsg.), Verdrängte Musik. Berliner Komponisten im Exil. Berlin 1987.

Unterhaltungskunst A – Z, Berlin (Ost) 1977.
Manfred Weihermüller, Diskographie der deutschen Kleinkunst. Band II, Bonn 1991.
Raymond Wolff, Oberkantor Frommermann. Musik in der jüdischen Brüdergemeinde Neukölln. In: Rixdorfer Musen, Neinsager und Caprifischer. Musik- und Theatergeschichte aus Rixdorf und Neukölln. Berlin 1990, S. 194 f.
Knud Wolffram, Tanzdielen und Vergnügungspaläste. Berliner Nachtleben in den dreißiger und vierziger Jahren. Von der Friedrichstraße bis Berlin W, vom Moka Efti bis zum Delphi. Berlin 1992.

Abbildungsnachweis

Josef R. Cycowski, Palm Springs: *Seite 6*
Musikarchiv der Staatsbibliothek zu Berlin
Nachlaß Robert Biberti: *Seite 11, 42 f., 45, 73, 76 oben*
Ulrich Seeger, Berlin: *Seite 14*
Olaf Meitzner, München: *Seite 56 oben*
Eberhard Fechner, Hamburg: *Seite 133, 138*
Schallarchiv Günter Große: *Seite 137*
Archiv Markschiess van Trix, Berlin: *Seite 139*
Schoppmann Promotion, Ludwigshafen: *Seite 146 oben links*
Archiv Heinz Zürnstein, Oberlichtenau: *Seite 189*

Alle übrigen Abbildungen:
Comedian-Harmonists-Archiv, Dr. Peter Czada, Berlin

Danksagung

Die Autoren danken für freundliche Unterstützung:

Ingeborg Bibert, Berlin
Arild Bratteland, Kongsberg/Norwegen
Josef Cycowski, Palm Springs
Dr. Hans-Günter Klein, Staatsbibliothek zu Berlin
Birgit und Dieter Kult, Böhlen
Olaf Meitzner, München
Wolfgang Muth, Rathmannsdorf
Hellmuth Näther, Dresden
Adelheid und Peter Rahn, Berlin
Sieghard Rodig, Dohna
Hans-Joachim Schröer, Berlin
Sabine und Lothar Sieber, Hagenest
Erika von Späth, Bremen
Fried Walter, Berlin
Manfred Weihermüller, Bonn
Walter Weist, Berlin
Heinz Zürnstein, Oberlichtenau

Personenregister

EDITION HENTRICH

Knud Wolffram

Tanzdielen und Vergnügungspaläste

Berliner Nachtleben in den dreißiger und vierziger Jahren

Dajos Béla, Marek Weber, Bernard Etté, James Kok, Kurt Widman, die Weintraub Syncopators, die Original-Teddies, Tullio Mobiglia und viele ebenso berühmte Tanzorchester erzeugten im Berlin der Vorkriegszeit den unvergeßlichen Sound der »Roaring Twenties« und machten es zur europäischen Metropole der Tanz- und Unterhaltungsmusik. Wo diese Musik stattfand, wie Berlin vom Morgen bis zum Morgen tanzte, »swingte« oder sich im Cafe oder Warenhaus bei Tanzmusik traf, das hat Knud Wolffram anhand zahlreicher seltener Fotos, Dokumente und Annoncen aus dieser Zeit illustriert und facettenreich beschrieben. »Ein Muß« für jeden Liebhaber und Sammler der »guten alten Tanzmusik« und zugleich ein Stück Zeit- und Kulturgeschichte.

23,8 x 22 cm, broschiert, 243 Seiten, 350 teils farbige Abbildungen
ISBN 3-89468-047-4, DM 36,–/öS 281,–/sfr 37,–